LEADER

EXPLORE THE GENE OF ENTREPRENEURIAL SUCCESS

主　编：万光政
副主编：吴文平　姚丽萍
编　委：莫士安　夏海微　洪光豫　庄小琴　张海龙　齐　航

第一季

领导者
揭秘创业成功基因

万光政 ◎主编

ZHEJIANG UNIVERSITY PRESS
浙江大学出版社

序 下一个领导者，很可能就是你

一

企，是翘脚盼望。业，是思想行为。

所谓企业，其实就是社会生活当中一种向上生长的力量。

按照现代管理学大师彼得·德鲁克的观点，在今天，企业早已成为人们生活的主要空间。企业不仅是一种利益组织，还是一种人文组织，并越过了有形与无形的种种边界，实现了人才和资源的全球共享。

由是，企业领导者的价值其实无比重要，他不仅仅属于某家企业，而是更多属于公众，属于整个社会生态。领导者不仅仅要创造经济价值，他还要创造人文价值和思想价值。管理学上有句话说：你希望你的员工怎么对待顾客，那就要看你怎么对待你的员工。同理，我们今天拥有怎样的社会，其实取决于企业领导者怎样对待这个社会。

历时近两年时间，杭州日报社精心选择，专访了近百位杭州各行各业杰出企业"领导者"，是想定格每位企业家的思想坐标，是想分享各位企业家的经营智慧，是想传递各位企业家的生活品位。

而且，还有更重要的一点是，这些"领导者"都出自江南杭州，都带着"钱塘自古繁华"的基因。在杭州这座素有"人间天堂"美誉的城市，财富的积累与运行自有其道，需要认真梳理并总结分享。

我们想用文字铺陈开一座城市的尘世幸福，去解密"天下杭商"的成功基因。想要成为他们，想要超越他们，就要先站在他们的肩膀上，去眺望前方的逍遥旅程。你手上这55个故事，其实就是55堂最珍贵的商学院精英课程。

下一个领导者，很可能就是你。

二

　　"东南形胜，三吴都会，钱塘自古繁华。烟柳画桥，风帘翠幕，参差十万人家……"

　　北宋词人柳永一阙《望海潮》，写尽杭州自然美景与市井繁荣。据说此词当时流播甚广，金主完颜亮闻之，"欣然起投鞭渡江之志"，锐意拿下大宋江山——杭州为声名所累。古时没有照相机，完颜亮密隐画工在访宋使臣中，归来后命作画屏，画临安湖山，把自己的像画在吴山顶上，题诗其上："万里车书一混同，江南岂有别疆封。提兵百万西湖侧，立马吴山第一峰。"

　　每次看到这段故事，我都在遥想当年杭州到底何等景致与何等繁华。时间无情流逝，成百上千年也是弹指即过。有人说"文字可以打败时间"，柳永的文字就是这样，三笔两笔就勾勒出杭州这样一个"尘世天堂"。

　　柳永之后，更有意大利旅行家马可·波罗在其游记中盛赞杭州为"世界上最美丽华贵之天城"（Heaven City）。他在游记中记载杭州人口数时说：当时登记有160个托曼的炉灶，每个炉灶是指共住一家的家庭，一个托曼为一万，所以全城共有160万人家，约640万人。当时的杭州，每日里光是胡椒销售量就达三四十担，每担重达九十斤。手工业相当发达，产量巨大，种类繁多，每种工艺都有成千个铺子，每个铺子都雇用几十个工人工作。杭州街头店铺林立。在城中商业中心区集中了各种店铺，如市西坊的沈家、张家金银交引铺、市南坊的沈家百衣铺、修义坊北张古老胭脂铺、水巷桥下温州漆器铺等。

　　从前的钱塘繁华基因，仅以江南药王胡庆余堂的几个关键词便能解读——

　　第一是戒欺。药业人命关天，来不得半点瞒哄欺骗。药业更与良心有关，万不可视众生为草芥。这是从前的老道理，同样适用于今天的新产业。

　　第二是服务。"顾客乃养命之源"，这是个颠扑不破的真理，所以才要"采办务真，修治务精"。身为企业，第一是顾客，第二是顾客，第三还是顾客。

　　第三是不二。从前有"真不二价"之说，不以压价作为竞争法宝。今天的另外一种解读，"不二"就是专一，就是研发，就是求精。

三

而今天的杭州，更是连续多年名列中国最佳商业城市榜首，创造着一个又一个财富神话，为这座城市"自古繁华"接续上了新的传奇：阿里巴巴开启了网络时代的宝库之门，如今的杭州被视为中国电子商务之都。网易把它的运营总部迁到了钱塘江岸，华为的一个研发中心和中国移动的数字阅读基地都设在这里，中国四大物流公司有两家诞生在杭州。这是一座生机勃勃的城市，有12万软件开发者、20万在读大学生、数十万创业者以及更多的财富英雄汇聚于此，他们希望用创造财富来实现美好生活，这是他们的中国梦。

今天的钱塘繁华基因，或许阿里巴巴创始人马云的一段话可作观照——

让天下没有难做的生意。生意难做的时候，才能真正诞生了不起的企业和企业家，才真正考验企业家的精神和毅力。未来考验的是你有多大担当、你眼光看多远，未来不是钱和资源决定的，而是担当和眼光决定的。所以，今天的世界充满了抱怨、问题和麻烦，但是如果哪家企业能够解决这样的抱怨、问题和麻烦，那就是你最大的机遇。

的确如此，真正的企业家都是思想家，每天都在思考如何"向死而生"的问题。

从1987年创业直到现在，从一家校办小厂到年营业收入近800亿元的中国饮料业龙头老大，从骑着三轮车创业的一介草民到如今手下三万多员工的中国首富，这中间都发生了些什么变化？

将近30年来，娃哈哈集团董事长宗庆后"过日子"的方法从未改变。他像一个任劳任怨的大家长一般，没有生活只有劳作，他的状态一直是"干活，干活，还是干活"。一年365天，他有200天时间在四处奔走考察。2002年，宗庆后创下12天跑遍大半个中国的纪录。而就在我们记者专访的次日，他也要远赴非洲的马达加斯加，当然不是游玩，而是去看投资项目。如果不出差，他就在上班。每天早晨7点，他赶到办公室，一直到晚上11点下班。日复一日，年复一年，全年无休。

宗庆后早已习惯了这样的节奏。对这位年届古稀的老人而言，工作才是唯一的快乐之源。工作对他的价值，除了成就感，更重要的是安全感。在他的一生当中，并不缺乏底层生活那种"穷日子"的历练。无论如何，他只能始终向前，而不是回到过去。

以此种语境再来看企业，再来看杭州，再来分析钱塘繁华基因，就会明白商业所蕴含的诗意——对眼前的成功视而不见，用危机感代替荣誉感和自豪感，拥抱变化以及挑战，不惜代价地活下去。

是为序。

万光政

2015年12月

目　录

第一篇　智　造

003　宗庆后：一句顶一万句

009　戴天荣：这是最好的时代，也是最特殊的时代

015　屠红燕：如丝绸般柔软，像水一样有力量

023　王米成：鸿雁的"不败"之身

030　陈励君：30年，只做冰箱

037　方胜康：活着才是硬道理

044　仇建平：民企并购梦

051　李明焱：农民、专家、实业家

057　胡钢亮：理想主义的实业者

064　凌兰芳：圆一代人的丝绸梦

071　徐荣培：TOMIC特美刻一只"世界杯"

077　陈峰：造一辆开往未来的车

084　潘建根：时无偶像，自己就成了偶像

091　宗永亮：打造"万店互联"新硬件平台

098　陈凯：创新模式，把"红海"变"蓝海"

第二篇　智　汇

107　赵依芳：华语影视领军者的中国梦

115　赵锐勇：打造长城影视帝国

122　朱明虬：思美传媒的新征途

128　郭丛军：快慢之道

135　董立群：人生的"归零艺术"

143　叶文：老工厂变形计

150　周伟成：站在传媒变革"风口"

157　王容峰：像巴菲特一样滚雪球

163　包永盛：天涯若比邻，投融全无界

171　来国桥：甘为学者度一生

177　陆悠：精致创造影响力

第三篇　智　商

187　陈妙林：我这五年

195　杜宏新：在这里赚不到很多钱，但依然是项成功的事业

202　邓志平：楼外楼的坚守与创新

210　马其华：生动于己，有益于人

218　余学兵：乡村度假品牌引领者

225　宋为民：用科技颠覆医疗美容产业

232　梁铭：做有情怀的服装

239　祝愉勤：做大健康关怀家

246　刘蒙松：旅游圈合伙人

253　兰建军：战胜诱惑

260　韩新：站在生活前端

第四篇 智 谋

269 金建祥：一个专家型企业家样本

276 陈海斌：你必须自己相信

283 宗佩民：危机中的生存之道

291 顾梓昆："中国芯"筑造者

298 夏阳：互联网时代我们都是悬崖边的树

304 陈斌：做办公室里最后熄灭的那盏灯

311 郑立：多元专注"术"与"道"

317 范渊：与黑客过招

324 陈晓锋：我们也要有自己的摩根大通和高盛

329 柳阳：一切都很平常

336 刘明峰：做中国滨水生态修复与保护的综合运营商

342 裘加林：做智慧医疗行业的引领者

348 蒋海炳：我是"老顽童"，我投资年轻人

356 夏惊涛：路虽远，行则至

363 张焱：梦想属于敢闯的人

370 宋宏伟：智"汇"照明

377 徐刚：创投新征程

384 吴坚：从"草莽英雄"到"知本家"

第一篇
智　造

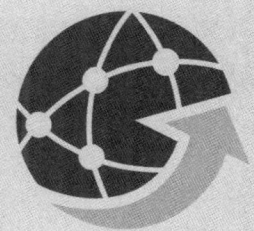

造者，无中生有。

善造者，国之股肱。善造之物，国之重器。

然而"善造"之谓，非以量衡，而以质胜。

已然成为世界工厂的中国，仍然处于由"量"到"质"的未竟之途。

高歌猛进的互联网新经济或许光鲜耀目，但若失却制造业根基，终难免沦为无本之木。放眼世界，经受危机洗礼后的老牌工业强国痛定思痛，相继从国家战略高度提出引领和规划民族制造业创新发展的未来方略。如德国工业4.0、美国"先进制造业国家战略计划"、日本"科技工业联盟"、英国"工业2050略"。

"中国制造2025"也已描画出制造强国战略第一个十年的行动路线图。运用大数据、云计算、互联网催动生产制造的智能化发展，实现工人、机器、产品、原料、物流、用户等与生产、供应、使用各环节之间的智慧化交流，使生产和服务实现最优化组合，完成从"制造"到"智造"的升级和进阶，这已成为方向所在。

而对于素为中国制造模范生的浙江乃至杭州而言，能否继续引领风气之先，很大程度上在于浙江制造和杭州制造能否顺利实现"智变"。

爬坡过坎，攻坚求变，谁领风骚？善造者也。在杭州，绵延传承的企业家精神，在一个变革节点临近的时刻，愈发显现出它不可替代的影响力。宗庆后、戴天荣、屠红燕、陈锋、陈凯……在这个善造者的方阵之中，有大佬也有新锐，但无论年资几何，无论起于草莽抑或名誉满身，他们同样面对变局。从他们的创业曲线和管理方略中，你都能读出制造业企业组织方式、市场竞争格局、商业运营模式的变革和创新。

善造者有智，开新局可期。

宗庆后：一句顶一万句

□ 张海龙

郑承峰 摄

> "我活了七十岁，明白一个道理，世上别的东西都能挑，就是日子没法挑……我还看穿一件事，过日子是过以后，不是过以前……"
>
> ——刘震云《一句顶一万句》

我的生活质量不如娃哈哈的员工

娃哈哈，听起来很欢乐的名字，它的老板快乐吗？它的员工快乐吗？

带着种种好奇与探究之心，我们去拜访娃哈哈，也想请老板聊聊他的生意与生活。

与其名声相比，不大的门脸堪称"简陋"——杭州城站火车站旁边，七弯八拐的巷子进去，清泰街160号，就是赫赫有名的娃哈哈集团总部所在地。从1987年创业直到现在，从一家校办小厂到年营业收入近800亿元的中国饮料业龙头老大，从骑着三轮车创业的一介平民到如今手下三万多员工的中国前首富，这中间都发生了什么？

整整28年时间，娃哈哈集团董事长宗庆后"过日子"的方法从未改变。他像一个任劳任怨的大家长一般，没有休闲只有劳作，他的状态一直是"干活，干活，还是干活"。一年365天，他有200天时间在四处奔走考察。2002年，宗庆后创下12天跑遍大半个中国的纪录。如果不出差，他每天早晨7点到办公室，一直到晚上11点下班。日复一日，全年无休。

宗庆后早已习惯了这样的节奏。对这位老人而言，工作是唯一的快乐之源。工作对他的价值，除了成就感，更重要的是安全感。在他的一生当中，并不缺乏底层生活那种"穷日子"的历练。无论如何，他都只能始终向前，而不是回到过去——

宗庆后的家族曾显赫一时，祖父曾在张作霖手下当财政部长，父亲则在国民党政府任过职员。新中国成立之后，父亲没有工作，一家人只靠做小学教师的母亲一份微薄工资度日。1963年，初中毕业后，为了减轻家庭负担，刚满18岁的宗庆后去了浙江舟山一个农场，几年后辗转去了绍兴一个茶场。再后来，大批知青相继下乡，宗庆后也"随波逐流"：修海塘，在海涂上挖沟，在茶场种茶、割稻。那时的宗庆后就像任何一个年轻人一样，他"总想出人头地，总想做点事情"。可是命运不济，宗庆后在贫苦的农村一待就是整整15年。

1978年，随着知青大批返城，33岁的宗庆后终于回到阔别已久的杭州。没有任何基础，只能在校办厂当工人。待到他开始创业的时候，已经是一个42岁的沉默的中年男子。42岁时还踩着三轮车，在杭州的街头巷尾叫卖棒冰和笔记本，棒冰卖一根赚几厘钱。谁能够想象，这个当年不得志的中年人有一天可能成为"中国首富"？

他对自己的生活要求很低，爱好不过就是抽烟与喝茶，"一年五万元足够了"。在他那间简朴的办公室里，他光脚穿着凉鞋随便套件西装就出来了。他不开豪车不买游艇更嫌私人飞机麻烦，到北京参加全国两会，他也是全程住在代表团统一安排的普通房间里。

但他理解所有人对美好生活的向往，他不是一个苛刻的老板和吝啬的富人——在他的企业里，他绝不因能力高低辞退任何人，因为"人本来就有区别，但能力低的人也有工作的权利"；他每年除夕都与外来青年工人一起吃年夜饭，上百桌酒席，他逐一向员工敬酒、发红包；在娃哈哈，一套80多平方米的集体公寓月租金200多元，只要在此工作就可长期居住，"我肯定亏本，但换来了员工的稳定和忠诚。现在年轻人被房子压死了，你解决房子他就安居乐业"；他从来乐善好施，因为他深知"财富最终只属于社会"，到目前为止，娃哈哈投入公益事业资金高达4.8亿元，其中用于教育近3亿元，用于杭州建设2.7亿元。

所以，他说：我的幸福感不如娃哈哈的员工，我是为大家打工的。

他这样说，你能理解么？

我属于世界上最"不讲究"的董事长兼总经理

身为富人，身陷种种争议是免不了的。但无论何时何地面对何种话题，宗庆后的表情都如同水中巨石一般波澜不惊。40多年在社会基层的生活经历，一方面让他更懂得宽容与理解，另一方面也让他格外珍惜尊重和认可。2002年，杭州第一届工业兴市大会上，宗庆后与鲁冠球、冯根生一起被市政府重奖300万元，在当时引起极大冲击波，也让早已是亿万富豪的宗庆后热泪双流："这不是对我个人的肯定，而是对企业家群体的肯定，是对我们发展实体经济的肯定。"

在骨子里，能得到社会的肯定和赞扬才是他最大的荣耀。在他看来，最大的人生价值就是为社会创造财富，就是能够得到社会的尊重。否则，财富没有意义。人生基本需求，不过一碗饭一张床而已，"你说有钱，我能吃多少用多少？我的消费还不如我的员工呢，而且我也不太在乎"。

财富，是个总要被人反复议论却又总是扯不清楚的话题。比如，你为什么不贷款？你为什么不上市？你为什么不消费？你为什么大权独揽？你对成为"中国前首富"感受如何？

从创业至今，从未向银行贷过一分款，到今天银行里还存着娃哈哈上百亿的真金白银，这让宗庆后颇感自豪。在这个大谈资本运作的年代，宗庆后依旧一分钱一分钱地做着自己的实业，老派得有些"落伍"。近30年来，他带领娃哈哈所创造的财富，相较股市造就的"纸上富贵"，坚硬、踏实得如同娃哈哈在各地的厂房、机器，沉默地矗立。

宗庆后的自信颇具草根气质："我现在就是穿得土里吧唧的，人家也不会看轻我，你说是不是？等你做到我这个份上，你说不定也会和我一个样。"

在这个曾经风里来雨里去、骑着三轮车到处送货的"有钱人"看来，钱是挣来的，更是要守住的，钱是底气更是骨气。许多年前，他刚刚承包校办工厂的时候，厂子又穷又破又小，什么都没有，中午十来个人蒸饭吃，还受人家的气。早些年看尽世态炎凉，反而给了他励志的动力，对手下无论是从前的十几个人还是今天的三万多人，他总是这么一句话："人家看不起我们，我们要自己看得起自己，而且最后要人家看得起我们。所有的尊重都要靠自己双手干出来的。"

正因为过往种种经历，比起求人，他更习惯于被人依赖和掌控一切。不贷款是可以不用看人眼色，不上市是根本不缺钱也就不用去圈钱，不设副总职位是为了保持企业运作的高效。而成为"中国前首富"，对他个人来说也意义不大，"首富轮流当，我又不花什么钱。不过对公司来讲是有意义的。尤其在国外，人家是很尊重财富的。现在娃哈哈跟国外的合作，大部分都是别人主动找过来的。财富充其量不过是个数字概念，企业家的财富其实属于整个社会，企业家更多考虑的应该是企业的社会责任——实现员工共建共享，为国家贡献税收，生产更环保低碳，带动更多的人共同富裕"。

他抽着12元一包的香烟，表情淡然地说："我可能是世界上最不讲究的董事长兼总经理。"

他什么意思？或许每个人都有自己的理解。

以"家文化"实现强势开明的领导

坐镇杭州清泰街160号的宗庆后有如一位国王，控制着他庞大的饮料帝国。

1987年，42岁的宗庆后开始创业，从3个人、14万元白手起家，目前已成为中国最大、全球第五的饮料巨头。宗庆后的"饮料帝国"名副其实，其产品涉及含乳饮料、瓶装水、碳酸饮料、茶饮料、果汁饮料、罐头食品、医药保健品、休闲食品、婴儿奶粉、白酒等十大类160多个品种。这个庞大的商业帝国网络遍及中国，娃哈哈在30多个省（区、市）建立了将近80多个生产基地，拥有180多家子公司及3万多名员工。

让人觉得不可思议的是，所有这一切都是由宗庆后独揽大权。他一个人兼任董事长和总经理，从未设副总经理，生产、销售等各个领域的管理则是由十几个部长执行并直接向宗庆后负责。在他看来，不是现代企业管理制度不好，而是中国企业还没到那个发展程度，而中国职业经理人也还没到那个职业素质。所以，宗庆后决意："一定要减少企业内部沟通的成本，所有事情都向我一个人汇报，也由我一个人负责，这样效率最高。你去看看中国现在成功的大企业，都是一个强势领导，都是大权独揽。"

但这并没有妨碍娃哈哈员工的忠诚性。因为宗庆后虽然专断，却很讲情义。他恩威并施，一方面高高在上，一方面亲力亲为，深谙"中国式领导"的精髓。

而最让对手难以企及的是娃哈哈对销售渠道的强势控制，这也是宗庆后管理策略的精髓：娃哈哈数万个经销商遍布全国，管理终端体系至关重要。宗庆后的解决之道是创立了"联销体"，即编织了一张遍布全国各地近万个一级批发商以及三四万个二级、三级批发商和销售终端营销网，与经销商结成利益同盟体，变一家企业在市场上与人竞争为几千家企业合力一起与人竞争。他制定了严格的经销商制度，一方面让经销商有钱赚，另外一方面充分保证了娃哈哈集团的利益不受侵犯。

成为娃哈哈的经销商，以下三条"铁律"必须遵守：一是始终采取保证金制度，坚持先款后货的原则；二是要求经销商专心做娃哈哈，不得做同类别的品牌；三是经销商之间划区而治，互不串货，违反者会遭严厉处罚，甚至取消经销商资格。

自身企业做大的同时，他把更多的关注投向中小微企业和中低收入群体。"大企业应该发挥产业龙头带动作用，用专业化、协作化的方式，带动产业链上的一批中小微企业共同发展。而身为全国人大代表，他13年间总共提了162条议案和建议，其中涉及民生的占了绝大多数。比如提高个税起征点、增加员工收入、拉动消费、提高农产品收购价格等等。

创业难，守业更难。宗庆后深知，守住个体财富的最好途径就是共同富裕，而守业的最好方法就是不断创业。这个精力旺盛的老人正在启动娃哈哈的"第三次创业"。"娃哈哈继续立足主业，坚持发展实体经济的方向不会变。"宗庆后说，"同时，我们还要向上下游延伸，发展生物工程和机电行业高新技术，包括将现代生物工程和传统中医保健理论结合起来，开发出兼备营养、保健功能又符合消费者口味的新产品。"

什么是中国梦？在娃哈哈内部，那就是坚持全员持股，年年分红。放在全社会，那就是创造更多财富，让更多人分享财富，我们所有人才会生活得更好。

他说："我想让娃哈哈成为百年老店。所以我不能退休，我要将毕生的精力用在娃哈哈身上。"

记者手记

采访宗庆后，并不是件容易的事。这倒并不是说他总是拒绝采访，而是身为娃哈哈集团这个中国最大饮料企业的董事长兼总经理，被太多的事务缠身，他的时间都是按照分钟来安排的。年过七十，身世浮沉，阅人无数，他接受过海内外各路媒体的采访无数，可每次坐在记者面前的时候，这位叱咤风云的商界巨头就变成了一位和蔼可亲的老人，耐心回答每一个问题。

此外，已经有那么多人写过他的传奇人生，还能写出什么新意呢？曾经贫穷、农村生活、校办工厂、东奔西走、事业有成、称雄商海、荣膺首富、参政议政……所有这些元素穿在一起，都足以构建一本跌宕起伏的长篇小说。我仔细观察宗庆后，看着这个"有钱人"光脚穿着凉鞋，神情淡然，意志坚定，在他那间堪称简朴的办公室里，多少年如一日地披星戴月劳作。我注意收集他的某些话语，想要找出他性格中的某种特征，想要从他身上发现"领导者"的某些特质。

于是，就想到了作家刘震云的长篇小说《一句顶一万句》。那里面写到了中国式的孤独乃至交情，书里写到的人物，有卖豆腐的、剃头的、染布的、开饭铺的……世上别的东西都能挑，就是日子没法挑。过日子是过以后，不是过以前。

从骑三轮车卖棒冰的宗庆后，到今天亿万身家当过首富的宗庆后，也是一样。

戴天荣：这是最好的时代，也是最特殊的时代

□ 阮妍妍　沈旭辉　林玲

9点30分，戴天荣如约走进了会议室，边走还边对助理说："这里的空调开得有些低。"然后指了指我身旁的实习生，问道："小伙子穿这么少，冷不冷呀？"

这位以冷饮起家的杭州本地人，身高1.8米以上，说话与典型浙商谨小慎微的风格不同，讲到得意处，他会哈哈大笑，眼神明亮；说到产品质量时，又一脸凝重："我很害怕当我老了走不动了，在西湖边坐着轮椅的时候，突然之间看到一个大头娃娃，说是吃了祐康的产品才变成这样的。那一刻，我将会生不如死。"

创业

关于祐康，坊间有一个广为流传的"棒冰袋回收箱"的典故。

据传1992年，祐康初创时，还只是杭州机场路上的一家小食品厂。为了掌握竞争对手的情况，戴天荣带着他的员工，定期在城里的大街小巷翻找棒冰袋回收箱，然后把里面的雪糕和冰淇淋包装收集起来，看看竞争对手有几张，自己又有几张。

甚至，还要翻看内层的包装纸，了解哪种口味最畅销。

这典故靠谱吗？戴天荣曾稍微作了解释，因为冰棍卖掉后，包装袋通常会放进纸篓里，翻看一下，就会发现在某个区域内祐康的销售情况，跟市场其他竞争对手销售总量的一个占比，然后再去分析该品种的结构等。

用最低的成本，了解到市场上最直接的信息。以紫雪糕起家的祐康，销售额平均每年保持30%的增长速度，一跃成为全省冷饮食品行业龙头企业。

"当时生产的雪糕，哪有今天这么多花色，工艺也比较简单。"20多年前制作雪糕的场景，戴天荣依然历历在目。他用手比画："里面是奶做的，然后打到巧克力里面，外面再包裹一层巧克力，这就是紫雪糕了。"

那时，30岁出头的戴天荣，每天都会很早去工厂。先穿着白大褂在车间冷库里转一圈，再跟工厂里的大学生打会儿乒乓球，一天都精神劲十足。

事实上，他爱运动是出了名的，不少媒体都会提及此。而戴天荣也有自己的说法："我们是做食品企业的，没有健康的身体，怎么生产出健康的产品呢？"所以，只要有时间，他会先在健身房里跑40多分钟的步，然后再花一个多小时练器械。"今天练胸大肌，明天练肱二头肌，几天不练就觉得少了什么。"

这习惯一坚持就是25年。

守业

老话说"创业容易，守业难"。尤其是做食品产业的，一旦在食品安全方面出现了问题，十几年甚至几十年创立的品牌就可能毁于一旦，让人生出"眼看他起高楼，眼看他宴宾客，眼看他楼塌了"的感叹。

"祐康在成长过程中，也碰到过很多问题。"戴天荣说，"因为食品行业是一个产业链，体系中会有很多短板，我们要思考的就是如何解决这一个个短板。"戴天荣打了一个比喻，例如开车，最好的技术不是不撞别人，而是如何不被撞到，要做到这一点，司机必须要有前瞻性。目前，祐康集团已基本形成以食品基地、食品制造、食品商贸、食品物流为核心的大食品主业"三横一纵"的"丰"字形产业格局。

其中，"丰"字最上面的"一横"，是指以基地为支撑，往上游、往源头去靠。因为，现在很多的食品安全问题就是出在源头上，只有在源头上把好关，才能做出健康的产品。"像阿克苏的糖心苹果、红枣等，祐康在当地都是有基地的。"

源头上有了保障，就能高枕无忧了吗？当然不是。多年的行业经验让戴天荣发现，冷鲜食品从生产到售卖，是一条集成制造、销售、物流的供应链，一环扣一环。于是，祐康才有了"以基地为支撑，以商贸带制造，以制造促商贸，先工贸后物流"的发展路径，引领企业向制造服务业转型。当然，戴天荣也意识到这种模式并非十全十美，也有它的短板——那就是发展速度慢。

"不过，每个企业的出发点不同，处理的方式也会有所不同。"戴天荣掰着手指，细细分析：如果把物流、商贸、制造拆开来看，祐康都不是做得最大的，但是合到一起就形成了它的独特竞争力。而一家企业的核心竞争力就在于它的独特性和不可仿效性。

宁可慢一步，不可错半步。从成立至今，祐康没有发生过一起食品安全问题。

坚持

在祐康内部，有一道著名的算术题：100-1=0。

戴天荣解释道："这是一道关于质量的算术题。"它传达的是一种换位思考，只有生产者站在消费者的角度去思考问题，该题目才能成立。通俗地讲，假如有100个人吃祐康的产品，而这100个产品中有1个是不合格的，那对这一个吃到不合格产品的消费者来说，就是100%不合格。

"如果，再把这个产品的几率放大去看，中国有13亿多人口，每人吃一支冰棍，那么这个1%的量就很大了。甚至，大到足以摧毁一个企业。"站在浙江经济年度人物颁奖台上，戴天荣坦言，做食品企业，听起来是一个轻松的话题，但实际上自己一直是战战兢兢、如履薄冰。

2009年，祐康集团斥资5亿元建设打造的全国首个食品"透明工厂"正式投入使用：从来料检测到产品输送，全程都向消费者开放。当时，有人说"透明工厂"是作秀，也有人认为戴天荣在自找麻烦，甚至连祐康自己的股东都持反对态度，但戴天荣还是坚持住了。

他说，工厂在生产制造过程中有一次合格和二次合格的问题。一次合格是指生产的过程，二次合格则是出厂后到消费者手中的过程，但是如果等到消费者吃到不合格的产品才意识到问题的严重性时，那还不如在生产时，就让其提意见，看看哪道工序不对。

"这就是所谓的'两利相权取其重，两害相权取其轻'的含义吧。"在"透明工厂"，在那流淌着莫扎特音乐的车间里工作，员工内心也忍不住轻快起来。或许，这种快乐又传递在他包的每一个饺子、做的每一个汤圆里面，让吃的人也分享到这种快乐。

变局

2014年2月，祐康集团正式与支付宝签署战略合作协议，双方以祐康集团旗下连锁便利店祐驿站及支付宝为依托，开展具体合作。这意味着，顾客在祐驿站购物结账时，只需使用支付宝钱包条码付款功能，便可快速完成付款环节。

而这离戴天荣朝思暮想的"百年祐康"又前进了一步。

创业早期，戴天荣就琢磨着，祐康是靠冷饮起家的，想在这个领域做得好并不难，但要想永续经营，屹立百年，仅靠这些是不够的。所以，在1999年完成企业的股份制改造后，他出人意料地迷上了"国际化"的概念——导入ISO 9002质量标准，按照上市公司的标准完成公司的法人治理结构，通过国家食品安全HACCP认证……"都是为了和国际接轨"。

想好目标，认准方向，再努力去做，戴天荣很喜欢"以终为始"这个成语。他说，很多事情不是你愿不愿意去做，而是你不得不去做。就如现在大热的电子商务，2000年，戴天荣就已经成立杭州祐康电子商务网络有限公司，推出96188都市便利网，开展城市电子商务。"因为，从业务的角度来看，未来实体企业发展一定要经历'无商不电商'的过程，企业必须要紧跟时代的变化而变化。"

变化自然会带来阵痛。但戴天荣认为，如果企业能主动适应这种变化，紧跟时代，日子可能会过得越来越好，反之则会倒退。

"因为，这是最好的时代，也是最特殊的时代。"他改用狄更斯在《双城记》中开篇的句子总结道。

对 话

Q：《杭州日报》

A：戴天荣

Q：请问，你怎么看待执行力？

A：一个企业，必须有自己的主流思想。这对企业很重要，对员工个体也一样。在虚拟化、复杂化的环境中，大家很难心往一处想，劲往一处使。所以，公司的管理者必须知道自己天天都在拔河，劲一分散就会输掉。

我个人并不喜欢说执行力。我经常对自己的经理们说，执行力的根本是领导力的问题。因为执行力的好与坏，在于他的执行意愿。意愿来自于领导，如果领导调动了员工的积极性，就会释放出无穷的力量。例如，员工会开创性地做事，不用鞭策，每天汇报工作的时候，是带着问题和方法来汇报。

Q：那么，你认为如何才能培养员工的积极主动性呢？

A：我拿成功者和失败者作比较。同样是做一件事情，失败者通常会想自己怎么怎么做不到，而成功的人则想着如何去完成它。这就是积极主动的思想。思维的方式是不一样的，积极主动的人永远是正能量，正能量的人又能吸收很多能力，负能量的人只会自己把自己屏蔽掉。

我女儿房间门上的两句话我很欣赏：成功在于睡前的20分钟，健康在于起床后的20分钟。睡前利用20分钟想想自己一天做的事情，早上起来再锻炼20分钟，看起来都是微不足道的事情，却能给人带来很多的正能量。

Q：作为一名健身爱好者，你经常看球类比赛吗？

A：那倒没有。我个人比较喜欢足球和乒乓球。我认为，足球的组织模式跟企业管理一样。如果，员工把"球"给了企业总经理，可总经理总是又把"球"还给员工，不去射门，就永远得不了分。

中场的组织很重要，但是关键的临门一脚更重要。我总是对总经理说，你怎么不去射门，不去投篮呢，你不去得分，永远赚不到钱。

Q：你最近在看什么书？

A：我经常对助理说："有好的书出来以后，请帮忙放大，并缩写成3000字，我随时可以去学。"我没有很绝对地去看哪本书。比较喜欢的是名人名言类的书籍，他们的一句话可以提醒我很多事情。

有些书我不一定能记住书名、作者，但我会记住它的意义在哪里，为什么让我产生共鸣。我还有一种习惯，在书上看到的东西，觉得不错会把它们抄下来，再把自己的领悟掺进去，就变成了自己的东西。

企业 名片

祐康集团成立于1992年，是一家以食品为核心主业，以新事业、投资业务为助推企业发展两翼的多元化集团企业。在发展过程中，祐康坚持"健康"的核心价值，始终以"缔造中国健康品质"为己任，致力于成为"中国最具竞争力的健康食品产业价值链集成者"。

屠红燕：如丝绸般柔软，像水一样有力量

□ 朱青　王浩

一面对镜头，屠红燕下意识地改变坐姿，那一点忙里偷闲的松弛被迅速收起来：她不再靠着椅背，稍稍转了一下身，正面朝前，身体更加直挺。

"要选个位置拍照吗？这样是不是太随意了？"她扫了一眼办公室上满满堆着的文件和书籍，张望着室内光线和景致更好的角落。

这是当日安排的最后一场专访，她倦意明显。一整天的日程里，早上8点到下午4点，她接待了五家媒体的采访，中间没有休息时间。

在我们的采访中，她保持着坐姿，略略前倾，始终微笑地与我们交谈。语速轻快，保持着一种略高扬的声调，偶尔配合一些手势以及英文单词来表达强烈的感受。这种职业化的姿态，与许多本土企业家有所差异——他们似乎更乐于表现自己的随意、不拘小节，屠红燕则更像是一个有海外背景的外企高级管理人，富有现代化气息、利落而分明。

当下的中国民营企业，正处在交接时代。"二代"如何接班，备受关注。"父

辈开创的事业像是一座高山，我们攀上了山顶，只是意味着完成了守业，我们心中还有没有更高的山峰？"传承与开拓，作为接班人的屠红燕，同样面对这样的问题。

穿越于传统与时尚之间

几乎在所有公开场合，屠红燕都用一种精致和从容的造型现身，无论是出席各类商业活动、接待政府官员，还是接受媒体的访问。

屠红燕很会着装搭配。全身上下，必然有几处丝绸制品搭配，采访这天，她穿着自家品牌定制的黑色对襟立领中式长褂，下摆镶有金色波浪图纹，搭配一件MAXMARA的经典款灰色大衣。

谈起时尚和购物，屠红燕说自己喜爱购置包包和鞋子，家里有上百件各个品牌的包袋与高跟鞋，每趟出国总要买一些新款，她最近在用的是一个大象灰的爱马仕基本款手袋，因为"够大，实用，可以放进IPAD、两台手机以及书籍资料，还有少不了的化妆包，出差随时可以提着出发"。她最喜欢的设计师是三宅一生，她觉得日本设计精致，三宅一生又独具个性，"每个人穿三宅一生都可以穿出自己的气质"。

每年好几趟国外出差，屠红燕去巴黎、米兰这样的时尚之都朝圣，观摩学习一线品牌的工艺流程和文化展览，"有时候就是在街头看往来行人，感受他们对时尚的运用，感受一种生活化的细节"。

"很多年轻人的印象里，丝绸贵、难打理，这是妈妈辈使用的东西，所以我常琢磨为什么国外年轻消费者能够接受百年老品牌，而我们应该怎样去传承。"

与母亲沈爱琴"一生只穿丝绸"的鲜明代言不同，屠红燕的时尚观显然更国际化，也更懂得创新与融合：在日本、欧洲的多年游历，让她对时尚和工艺有更深刻的追求，在她看来，做丝绸不仅只是制造一种产品，更应该传达蕴含其中的历史和文化。

她不讳言对国际顶级品牌爱马仕的热爱，对其每一季新设计尤为关注。屠红燕欣赏的是爱马仕做品牌的理念："我们能做和爱马仕品质一模一样的丝巾，但如果价格一样，消费者肯定选爱马仕而不是万事利。为什么？因为人家有150多年的品牌历史，消费者买的是一种历史和积淀。"

修复消费者对丝绸的认识断层

从母亲沈爱琴手里接过万事利时，屠红燕刚刚30岁出头。这个年轻浙商"二代"，成功带领万事利实现转型升级，并且使丝绸以奢华、精致的全新形象进入了公众视野。

屠红燕执掌万事利10年间，这一丝绸品牌的版图被一再扩大：2013年，万事利完成了对法国丝绸企业马克·罗茜（MARC ROZIER）的收购，这家诞生在法国丝绸工业中心里昂的百年企业，正是全球40多个一线奢侈品牌的代工厂。

这次收购，是万事利丝绸品牌走向国际化的一个里程碑，"万事利为国外知名品牌做了十几年的代工，现在，世界顶级的丝绸企业将为万事利提供高品质的丝绸代工服务，中国丝绸法国制造成为现实。"屠红燕说，"过去我们的传统制造业主要依靠外贸，99%的企业都在做国外品牌的OEM订单，现在我们自己打造品牌，让国外企业帮我们做加工，这是一个重大的转变。"

这种转变折射着国内丝绸企业的生存业态：丝绸是浙江的优势传统产业，名列全国出口第一，而近年来浙江丝绸中低端产品同质化竞争的现象严重，众多丝企处在成本高、效益低、风险高的困境中，2009年以来，杭嘉湖绍等地大批丝绸企业纷纷出现生存危机。

"不仅是丝绸企业，依靠出口的加工制造型企业净利润不到5%，很多企业都在微利线上挣扎，甚至出现亏损。"屠红燕将万事利始终保持行业最高水平的利润成绩归结于"转型升级"战略。

这几年间，万事利不断降低单纯面料加工、贴牌产品的比重，将丝绸板块业务定位为个性化、定制化的服务，大幅降低外销比例，转向设计能力和渠道建设要求更高的内销业务，集中精力来打造万事利的高端丝绸牌。

屠红燕时代的万事利，推崇的是"做减法"的经营理念。"以前，很多人都知道万事利是个大企业，但是万事利有什么叫得响的产品？没有。但我希望我可以做一个出来——一个中国最好的丝绸品牌。"

屠红燕的下一步计划是正式运营万事利高端丝绸品牌"劢帛"（MAXBOW），"劢"是万事利在迈步发展，"帛"是最好的丝绸，这个寓意无限的品牌将由万事利设计团队领衔，加入法国等国家和中国香港地区知名设计师力量，将中国传统的丝绸美学与国际化的时尚元素结合。

二代与一代的互补关系

一代有传承的意识，二代有肩负重担的责任，在此过程中，新旧观念的碰撞与融合是两代人共同的问题。一代靠强势和人格魅力执掌企业，而屠红燕更倾向以现代管理模式和团队协作来规范企业。

在万事利集团董事局副主席孙有毅眼里，工作中的屠红燕大气、果敢、有魄力，承继了母亲沈爱琴最鲜明的优点。万事利传了老工艺作坊演变而来的规矩，手艺有承继，进门认师傅。照排行，屠红燕得喊孙有毅一声师傅。

这个在万事利工作了25个年头，成为两代掌门人左膀右臂的"老万事利人"对屠红燕初任公司管理层的表现印象深刻。

当时，屠红燕接来一个国际品牌PUMA的大单，要求在一个月内代工几十万件成套运动服，按照当时的生产能力，时间极为紧迫，同时制作要求高，"运动服两侧的车线必须绷得一样齐整"。屠红燕身兼多职，亲自上阵，在车间盯着生产流程，时不时指导车位上的工人将线拉得紧一些；对车间主管做思想动员，讲一些国外工厂的生产观念来鼓动大家干劲；又调动管理公司的青年人来工厂帮忙包装、装箱、运输，最后顺利完成新客户的单子。

"她在日本企业基层锻炼过，特别有一种严谨的理念，当时我们的工人不大懂得，她一点点讲，鼓励大家，上上下下团结得很好。"时任制衣工厂生产主管的郑玉英回忆道。

在许多万事利员工的眼里，老板沈爱琴个人风格明显，是像一个领袖般的灵魂人物，用影响力带动企业发展，而新掌门人屠红燕则更推崇现代企业的发展理念，注重团队培养和专业人才管理。

"我的母亲是一个非常强势的人，她做的决定，基本上没有人能改变。"屠红燕理解母亲作为企业家的表现，除了性格使然，在那样一个产业初兴的年代，他们靠自己的勤奋与胆识开疆拓宇，集权的选择也许更能从千头万绪的事情里找准方向。

"我母亲是第一代企业家，企业是她带头创办的，所有人都佩服她的人格魅力，愿意跟着她干，他们就是那种观念。"屠红燕认为这一代的企业家更理性与慎重："因为整个行业的宏观环境不同了，形势在变，市场在变，消费群体在更新，必须要用一种新的理念去管理企业，带领团队，要博采众长，多听专业人才的建议，毕竟他们才是专家。"

她的愿景是将万事利打造成一个人才集聚的平台，高效、稳定地运行：培养团队、建立制度，而不是单纯的家族式更替。在目前，万事利提供给专业人才行业内中上水准的薪酬待遇，每年依据贡献度提供平均15%以上的薪水增幅，随机受访的员工大多表示，在万事利工作很舒心："收入之外，也很注重企业给予的氛围。"

屠红燕认为自己是个新时代的创业者，而不仅仅是一个理想化的企业传承者。

在母亲沈爱琴创建万事利的时代，企业以生产丝绸面料、给外商做订单赚取低廉加工费为主，"革命式的创业激情"和"政治家式的企业家"，那基本上是第一代浙商的成功模式。而当下是一个新的时代，产业格局瞬息万变，竞争环境更为清晰、透明、规范，注重团队精神，更注重创新，这需要"更新的力量，更多的坚持"。

不只做百亿企业，更要做百年企业。这是万事利的目标，也是屠红燕的信念。

对　话

Q：《杭州日报》

A：屠红燕

关于生活

Q：说说您最近在读的一本书。

A：最近在读陈东升的《战略思维》，前两天刚刚在机场买的。陈东升1992年辞职创业，做了嘉德拍卖、宅急送、泰康人寿这三家企业，发展非常快，这么多年，这三家企业在不同的行业和领域都很有成绩，我觉得他是一个很了不起的企业家。

Q：如何保持身材？

A：去年到现在瘦了很多。可能是出差比较多，以前国内转，现在都是全球出差，我们去年收购了一家法国企业，一年光欧洲就去了四次，奔波比较辛苦。还有各种会议也很多。

Q：您最珍视的三件事物是什么？

A：健康，没有健康的身体一切都是空的。家庭、事业。

Q：您把家庭放在事业之前？

A：对，我很重视家庭生活，父母、公婆、兄弟姐妹，包括我自己的小家，这是最重要的。我觉得只要健康，有和谐美满的家庭，有家人的支持，事业一定会做得好。

Q：平时陪家人的时间多吗？

A：比较忙，出差较多。但尽量抽出时间陪女儿，希望她的童年不会因为缺少妈妈的陪伴而留下遗憾。只要不出差，我们一定是一家人一起吃早餐，然后一起出门；有时候回家晚了，女儿也会等我回去陪她聊会天再睡觉。周末的时间也尽量多留给家人。

关于新事物

Q：如何看待互联网时代营销模式的变革？

A：必须要跟上这股潮流。我们2013年做了一个以微信为主要媒介的手机移动电商平台——"中国好丝绸"，2013年11月开通，到现在已经有上万用户。丝绸是个小众产业，要让年轻消费群体了解这个事物，就要从他们最熟悉的渠道和最关注的方式入手。作为企业应该有这样一个平台，让消费者知道传统企业不传统。我们也尝试了包括天猫、京东在内的一些电商平台，需要补充更专业的渠道人才，目前还在摸索中。

Q：更容易接受新事物是不是年轻企业家的优势？

A：这不仅是优势的问题，这是必须要接受的现实。企业要勇于对新的商业模式进行尝试，要懂得消费者的需求。现在做企业，不懂大数据网络时代，非常难。

Q：听说，万事利要将丝绸产品推广到网游领域？

A：我们现在已经尝试和动漫合作。丝绸在传统概念里是老年人或者服务行业会用的产品，不高档也不时尚，现在我们面对的集中消费群体都是"80后""90后"，要了解这部分人的消费心态，要创新、要改变、要用现代思维，让他们知道丝绸的现代运用。年轻人喜欢游戏，我们就要去了解这种心态，为什么喜欢游戏，有哪些可以发展的机会，要去迎合消费群体，做与他们最接近的渠道。

Q：这种对丝绸原有形象的打破是好事吗？

A：当然。我们要迎合不同的消费者，拓展产品线。各种新的行业都要看看丝绸有没有机会去融合，比如我们现在用丝绸做家装，和艺术家合作，把书画做成丝巾，都是一种新的尝试。我们不仅要把丝绸做成各类产品，更要把丝绸打造成表现文化的载体，这种融合会提升丝绸产品的附加值和含金量。

关于传承

Q：怎么看待您与您母亲这代企业家的区别？

A：差别是一定有的，这是年代、环境、市场、受教育程度等等不同决定的。他们这一代经历很艰辛的创业，非常脚踏实地，敢闯敢拼，这是老一辈身上最值得我们新生代学习的精神。我们这一代更理性一点，考虑的问题更多，有时候会错失一些机会，有时候也能避免一些损失。现在做企业更需要创新，竞争是透明的，也越来越激烈，混沌的时代抓住机遇攫取市场份额是可能的，但现在你也许只比同行好一点点，一不小心就被追上了。

Q：接班第一件事做什么？

A：做减法，不赚钱的项目砍掉卖掉。我当时提出，万事利必须要做好丝绸，做企业有品牌，才能持续发展，这个是核心竞争力。

Q：如何评价沈总？

A：首先，她是一位很好的母亲，从小就培养我坚强、执着的性格；当然，她也是一位优秀的企业家，敢闯敢拼，用她对丝绸的一生热忱，令古老产业焕发新生的光芒。

Q：接班到现在，给自己怎么打分？

A：我有一定的进步，但我没有母亲那么投入，她把万事利融于生命，我把事业当作我生活的一部分；我更追求快乐工作，健康生活。

Q：会期待女儿接班吗？

A：女儿现在还小，一切顺其自然。作为一个从事丝绸行业的家族来说，肯定希望一代代传承，希望家族里能够培养真心热爱这个行业的人。

王米成：鸿雁的"不败"之身

□ 王浩

世界是平庸者创造的，聪明人活在里面。

有人如是评价：无论鸿雁电器的名气是否响亮、有多响亮，但这家企业目前所做的，已足以照亮整个行业未来的路。

王米成的自我评价当然是意料之中的低调——"这十年，鸿雁也说不上成功，做了很多事，走了很多路，充其量只是'不败'而已。"

过往的十年，对鸿雁电器很重要，对所有在建筑电气行业中摸爬滚打的中国企业都很重要。

在一个刺刀见红、竞争过度的行业，十年时间，生存能力、发展

王浩 摄

智慧、调整和转型的思维，像滚雪球一样，慢慢积累出一个企业的能量。3000多天后，企业与企业间的差距，会比人与狗的差距还大。有人折戟沉沙，有人改旗易帜，有人瞻前顾后，有人退守一隅——大浪淘沙，泥沙俱下，很多企业试图转型，都在过去10年中饱经风霜，甚至无奈退出。

王米成执掌的鸿雁电器，这十年是这样过来的：不加入市场价格战，也没选择跨界发展，只是通过一系列升级转换，打通了自身在电工行业和照明行业的产业链，如同习武之人打通"任督二脉"，内力大增。

这家曾经只做开关面板的小企业，如今已拥有电工电气、照明电器、智能电气、水电管道四大产品族群，并升级成为提供电器连接与建筑电气控制系统的集成解决方案的供应商，在LED智慧照明、智能家居等领域成为行业集成供应的领先者。近几年，鸿雁始终保持着超过20%的年营收及利润复合增长率。在整体经济下行的严峻形势下，鸿雁近年来依旧保持每三年翻一番的增速，这在整个行业内也是绝无仅有的。

拿着如此漂亮的成绩单，王米成当然可以笑而不语。自言"不成功，也没败"，云淡风轻得就像个"不攻不破"的少林僧。

我人生没低谷，我只是会坚持

"我的人生平淡无奇呀！平淡得好像连低谷都没有呢。"王米成说，只有一个很"浅"的低谷，在1988年。

在王米成的讲述中，出现了一个22岁原杭州大学中文系的年轻小伙子。当时中文系学生毕业，都分配什么样的工作？进媒体做记者，进政府当公务员，或者至少也该是个事业单位。毕业生王米成却阴差阳错地到了鸿雁电器，成为行政办公室小职员。

王米成印象特别深，第一天报到，问办公室主任，咱们这公司是做什么的。主任头也没回，随手指指墙上的电灯开关："就那个！"这一指，让毕业生王米成的心凉了一大截，原来是个做开关面板的小公司。回学校路上，王米成抑郁了很久：这样一份工作，回去怎样跟同学和家人交代？

唯一让王米成感到欣慰的，是鸿雁的国企背景。"好歹是国营单位，跟同学和家里人说，也不算太丢人。"当时鸿雁名气甚微，以至于老家有人听说他是在"电器企业"，便说也好，往后买电器可以方便些……这让王米成心虚了很久。

事实上，更让王米成犯嘀咕的是，刚进鸿雁的日常工作竟是管理办公室的一台日式复印机，这项管理工作一干就是八个月。"其实就是打杂，为办公室的老太太当帮手，老太太行动不便，跑腿的事都由我来，大家都说这新来的大学生堪称老太太的'一条腿'。"当年的大学生凤毛麟角，是天之骄子，相比较同学们工作的"高大上"，王米成有些委屈，也有些彷徨。真的要继续下去吗？

这算是王米成记忆中的"人生最低谷"了，如今回望，有点"天降大任于斯人"的意味。"一个从山村出来的孩子，除了忍耐和坚持，还会什么呢？"之后，王米成放弃了很多离开鸿雁的机会，理由都是一样的：贵在坚持。

王米成自言是个跟着感觉走的人，直觉告诉他，自己的信念是对的。在基层针头线脑烦琐事务的考验，为王米成打磨出坚持、目标明确、执行力过人的特质，这样的经历成了难能可贵的财富。

他是个隐忍的人，隐而不发，一发则不可收。从王米成在鸿雁的成长轨迹中，就能看到这一点，这甚至在后期渗透到了鸿雁的企业发展中。

从办公室小职员，到市场部副经理、公关部经理、办公室主任、总经理助理、副总经理……2005年，王米成最终成为这家国企的掌舵人。

生活就是这样，性格决定命运，有谁一开始就是人生大赢家呢？

哪有那么多蓝海，等你发现，早就红海了

王米成的人生没什么低谷，但鸿雁电器有。在他接任前，鸿雁发展进入瓶颈期，传统的开关插座卖不动了——上有西门子、松下等国际品牌牢牢掌控一线市场，下有南方众多民营小企业不断掀起价格战。鸿雁受制于外企和民企形成的"三明治"夹击中，腹背受敌，进退受阻。虽为国企，市场份额不断下滑，生存堪忧。

陷入泥泞的鸿雁何去何从？刚上任，王米成就面对这样的大问题。"一直以来，转型升级，是个多时髦的词啊。每个企业都在喊。可怎么转？怎么升？大家的理解南辕北辙。很多企业选择跨界，去做别的行业，进入别的市场，认为哪里赚钱哪里就是蓝海。哪有那么多的蓝海，等你发现它是蓝海的时候，它早就产能过剩，早就红海了。"外界环境会影响企业对规模的追求，各种"赚快钱"的诱惑也时刻考验着企业。王米成说，先把主业做强了，才有条件去转型，不然很容易把企业转死，一哄而上、一上就死的惨烈场面见得太多了。

基于这方面的考虑，鸿雁当时选择先升级，将原有的开关、管道等主导产品

升级，增强市场竞争力。同时成立照明电器事业部，尝试着打通电工和照明的产业链，不仅因为照明行业有开发的潜能，更主要的是，这是由鸿雁自身能力和资源决定的。当年的战略规划在现在看来，是鸿雁非常理性的选择。这些原有产业，在鸿雁转型升级的路上，变成了一台台供血机，为其后新的产业不断输血供给。2005年以来，鸿雁基本实现销售额每三年翻一番，看上去比大规模扩张的企业慢得多，但这样才使得企业更有底气，并保持充足的现金流。自身有强有力的造血机制，任凭外面风吹雨打，王米成都能见招拆招。

2009年，LED产业迎来发展元年。王米成准确地把握住了产业格局变化中的机会，是年年底，鸿雁联手台湾东贝，进军LED照明产业。

当时LED的核心技术大多都在国外，携手东贝，王米成的目标明确。鸿雁依靠自己品牌、渠道、资金上的优势，借东贝的芯片专利技术，用最短的时间达到了行业顶级水平，由此既缩短了与国际品牌的差距，也顺势摆脱了原有产业腹背受敌的困境。

在这个过程中，王米成提到了"风险识别"。在这方面，王米成和鸿雁做足了功课，也交足了学费。以房地产市场为例，作为老牌建筑电工企业，鸿雁曾经的产品结构，比较依赖于房地产的工程市场。房地产业的高速增长，带动了鸿雁的增长。但这并不意味着风险不存在。王米成用了近五年的时间，做产品结构的调整，将房地产工程市场的份额，由原来的80%降到了60%以下，以此规避房地产市场波动带来的风险。近几年房地产市场整体下行，与其相关的行业也在风雨中飘摇，因为提前做足了准备，鸿雁受到的影响不大，每年的增长幅度依然保持在20%左右，甚至更高。

"转型升级不是口号，庆幸的是，鸿雁找到了自己的路径和战略。"

鸿雁的玩法不是所有人都能玩的

先升级，再转型。

电工产业竞争激烈、利润空间小，而电工产业狭小的市场空间也不能满足鸿雁壮大的需要。随着基础型业务和增长型业务的逐步夯实，王米成的战略规划重心提到了更高的高度——LED智慧照明系统解决方案。鸿雁的产业布局拼图显现。

刚刚从广州国际照明展览会（简称"光亚展"）回来，王米成饶有兴致地为记者展示鸿雁的产品。用手机打开鸿雁的微信平台，与房间内的照明系统自动匹配。用手机就可控制所有的照明，不只是灯光的明暗，还有色彩和色温；每个场景如会议、演讲，以及办公场景里的每个电器，都可以提前设置，一键控制。当然也包括自然光——窗帘的收放。

"我们不再做单一的开关和照明，鸿雁要提供一整套的照明系统，以此来改变人们的生活方式。"王米成借苹果手机举例，"乔布斯拓宽了手机打电话、发短信的单一用途，iPhone变成一台电脑终端，它不仅颠覆了行业格局，所有的手机厂商都要跟着iPhone变，它更改变了人们的生活。鸿雁推出的照明系统也是如此，希望在未来，我们能为大家的生活提供一整套的照明解决方案，这也是一种颠覆。"

在广州"光亚展"上，鸿雁的展示区分成通用产品、家居、办公、地下车库、户外照明五大区块。其中，家居、办公、地下车库、户外照明均设置了情景体验区，全面展示了鸿雁在过去五年的研发和创新成果。除了照明以外，这套系统还兼带空气质量检测功能，可以对家中的温度、湿度、照明度，以及PM2.5和甲醛浓度进行全面数据反馈。智能系统的意义还不仅限于此，鸿雁智慧照明的理念还延伸到了智能家居领域，通过手机，用户还能远程控制电视机、空调、热水器等家电。

"这就是我们转型的成果，也使得鸿雁和其他大量存在的LED企业区分开来。那些企业可能更多是做一些单品，而我们的理念则是做智慧照明。我们研究院，研发人员200人，专门从事未来产品的开发设计，一般企业做不了；对于未来的大势所趋，鸿雁有能力和资金对未来市场进行大投入，这就是鸿雁的玩法，"为此王米成颇为得意，"鸿雁的玩法不是所有人都能玩的！"

将电工开关产品作为照明控制终端，嫁接芯片控制系统，打造家电、安防、照明、网络的一体化无缝智能平台，一站式采购会变成潮流，也是鸿雁这些年来布局的完整拼图。

你已经掉海里了，哪还容你像在泳池里那么优哉

2014年5月，顺丰旗下500多家"嘿客"便利店在全国试营业，顺丰官方宣布年内预计达到3000家的规模。当下，电商巨头跑马圈地，各色电商纵横开阖，而"嘿

客"则是顺丰拉开的O2O电商经营的大幕。

似曾相识的"嘿客"便利店让王米成的心为之一动，因为鸿雁正在布局推行的连锁电子分销系统，至少在呈现形式上非常相似。

"鸿雁天猫商城也有销售平台，但现在看，这样的电子商务平台并不适合鸿雁做系统、高技术含量和与服务性有关的产品，我们会把这部分业务外包。而现在鸿雁搭建的，是一个连锁的电商分销平台。线上线下结合，在这个O2O平台上提供服务，鸿雁在做电子商务上要充分利用自己的优势。"王米成说鸿雁的优势，正是顺丰的劣势，也是他不看好"嘿客"的原因。短期内大规模扩张门店，是不计成本之举，钱可以烧，问题是能烧多久？

鸿雁的优势是长期以来积累的销售网络，每个经销商的每个门店，都能成为自己的形象店和体验馆。王米成透露，鸿雁将在全国建立100家LED照明地区运营中心、1000家LED照明形象店、10000家终端分销网点，即所谓鸿雁的"百千万工程"。完成这个终端照明产品的市场布局，要在全国多地提供鸿雁线下智慧照明体验店，最终将建立起立体的终端服务体系，以及完备的物流配送和售前等一体化解决方案。到目前，鸿雁"百千万工程"整体实际完成情况已超过80%。

看鸿雁的经营理念，及其目标规划和战略规划，有人笑言鸿雁不像一家国企，带着民企的基因流着民企的血，温软的表象下，透着虎视眈眈的"狼性"。

对此王米成笑说，市场经济可不认你的"所有制"身份，在消费者眼里，产品就是产品，没有国企和民企之分。"鸿雁早就打破出身，这二十几年如果还有国企这个概念，老早该淘汰失败了。"

那么惨烈的市场竞争，每两三年来一次的行业洗牌，没点"狼性"恐怕难以应付。王米成对此的解释是："你已经掉海里了，哪还容你像在泳池里那么优哉？一着不慎就淹死啦！"

王米成有个梦想，分三步走，已经走完了第二步："把鸿雁变成一个还算不错的企业，让员工能实现价值，能在鸿雁找到归属感，这一步算基本完成。第三步，希望能让鸿雁成为一家卓越的企业，开创出属于自己的商业模式，有未来，有挑战。"

念念不忘，必有回响。王米成忘不了自己第一天到鸿雁报到的场景，忘不了办公室主任挥手指给他看墙上的电灯开关，忘不了自己那一天久久的失落。现在，每到一个地方，会场、酒店，他都习惯看一下墙上的开关，如果用的是鸿雁的品牌，他会很开心。

"如果有一天，看到的是鸿雁一整套的智能照明系统，那心里就更美了！"

**企业
名片**

创立于1981年，经过30多年的发展，鸿雁已形成比较完善的"鸿雁电工""鸿雁照明""鸿雁智能""鸿雁管业""鸿雁线缆"五大支柱产业，已成为专业的建筑电器连接和建筑电气控制系统的集成供应商。公司产品在建筑电气领域享有很高的品牌知名度和美誉度，同时拥有强大的市场营销网络资源。新时期的鸿雁，将继续打造企业核心竞争力——基于信息技术的创新能力，通过全面的信息化管理，依托强大的营销网络，为客户提供安全、创新、高性价比的建筑电气控制系统产品和服务，成为智能化和节能化人居、办公环境的驱动者，致力于成为"可信任的电气专家，智慧的光明使者"。

陈励君：30年，只做冰箱

□ 阮妍妍　敖煜华　戴宏功

对浙江华日实业投资有限公司董事长陈励君的采访，我去了两次。第一次因为她临时有事，没有见到本人；第二次刚见面，陈励君连续说了几个"不好意思"，并一再地解释。

采访接近尾声时，她亲手在自己名片上写下个人的联系方式，实习生也不忘记送一张。谦逊得让人感觉不到这是一位掌控着一家数千人现代化大型企业的掌门人。

她的打扮也如本人一样，温文尔雅，及膝连衣裙外面搭配一件黑白相间格子外套，姿态优雅却又气质刚毅。

从1984年陈励君筹集资金、带领侨眷创办杭州华日电冰箱厂以来，她见证了众多冰箱企业"起高楼""宴宾客""楼塌了"，而华日这家中国最长寿的家电制冷企业却依然笑傲江湖。

"华日初办时，中国家电协会开会我是年纪最小又是女的，而现在开会我年纪最大。有人对我说，哎呀，陈总你怎么还没淘汰出局呢？我说我不仅没有淘汰，我还要更好地发展。"

创业

1984—2014年，整整30年。

30年浮浮沉沉、充满竞争的冰箱行业，发生了太多的故事。

1987年，国家对电冰箱行业进行整顿，华日也成为国家相关部门的控制对象。而彼时，华日牌电冰箱在当年的浙江省电冰箱跟踪博览会上一举夺魁，名声大振，用户群也日趋扩大。

可政策一出，是从此萎靡不振，退出江湖，还是生存下去？陈励君显然选择了后者。

在后来媒体对华日这段经历的报道中，曾提到陈励君"七上北京"的细节。称她七上北京，来到了国务院有关部、委、办，陈述华日生存的理由和希望。"她一趟趟地走，一次次地跑，所有决定政策的领导都是她陈述的对象。"

最终，两个月的奔波没有白费，一张国家认可的"身份证"让华日上下松了一口气。但接下来迎接国家部委的定点验收，又让人为这个刚成立三年的企业"捏了把汗"。

"那个时候，我要筹划整个定点验收规划，又要亲临现场指挥，时间紧、任务重。"往往到了深夜两点，陈励君还在召集中层干部和科技人员会议，精心安排部署。

如今再回头看看那段经历，陈励君依然很淡定："'七上北京'是关系到我们当时企业生存的，所以感觉并没有多么的轰轰烈烈。而且，在华日之后的发展中，我们还遇到了多次毁灭性的打击，咬咬牙下定决心总是能够过去。"

"咬咬牙总会过去"说着容易，做起来却格外艰难。20世纪90年代初，受大环境的影响，家电市场疲软，一些电冰箱企业就此倒下。陈励君和她的团队也经历了这波"寒潮"。

"作为一家企业，华日不可能脱离市场，不然的话肯定要被淘汰。所以，同行遇到的国内市场起起落落、政策起起伏伏还有国际市场的风云变化，我们都一一经历过。但是，我们并不怕，我们有自己的优势和自信。这个自信源于我们掌握产品核心技术、我们企业有自己的定力，这来自于华日的不断努力，以及内部产品、销售模式的不断革新。"

在陈励君的指挥策划下，当时的华日几乎倾全公司之力，组成销售小分队，分赴全国各地。"商场看到工厂的热情，也开始配合了，慢慢地，市场僵局就被打破了。"陈励君把这种销售活动称为"冬眠促销"，至今，这种主动"走出去"的精神依然在沿用。

坚守

"这个企业是我一手创办起来的，好像我的孩子一样，比我的生命更重要。"在陈励君接受媒体采访时，曾这样描述她对华日的感情。

30年，华日始终在做电冰箱，始终只做一个品牌。这固然有公司自己的考量，但和陈励君个人的性格也不无关系。她曾经说过，其实自己一点都没有特殊的地方，就是比较执着，"这件事情没有干完我宁愿不睡觉、不吃饭，也一定要干完。我生命里面就是我们华日企业"。

如果从个人的角度，30年做一个产品的确太辛苦了。而且从资本积累来说，到一定阶段也用不着这样辛苦，资本本身就可以生产资本，何必再苦苦执着于一种产品、一个品牌呢？

事实上，陈励君这些年也不是没有遇到过"诱惑"。有人曾劝她进军房地产，说这样来钱快也轻松一些。而她的回应也相当霸气："当年房地产起来的时候，单凭我们华日这两个字，在银行马上就能融到资，一有资金，我就可以拿到地，而之前我造过那么多厂房，对基建熟悉得不得了，而产品在市场上销售、推广，又是我们的强项。所以，做房地产不是我们做不好，关键是做了就没有多余的精力来做好自己的主业了，这同样也是一种损失。"

陈励君认为，有些人今天做这个明天做那个，看起来很活跃，资历也丰富，但是最后回过头来可能生活是过下去了，而从事业上说没有什么值得回忆的成就。一个企业也是这样，做这个做那个项目，最后主业没有了，企业也销声匿迹了，回过头来，究竟是有贡献还是没贡献，答案非常明显。

"比如现在很多企业，初创时热血沸腾，非常吸引人，但是若干年以后，从历史发展角度来看，对市场对老百姓，特别是对年青一代究竟是起到好的作用还是不好的作用，就很难说了。"

不过，她也坦承："这30年，我也会感到非常累。但是，我自认为对社会是有贡献的，所以还是值得的。"

在陈励君看来，企业有品行，人也有品行。作为一个企业来说，做好这个产品是企业的根本。而作为一个人，也跟企业一样，每个人都做好一件事，这个社会就会不停地发展。

"打个比方来说，如果你是一个医生，你做到最好，就对社会做出了贡献；如果你是一个教师，非常热爱你的学生，也是一种贡献。但如果教师只顾着赚钱，那就不是一个好教师；如果医生只以金钱为目的，对社会的贡献也会打折扣。"陈励君说，"企业也是一样的，如果企业在社会上健康成长，它的影响力以及对社会承担的责任远大于那些只追求利润的企业。"

创新

作为华日集团最早的一批员工，30年来，孙敏华可以说和华日是"同呼吸共命运"。问及他对陈励君的评价，"毅力"二字提到了数次。

"作为一个女人，她比一般的男人都更有毅力。"这位华日集团副总经理说道，"如果没有她这种毅力和坚忍不拔的精神，企业很难走到今天。"

众所周知，办实业不容易，想把实业办好不容易，而对于一个女人来讲就更不容易。因为，从原材料的采购，到产品的生产，再到最后的售后服务，每一个环节都是逐步积累叠加的过程，环环相扣，不能出错。这要求企业的掌门人必须具备强大的心理素质和过硬的身体素质，具备宏观和微观的头脑和眼光。而这些，陈励君都不缺乏。

1992年，华日率先推出中国第一台电脑冰箱，1994年，又开发出具有国际先进水平的中国第一台模糊控制电脑冰箱，华日一直走的是高科技、专业化的发展之路。

"如果单从技术方面来讲，企业发展前期品质肯定是最基础的，发展到一定程度，管理等各方面大致成熟之后，企业开始致力于技术的提升，而技术是随着时代的发展不断提升的。"

对于一家冰箱企业来说，核心技术包括智能控制技术、无氟替代技术、节能保鲜技术等。

首先，关于智能保鲜技术，华日最早开发出中国第一代电脑冰箱。第二代就是华日模糊智能冰箱。"模糊智能，简言之就是冰箱的工作点设定，可以根据外部环境的温度变化来调整。"孙敏华解释道。

而无氟节能环保冰箱的推出，更是体现了陈励君的超前意识。1996年，华日投入大量资金请来德国、美国的专家进行氟利昂的替代改造，历时两年半的时间，就完成了无氟的替代。

"因为我们是最早改造的，世界环境组织验收的时候非常吃惊，在中国竟然有这么一个企业配合联合国来进行这项改造。"

华日改造的成功给很多企业带来示范效应，一时间，很多国家的企业前来参观访问。华日也据此荣获了联合国环境署示范项目杰出贡献奖，这是中国冰箱行业中，唯一获此殊荣的企业。

"子在川上曰：逝者如斯夫，不舍昼夜。没有永恒的不变，只有永恒的变化。"陈励君说，"未来，华日还是会在制冷行业走到底。但是，并不是说在这个行业坚守了就没什么事情好做了，反而在该领域还有很多的项目需要人们终身去研究。"

因为，"华日做冰箱一定要做世界上最好的冰箱，一定要做到所有行业都需要的特种冰箱，这才是我们的奋斗目标"。

对 话

Q：《杭州日报》

A：陈励君

Q：作为一个女人，当初怎么会选择冷冰冰的家电行业？

A：当初选择进入家电行业也是因为社会发展、改革开放的趋势。那个时候，普通老百姓的生活还是比较贫困的，对于一些药物必须要放在冰箱里的需求根本无法得到满足。而我们当时就是看到人们有这方面的需求，才想到做冰箱这个产品。

Q：请问，您对国际化是如何理解的？

A：我对国际化的理解就是不能依赖国家给企业政策上的优惠，也不能依赖某个国家给中国经济开了一扇很好的大门，企业就可以很轻松地进去，这些都不是我们希望的。我们希望的是我们的产品被外国人喜欢，然后再"走出去"，用产品说话，没有第二条捷径。华日的产品是被老外放在地摊上，还是放在家电综合市场里面，完全靠的是产品的质量，而不是期待政府的恩惠。

Q：和男性企业家相比，女性领导者有什么样的优劣势？

A：女性领导者在创办企业、领导企业中其实是没有优势的，完全处于劣势，但是有一点，我们国家从政策上来说，没有什么性别歧视。所以事实上，男性也好，女性也好，都取决于你自己怎么去把事情做好，怎么自强自立，这点非常重要。相对来说，男性做事比较大胆，比较干脆，但是女性也能够做到这一点。

Q：很多女企业家认为，因为事业，无法拥有幸福的婚姻，请问您怎么看待这个问题？

A：关于事业和家庭，不管是男性还是女性，如果要做好事业，家庭必定是会放在第二位的，不可能做到既兼顾家庭，又做好事业。除非她是在粉饰自己的生活，事业肯定是放到第一位的。

Q：到目前为止，您觉得人生中最遗憾的事情是什么？

A：关于遗憾这个话题，其实就是怎么去看待的问题了。例如，一个人总是要老去的，有时候有些人因此开玩笑说："你看我到华日后，头发都白了。"我就会说："你不到华日，头发也会白。"这就如做事情，做好了会老去，做不好也会老去一样，没有什么可以遗憾的。再说了，我们世界上大多数人都是平凡人，少数才是天才，让天才在天才领域去折腾，我们凡人就应该扎扎实实、稳稳当当地做事情。

Q：请问有没有人拿您和格力电器董事长董明珠作比较？

A：这个是有的。可能因为，我们两家企业都是专业的生产企业，又都从事家电行业的缘故。不过，我和她相比是有很多不同的。

Q：您觉得什么样的女人最美丽？

A：我觉得有内涵的女性最有魅力。吴冠中曾经说过，美不等于漂亮，漂亮不等于美。在这个眼球时代，我们怎么看待美？重要的还是一种内在的美、有实力的美，而不是光靠吸引眼球的美，那是经不起考验的。

企业名片

浙江华日实业投资有限公司的前身是杭州华日电冰箱厂，创建于1984年，迄今已有30年专业制冷的历史。

30年的专业制冷优势，使华日在智能控制、无氟环保、高效节能等方面达到了同行领先水平。华日数码智能冰箱是国内首推、国内同行中唯一的"国家重点新产品"，荣膺"全国发明金奖"。

方胜康：活着才是硬道理

□ 张海龙

"大家有饭吃，我们要吃得好；大家没饭吃，我们要有饭吃；大家饿死了，我们还要活着。"

年过50岁，创办企业21年，杭州奥普浴霸总裁方胜康先生到了"知天命"之年。他深知，谋事在人，成事在天，活着才是硬道理。他用"吃饭"来打比方，说明奥普企业的"生存之道"——找饭吃就要接地气，拥抱变化，满足需求；产品要从群众中来，销售要到群众中去。

一大早，他还安排助理发来短信，拟写了这样一个标题：立足市场，加快转型，逆势上扬。在方胜康看来，这三句话都不是虚说的，而是要实干的，但凡企业能做到这三点，就能像奥普一样活到现在，并且活得不错。2015年上半年，在经济整体下行的大背景下，奥普利润仍有显著增长，其主要动因就是公司经营机制变革以及营销渠道整合。

奥普自1993年诞生以来，各方面均快速增长。据国家统计局统计，自2002年以来，奥普浴霸连续12年获同类产品销量、市场占有率第一名。奥普相继获得浙江省名牌、浙江省著名商标、浙江省驰名商号等荣誉。2006年1月，奥普商标被认定为"中国驰名商标"。奥普品牌自2007年入选世界品牌实验室发布的"中国500最具价值品牌排行榜"以来，连续六年入选该榜单，在2012年的榜单中，奥普品牌价值达55.36亿元。20多年来，奥普以"专业"立本，以"安全"为标，树立起了卫浴行业里的高专形象，并作为起草组长单位组织制定了浴霸、浴顶的国家标准。

印象老方：像坦克车一样推销梦想

方胜康性格豪爽，霸气外露，朋友众多，大家都直呼其"老方"。

第一次见老方，是在杭州中北桥附近的一处粤菜馆。不大的包厢里，老方左比右划，中气十足，说话的声音几乎能把蚊子震落在地。这个身材结实的男人，就像坦克车一样不管不顾地随处推销他的梦想。当年，他把"能加热的灯泡"推销进千家万户，那是他的创业史。现在，他要向整个"中国制造"产业链推销以工业设计美学营造的"顶上集成电器"，这是他的产业转型梦想，也是他对"浴霸还能做多久"的回答。

老方的激情演讲被半途插进来的电话打断了几回，弄得他有些不耐烦。不过，他顺手又把手中的iPhone5S手机当成了演讲道具———

"你们看我手里这只手机，为啥人家苹果公司产品这么贵还卖得这么好，排队都还买不到？人家的东西好啊，好就好在工业设计上了。人家从源头就胜过我们了，人家都重视产品研发，就是想制造好的产品出来。反过来看，我们中国企业大多设计能力不行，就只好代工生产，赚辛苦费，还有人搞山寨，这怎么能持续呢？国家天天说要产业转型和产品升级，我读懂了，这是中国的大方向，就是要从产品源头抓起，抓工业设计。也只有这样，才能真正做到可持续发展和节能减排啊。我们做企业的人得有理想，不能混日子，不能光想着赚到钱就行了，你得让人家尊重你。"

老方说自己最强的能力就是描绘愿景并让人相信，果然，一桌子人都停下筷子听他滔滔不绝。讲到高潮处，他开始一根接一根抓香烟抽，吞云吐雾，伸展双臂，仿佛环抱着一个巨大的沙盘。

在他看来，生意永远是为生活服务的。他的梦想缘起，就是创建中国最大的厨卫家居创意设计大本营。一个原因是他不想看到自己的产品总被抄袭，这个很无奈。另一个原因是他要主动低碳，这个无条件。

想与众不同，更想让大家都尊重创意设计，也不愿"被低碳"，那就必须积极推动"一个人的产业革命"。

方胜康粗壮，红衣，寸头，健谈，凌厉，极具英雄情怀。"干一票大的"———这事非他莫属！

产品为王：创意就是无中生有

"创意是什么？我的理解就是无中生有。"

老方无比推崇创意，他甚至引用了流行的网络语言来说明创意的重要性———"没有创意，连'神马'都不会有，就更不用说'浮云'了。"

1993年，奥普把"superbathe"（浴霸）引入中国，引领中国人浴室取暖进入光暖阶段，培育出了一个年需求量超过1000万台的庞大浴霸市场，带动了行业内数百家相关企业。如今，浴霸已经成为中国家庭浴室装潢第五大件，它改变了中国人沐浴的方式。让一个从前没见过的东西进入人们的生活，这是老方的第一次无中生有。

光是无中生有还不够，创意是个生生不息的过程。比如奥普，早已经超越了"浴霸"而进入"浴顶"阶段，再由"浴顶"提升为"厨卫家居整体化设计"。可是，仅仅厨卫家居整体化设计也还是不够的。你还得引入创意文化，引入家居文化，这样才能衍生出更大的价值。

老方曾去过"世界设计之都"意大利米兰，那里让他大开眼界。最明显的例子，就是意大利设计师以中国明清家具为元素的新家居设计，太棒了！比如一把官帽椅，会因色彩和造型的改变而产生迥异的审美效果，让人赞叹不已。他们的用材用心用功都到了一个极致的程度，但还是刻意地不显山露水，不张牙舞爪。那些设计师，除了创意之外，都极具耐心和热情。比如，他们一定要找到最好的材料，然后用心去琢磨怎么用，他们对手工艺相当尊重和执着。正是因为这些人的存在，才成就了米兰的美名。

在米兰，老方看到国外设计师新推出的一款水晶灯饰，极其漂亮，也很昂贵，标价2000美元。他很想拿下，实在不好带回来，只得作罢。可是，一个月后，老方看到浙江一家企业的"山寨灯"，几乎一模一样，却只标价1000多块人民币，相当于200美元。仔细看，就能发现"山寨灯"在细节上种种粗陋之处。他很感慨："你这一山寨，就把人家设计师的价值给一把拽下来了。我们中国的产品不能永远只靠着便宜去和人家竞争吧？有本事，你就自己'无中生有'一个来看看。"

他说："中国现在越来越强大了，那我们的产品总不能抄来抄去吧，太拿不出手。所以，我一直都在不断反思，也一直在想国家经济战略调整里我们民企都能做什么。从我这个做实业的人的角度出发，我认为就是要抓好工业设计，老老实实抓好产品研发。这当然很难，但真的很重要。"

升级转型：只有跑得快才能提前突围

老方的性格是说干就干，干就干成。

比如，关于企业转型，他的理解很简单——"企业不能吃老本，不能只享受，必须时刻接受变化。企业要想活下去，就要从产品、渠道、管理三方面进行转型，模式要升级，但产品要下沉。"

第二次见到老方，一路向北，接近勾庄，在杭州莫干山路1418号上城工业园区内的奥普总部。老方身着红衣，坐在红沙发里，整个人像是披着熊熊光焰，一副能量十足的样子。办公室里，包围着他的是一圈疏朗雅致的明清古家具，架上搁的也是美轮美奂的青花瓷器。素有"大玩家"之称的老方，其审美经验与这些精致的中国器具相关，他对工业设计的痴迷也一定与此有关。

企业为什么要变？因为形势一直在变，没有哪家企业可以以不变应万变——"奥普21年了，我一直在想的问题就是，浴霸还能做多久？当初是我们为群众创造了这个需求，当这个需求满足了之后，我们还能做什么？所以，奥普的产品转型就是要做顶上集成系统，除了取暖、照明这些传统功能之外，还包含空气净化、消除甲醛等多种功能。现在越来越多人都要从网上买东西，奥普就要做电商渠道的转型。而当大城市消费趋于饱和之后，奥普就要下沉到城镇去，这就是整体管理模式上的转型。"

在老方看来，"无中生有"的不只是创意，更要应对难以捉摸的市场变化。早些年，有谁会想到电商的冲击？有谁见过只拍照不买单的顾客？有谁想过要去城镇那些"小地方"卖产品？有谁想过中国房地产正由毛坯房向精装修转化？有谁想过大面积的雾霾也意味着新的市场需求？

老方执掌企业多年，一直为"市场跟风"所苦。别的不说，目前国内浴霸市场品牌已不低于100个。各种名称中带"奥"或"普"，或者是与"奥普"字形相似的品牌，一度在市场上占到了近四成。奥普成了大家竞相攀附的大树，价格被大家当作参照物，许多杂牌售价还可以打5折、6折，甚至直接以奥普或奥普副品牌名义进行销售。以此为例，老方想说明做企业的不易：一是市场管理粗放，供需关系始终不平衡；二是支撑体系薄弱，企业在资金、产品、市场等多方面受阻；三是法制环境不健全，企业想要维护自己的利益难上加难。

市场永远在变。如果不能改变环境，那就主动改变自己。归根结底，企业一定要跑得快，一定要提前突围。什么叫转型升级？就是改变打法，甩掉"跟风者"，努力活下去。

建构平台：以海归榜样引领乐富海邦园

能力越大，责任就越大。奥普正在致力于成为"平台运营商"。

第三次见老方，是在绿城深蓝广场楼下一家名叫"金玉满堂"的玉石店，店老板徐国平是老方的朋友。老方以这家玉店打比方来说明平台的作用："开家玉店你得有好玉石，东西拿得出手，这叫产品；徐老板是新疆人，他的渠道玉石正路，大家信得过，这叫品牌；这家店开在深蓝广场楼下，汇聚的都是优质客户，这叫渠道；我们很多朋友都会来这里喝茶交流，在信任的基础上一起投资某块玉料，这叫平台。"

20多年前，方胜康凭着10万元人民币起步创业。当时最大的问题就是缺少资金，接了个300万元的大单，可就是没钱开模具生产。银行不给贷款，亲戚朋友也借不出，怎么办？老方就去和那些生产厂商大谈奥普愿景，先谈理想，接着谈好处，答应他们若先垫资，则事后多返利给厂商。就这样，他获得了最初的成功。

老方认为激励创业者很简单，第一是愿景，第二是好处，第三是平台。有愿景就会有价值，有价值还要开得起价格，此外就是要有共同发展的好平台。在杭州，奥普正以"海归"榜样引领创建"乐富海邦园"，以此吸引那些海外学成归来的创业者。多年以前，奥普董事长方杰正是从澳洲归来，成为创业的"海归"代表。

"乐富海邦园"项目，位于杭州未来科技城海创园内，奥普占20%股份，是第二大股东。整个园区占地面积70亩，总建筑面积13万平方米，由16幢商务办公大楼、1幢配套服务中心组成。项目定位为新经济产业园，为新科技、新技术、新兴经济模式的企业，提供全方位的基础配套服务，园区规划有食堂、超市、图文店、餐厅、会所、银行、咖啡吧、红酒酒窖、健身中心、快捷酒店等一系列商务配套设施。

老方举了美国"硅谷"的例子——那里是IT人才聚集地，除了美国青年外，全世界的青年都往那儿跑，为什么？因为只有在那里才能体现IT人才的价值。现在，要想让创业者都往"乐富海邦园"跑，就得让他们感觉在那里有价值，一是能做事，二是做事有回报，三是在这里有一群志同道合的人共同做事。

到底为什么要投资做这个平台项目？老方用他习惯的最简单明了的方式作解释："就是抢人，抢有用的人！这是一个开放性平台，奥普只是一个平台运营商。我希望在这个项目里能体现那种'包容性增长'的概念。企业要协调发展，要可持续发展，更要能分享创意成果。中国民企需要抱团发展，更需要头脑清醒。很多企业，都需要一个看得见摸得着的东西端给他，他才认可。我的任务，就是端盘子，就是做服务员，就是帮更多有本事有理想的人把愿望变成现实。要不然，就太浪费了！"

企业名片

杭州奥普，是一家以生产卫浴电器产品为主的企业，主要生产、销售包括浴霸、浴顶、通风扇、取暖器、环保灶、橱柜等卫浴电器系列产品。1993年，国内第一台集取暖、照明、换气三功能为一体的浴室多功能取暖器诞生于奥普，并取名为——奥普浴霸，为中国人的浴室取暖带来划时代的革命。

奥普自诞生以来，各方面均快速增长，据国家统计局统计，自2002年以来，奥普浴霸连续12年获同类产品销量、市场占有率第一名。由于奥普的不懈努力，奥普相继获得浙江省名牌、浙江省著名商标、浙江省驰名商号等荣誉；2006年1月，奥普商标被认定为"中国驰名商标"。奥普品牌自2007年入选世界品牌实验室发布的"中国500最具价值品牌排行榜"以来，连续六年入选榜单，在2012年的榜单中，奥普品牌价值达55.36亿元。

2006年12月8日，奥普集团控股有限公司成功在香港主板上市。今天，奥普不仅从过去的"产品经营"发展到了"品牌经营"，而且正在从"品牌经营"向"资本经营"发展。

仇建平：民企并购梦

□ 桂斌

过去，媒体介绍仇建平，爱说他是"首席业务员"。因为作为巨星控股的董事长，他还要亲自负责旗下上市公司巨星科技产品的研发和营销，对于大多数产品细节，他比一般的业务员都要熟悉。

现在，仇建平却希望有人能够替代他的这个位置："我想把这个任务脱下来，最好三年之内就可以不要我管了。"他说，原因是巨星在资本方面越做越大，他需要把更多精力投入到其中。

在进入资本市场之前，巨星是个典型的浙商企业：行业影响力远超公众知名度。虽然在手工具行业中亚洲排名第一，但在大本营杭州，知道这家企业的人并不多。2010年7月巨星科技挂牌上市，2011年1月巨星控股杭叉集团，大家把这家企业称为"黑马"，却少有人注意到这家企业此前已连续多年位居杭州市企业自营出口前列。

现在，借助资本的力量，仇建平正希望实现更大的目标。他说，巨星科技在五金工具行业里大约每年有超过10个点的增长，但这个速度太慢了，资本则有可能让巨星有更快的发展速度。

"现在中国人都想做更大的东西，发展得更快。我也一样。"仇建平并不讳言他内心的躁动（在企业家的圈子里，则更流行说"慢一点"）。他心目中的优秀企业必须有全球化的业务、全球化的团队、全球化的品牌以及技术优势和优秀的理念，而并购是巨星成长为优秀公司的必经之路。

并购

对于国内传统制造业的民企来说，很少有把并购作为发展手段的。《金融时报》曾有一篇文章分析过其中原因，一方面，民企资金成本过高，另一方面，并购尤其是对国内企业的并购，会有巨大的隐性成本。

仇建平也坦承，国内并购，机会并不多："你在国内并购，创业的民企都不愿卖，跟钱没什么关系，创业者认为那是自己的作品，是成就。你只有并购那些改制之后的民营企业，但中间也会有一大堆复杂的事情。"

2011年1月并购杭叉，就来自一个偶然的机会。在谈到并购的经验时，仇建平强调自己"没有派一个人进杭叉"。"你必须尊重对方的企业文化。你不能说我是老板了，就必须听我的。"他把这视为投资人必须拥有的素质之一。

仇建平透露，现在巨星又到了可以进行新的并购的时机。"你并购一家企业，有几年的养歇期，整合企业，做好业务战略，消化资金。然后，又可以准备下一次大的并购了。"未来的并购目标应该在国外："一些有名的国际公司也面临着生产成本过高的问题，我们也希望通过重大的并购，让巨星工具业务再大力发展。"

创业

从面对并购企业的态度中，不难发现，务实是仇建平一大特点。这一特点也在生活细节中体现，比如仇建平喜欢中等价位的衣服，因为他对穿着并不是特别在意，而这个价位的衣服又不会影响到商务活动。

而这一特点也和他早年的创业经历有关。

仇建平出身浙江宁波农村，研究生毕业后，他在浙江省机械进出口公司工具科任职多年。1992年，他辞职下海做起了外贸公司，第一年一个人做了200万美元，第二年则是1000万美元。多年以后，他回想当年的下海，把原因归结于浙江宁波人骨子里的"商人基因"以及自己赚钱的欲望。

在巨星科技位于杭州江干区九堡的办公楼里，会看到一个巨大的办公区，所有人都是敞开式办公，包括部门总监和公司副总裁。仇建平的个人办公室则在三楼销售部大厅的尽头，那里每个销售人员都可以看到他在不在，也可以随时推门进去和他交流。

仇建平很喜欢这种开放、扁平的管理模式。"外贸公司基本都是这套模式，效率很高。"

也因为是做外贸起家，仇建平认为对于公司来说，"市场是第一位的""有了市场，才有合适的技术，才有合适的产品""苹果的手机，是根据市场来设计的，首先得有市场"。

直到2009年，仇建平还经常加班，做最普通的销售员做的事情，和外商通电子邮件。甚至在媒体报道中，可以读到他曾和销售员就某种产品的材质打赌，最后获胜。

仇建平要求巨星的管理层也要熟悉产品的细节：这个东西是做什么的，人们会怎么样使用，这样设计有什么优点。"你了解了，和乔布斯就差不多了。"

产品

如果不去巨星科技的产品展示区，你不会明白这家公司到底是家什么样的公司，也不会明白为什么一家做工具的企业的老总，也要谈乔布斯和苹果。

整整一层楼，都是各种工具。有无论向哪个方向旋转，都能卸下螺丝的螺丝批（这是2012年的明星产品，销售额超过1亿元）；有手柄上藏着扩孔器、小锯子、剪刀、开瓶器的钳子；有手柄跟高夫球棒同样材质的锤子，被国外用户评为手感超好；有可以根据烧烤物，而设置不同烧烤时间的烧烤叉；有外形颇有金属感的手电筒，老外买它们是觉得它们看起来像变形金刚……而其中最出名的产品，则是一把钳子，在奥斯卡获奖片《拆弹部队》中就有一个镜头，男主角拿着这把钳子拆卸炸弹。

　　这是一个讲究产品设计的行业。在国外，五金工具更像消费品：男人间会当礼品赠送；一些人如果看到某个款式新颖的五金工具，还会再次购买；一般两三年，旧款的工具就会被淘汰。

　　研发是仇建平直接管理的部门。在巨星，研发人员收入和产品销量直接相关。每年，巨星会研发数百种新产品，这个数字累积到现在已经有上万了。

　　而在研发和市场方面的优势，则让巨星科技成为一家不是传统意义上生产制造的企业。"你可以把我们看做一个一站式的采购平台。"外商采购的产品，除去最新的产品由巨星自己生产以外，70%是由巨星外包给其他企业生产。在巨星内部，采购工程师的数量和销售人员大致相当，他们负责监督管理外包企业的生产时间、数量及质量，而巨星的采购厂家大约有700多家。

　　通过这种模式，巨星把品牌、市场、技术这些核心资源掌握在手上，同时吃掉了产业链里国内利润最丰厚的部分，还不需要承担厂房之类的成本。这就是巨星科技保有高于同行的利润率的秘籍。

　　对于仇建平来说，巨星控股现在已经有了两个着力点。已经成为国内龙头企业之一的杭叉，发展还是依靠整合产业上下游；而对于巨星科技来说，进一步发展则只有来自于并购。"并购小的我也没兴趣，并购一亿、两亿的公司很容易，但是要把它们发展成30亿、50亿的公司要太长时间了。"他希望巨星科技可以在五年内进入全球前三强："其实很快，并购一个大企业，营业额马上就来了。"

对 话

　　Q：《杭州日报》
　　A：仇建平

　　Q：你如何处理企业文化融合的问题？

A：不能强行改变，你必须尊重对方的企业文化。巨星是民营企业文化，基本是老板说了算，别人不会来反对你，这个企业是你做起来的，你爱怎么做就怎么做。杭叉是国有企业改制过来的，是国有和民营结合的综合性文化，管理模式和巨星肯定不一样。你不能把它们强制扭过来。

并购之后，我没有派一个人进去，连财务都没派。他们原来的团队都留下来了，我基本上只要在一些战略方向上和他们沟通就好：比如电动叉车、机器人叉车。其实企业管理也很简单，因为大家的利益都是一致的，企业做好了，大部分管理层也有股份，大家能获利。我如果乱来，大家都会反对，因为市场在那放着呢。

Q：这两年，巨星控股在金融方面进行了一些投资，是不是对这个方面有兴趣？

A：这不是我们的核心。我们已经太迟了，落后了。尽管投了点银行，杭州银行啊，宁波东海银行啊，但是金融这方面我们前几年重视不够。其实我对金融也很感兴趣，但我做不进去，也没机会去做。对于民企来说，那些资源是很难掌握的。我们只是做点金融投资而已，谈不上做自己的事业。

Q：这几年，很多人都会说，传统行业没有前途，你怎么看？

A：这几年，劳动力成本上升很厉害，如果不能在市场、技术上领先的话，传统企业确实会有些困难。但如果你在技术、市场上领先，你还是能赚到钱。还是看你有没有好的团队、优秀的公司。其实中国的企业家除了做互联网的，大多数还是靠传统产业起家的，比如服装或者房地产。

Q：前两年，制造业也有些倒闭的。

A：制造业真正倒闭的很少。出问题的都是他乱投，钱投到光伏、煤矿上，资金链断裂。在自己的领域里做的，很少看到死的。

Q：2002年、2003年，房地产那么好的时候，你心动吗？

A：房地产最好的时候，看看人家赚钱的时候，心当然也是动的，但我们没有太多地介入。我们最近才开始做一个商业地产开发项目，西湖新天地二期，是从别人手里接下来的。这个项目就几十亩地，但我觉得可以做个作品出来。

Q：你最欣赏的企业家是谁？

A：我心目中，最优秀的企业家首先必须得有全球化的业务、全球化的团队、全球化的品牌，要有技术优势，有优秀的管理团队和理念。这样算下来，应该华为任正非、联想柳传志、阿里巴巴马云，他们都算。

Q：你创业过程中，压力最大的时候是怎么样的？

A：我从来没有过什么太大压力。开始几年倒是挺苦的，那时候没钱，在国企的时候一个月只有100多元工资，我就向以前的一个美国客户借了30万美元做启动资金。你想之前还是100多元工资的人，现在欠了30万美元，债务压力在那放着。但那时候其实也没太怕，那时候，邓小平南方谈话，我们都研究过，那个时候国家的气氛开始松起来了。我觉得我有这个能力，是第一批大学生，又是研究生毕业，懂产品、懂英文、能吃苦，还有很强烈的商业嗅觉。蛮有自信的。我第一年做到200万、300万美元，第二年做到1000万美元。

Q：2008年金融危机对巨星有影响吗？

A：对我们没一点影响。我们那时候就判断，所有的危机都是阶段性的，世界还是往前发展的。

Q：你对未来有什么规划呢？

A：产业做大做强。把企业做好、做大，这是你的职责。有些企业家变成政治家了，我对政治不感兴趣，也不愿意发表太多意见。你还是得做企业，因为你是董事长，你必须要对得起自己的企业。

我们都是在这个环境长大的，其实都习惯这种环境。现在社会上很浮躁，很多企业家一见面就抱怨。其实人要平淡，要理解各方面。社会让你有机会赚钱，变成有名、有规模的企业，你要感恩社会。

Q：作为传统行业企业，你觉得该如何保持创新能力？

A：创新是核心问题啊。传统行业要与时俱进，一方面要有新的技术改造，产品要适合市场的方向。你再做很便宜的产品，和印度、巴基斯坦竞争，你必死无疑。你肯定要做符合中国国情的产品，进行技术改造和企业创新包括产品创新，这些市场会逼着你去做。

> ### 企业
> ### 名片

巨星集团成立于1993年，是一家以机械制造为主、跨行业经营的综合性企业集团。公司总部位于浙江杭州，旗下产业涵盖工具及机械装备制造业、皮革家具、金融业、旅游地产、实业投资等多个领域，是浙江省百强民营企业（第36位）、中国民营企业500强。子公司巨星科技是亚洲最大、世界排名第六的手工具企业，2010年在深圳证券交易所上市。子公司杭叉集团是中国叉车行业研发能力最强、产品最齐、服务网络最完善的叉车制造企业，在世界叉车行业排名第11位。

李明焱：农民、专家、实业家

□ 余敏　王洁

寿仙谷，武义县的一处天然峡谷，相传是南极仙翁的故里。

1909年，李明焱的太公李志尚在武义县城创立了"寿仙谷药号"。除了卖中草药，李志尚和儿子李金祖还给人看病。1941年，日军侵占武义，寿仙谷药铺被强行拆除。2003年，李明焱创办了现代化的中药企业——金华寿仙谷药业有限公司，这个百年老字号正式复牌。他也成了老字号"寿仙谷"的第四代掌门人。

李明焱的理想是将寿仙谷药业打造成中国有机国药第一品牌。

一个经世致用的农民

李家是当地的中药世家。从李明焱的曾祖李志尚、爷爷李金祖到父亲李海鸿，都是乡村郎中。

李明焱是家中老五，小时候就常随父亲上山采集草药，七八岁就已经认识几十种草药。父亲李海鸿很看好这个老五，话不多，做事认真、细心、执着，又肯思考，待人真诚，是块当医生的料。

20世纪80年代初，李明焱自费到古田追随食用菌专家姚淑先学习栽培银耳技术，半年后，李明焱回到老家车苏村教大家种银耳、平菇等食用菌。第一季，就成功种植了1600袋，获得1000多元纯利。从此，李明焱的自学研究之路一发不可收。

1984年，任榨油厂食用菌车间主任的李明焱利用企业废料木屑等，采用种银耳的办法种植香菇，又一次成功。

1989年10月，李明焱作为全国派出的30名农业方面的星火带头人之一，到日本研修农业。

"来到日本北海道后，我被高科技、产业化、规模化的场面所震撼，对世界先进栽培技术和管理经验有了一定认识，进修让我开了眼界。"学成回来后，他被任命为武义县食用菌研究所所长。

一个自学成才的专家

20世纪90年代，李明焱开始对赤灵芝品种进行选育、栽培。

他带领科研人员先后在浙江、福建、江西、湖南、湖北等赤灵芝最适宜生长的长江中下游地区，采集到了22个野生灵芝种质。然后，选取优良品种为亲本，运用现代高科技进行组织分离和孢子分离，最终培育出抗逆性强、有效成分含量高的优良品种，命名为"仙芝1号"。

经权威部门测定，"仙芝1号"的多糖、三萜类物质含量比"日本红芝""韩芝"分别提高了31.03%和39.04%，是目前全世界品质最优良的灵芝新品种，是国内首个经省级以上品种审定委员会认定的灵芝新品种。

此后，在"仙芝1号"基础上推出的"仙芝2号"，在子实体干品产量方面，比"仙芝1号"高21.6%。2011—2013年，公司在浙江武义、龙泉和江苏、安徽等地进行面积推广试种，均表现出良好的优势和稳定性。

被道教医学经典"道藏"列为中华"九大仙草"之首的铁皮石斛，也是李明焱的研究领域之一。

李明焱对铁皮石斛的功效记忆深刻。以前，村里人会在自家的茶叶棚下种上一些草药，其中有一种"吊兰"，如有人发烧，采几株煎水服下，烧就退了。在武义，铁皮石斛就这样被当作还魂仙草。只可惜，铁皮石斛多长在悬崖峭壁上，数量少得可怜。

为什么石头上能长出铁皮石斛来？原来这些石头都有凹槽，凹槽里有树叶、杂草等腐烂后形成的腐殖质，铁皮石斛就是吸收腐殖质的营养长大的。何不利用灵芝废料进行铁皮石斛栽培试验？1998年，李明焱开始试种铁皮石斛，面积不大，只有20亩。第二年，面积有所扩大，成活率达95%以上。

其后十余年，李明焱带领寿仙谷团队收集了近百种各地残存的铁皮石斛种质，建立了种质资源库。运用DNA工程技术等高科技育种手段，他们克隆出了多个铁皮石斛种苗，"仙斛1号"就是寿仙谷药业培育出的第一个铁皮石斛新品种。经权威部门测定，其多糖含量为47.1%，远高于《中国药典》25%的标准，是我国目前最优秀的铁皮石斛新品种之一。

2011年，李明焱及其团队又培育出了"仙斛2号"。经浙江省食品药品检验所测定，其多糖含量高达58%，是《国家药典》标准的两倍以上。2014年，寿仙谷铁皮石斛仿野生高效栽培关键技术研究获得浙江省2014年度科学技术发明奖二等奖。

李明焱坦言，直到现在，他的大部分精力都还放在科研上，"做企业并不是我的初衷，最开始的想法是，我需要一个平台，有一个属于自己的科研平台，能让自己利用，去更好地开展科研，也让自己的科研成果先在这个平台上得到实现"。

由食药用菌领域跨入珍稀植物药领域，由灵芝到铁皮石斛、藏红花，李明焱的研究领域不断扩展，研究成果也不断增多。凭借深厚的科研实力和重大的科研成果，李明焱于2008年评上研究员职称，享受国务院特殊贡献津贴，从一位土生土长的农民蜕变为一位拥有正高职称的专家。

一个有责任感的实业家

李明焱的理想是将寿仙谷药业打造成为中国有机国药第一品牌。但如今，做灵芝和铁皮石斛等名贵药材的企业很多，李明焱的手里有哪些"法宝"呢？

全产业链模式——

寿仙谷药业从一开始就摒弃了"企业+农户"的生产模式，从灵芝和铁皮石斛的品种选育、药材栽培，再到产品加工，打造了一条完整的产业链，避免中间环节假手他人可能带来的质量监管盲区。

摸索出"仿野生有机栽培技术"。为了追求野生环境，分别在远离污染、风景秀丽的源口、刘秀垄、牛头山国家森林公园等地建立了铁皮石斛、原木灵芝、藏红花等名贵中药材标准化基地，栽培种植环节中，不使用任何化学合成农药、化肥和生长素，确保原生态、纯天然。

加工方面更加讲究。公司独创灵芝孢子粉"超音速气流破壁"新工艺，灵芝三萜、多糖等有效成分比用常规破壁法加工的提高10倍以上。

这一全产业链模式实现了中医中药基础科学研究→优良品种选育→仿野生有机栽培→攻关古代养生秘方→现代中药炮制与有效成分提取工艺研究→中药临床应用一整套完善的中药产业链，实施身份证可追溯制度，并通过了有机产品认证、GAP（中药材生产质量管理规范）认证、GMP（药品生产质量管理规范）认证、HACCP（食品安全管理体系）认证、ISO 9001质量体系认证，确保了产品质量。

产学研一体化——

作为一家国家高新技术企业，寿仙谷走的是一条产学研结合的路子。

近年来，寿仙谷药业与浙江省中药研究院、清华大学、浙江大学、浙江中医药大学、浙江省农科院、胡庆余堂国药号等多家机构，建立了中医药基础科学研究的协作关系。同时，寿仙谷药业还建立了浙江省星火计划培训基地、清华大学博士生实践基地、浙江大学农业与生物技术实验基地、寿仙谷院士工作站。

2013年，84岁高龄的孙燕院士，专程到寿仙谷药业进行为期三天的考察，考察完后正式加入寿仙谷院士工作站。目前，该院士工作站已晋级为省级院士专家工作站，并确定了未来的研发方向。

寿仙谷药业每年在科研上的投入是销售额的10%左右。"没有科研经费的投入，就不会有持续的科研成果的产生；而没有持续的科研成果，就不可能有产品的更新换代；没有持续的新产品开发，企业要想能更好立足市场，推动市场的发展，几乎是不可能的。"李明焱说。

生态循环产业——

寿仙谷药业摸索了10多年，建立了一条完善的生态有机循环产业链：

种灵芝和香菇的原木打碎后变成废料，用作铁皮石斛的培养基质；在铁皮石斛老化后，废弃的铁皮石斛基质，用作有机水稻的肥料；有机水稻田内养鸭，让鸭子吃害虫；铁皮石斛的老根粉碎后，用作食用菌培养基；加工药材后剩下的小苗、药渣用作动物的饲料，动物产生的粪便则收集起来加工成有机肥，成为有机水稻、杭白菊、油菜、藏红花等的天然肥料……寿仙谷公司的种植基地内，采用了藏红花与水稻、杭白菊与水稻以及灵芝与水稻轮作的耕作办法，实现了农田与化肥、农药绝缘，确保了原生态，纯天然。

"有机生态，绿色环保，就是对社会负责，对人类负责。"身为浙江省中药材产业协会铁皮石斛分会会长的李明焱并不对自己的这些核心技术保密。

2015年7月，浙江省评选出的20名"科技新浙商"中，寿仙谷药业是唯一一家中药企业。这条现代创新中药发展之路，是漫长而孤独的。作为传统国药创新发展的思考者、探索者，李明焱愿以毕生的精力和努力，来探索现代中药发展之路。

对 话

Q：《杭州日报》

A：李明焱

Q：有人称您"董事长"，更多的人称您"专家"，怎么去理解？

A：做研究与做企业并不矛盾，科技是企业最重要的生产力，而企业是科学研究坚强的平台和后盾。两者紧密结合，相得益彰。

Q：作为行业龙头，如何发挥自身影响力？

A：首先应该是行业科技的龙头，我们在这方面绝不保守，大部分科技成果都是公开推广的，如铁皮石斛仿野生栽培技术也已在全国主要种植区应用。其次，要建立引导标准，这样才能有章可循、有法可依。

Q：对于未来，寿仙谷是如何规划的？

A：我们目标很明确，就是"打造有机国药第一品牌"，为民众的健康、美丽和长寿服务，现正在编制寿仙谷发展"十三五"发展规划。

Q：作为浙江省中药材产业协会铁皮石斛分会会长，您对行业发展现状怎么看？

A：这几年规范化基地发展较快，产业规模稳步壮大，品牌竞争力不断提升，但也存在着抗风险能力较弱、标准体系不完善等问题，需要进一步研究产业发展对策。

企业名片

寿仙谷药业是一家百年传承的中华老字号和综合性现代中药国家高新技术企业，致力于打造"有机国药第一品牌"。

公司拥有自主知识产权的是优良铁皮石斛"仙斛1号""仙斛2号"和灵芝新品种"仙芝1号""仙芝2号"。公司破译了唐朝御医叶法善清补养生秘方，以铁皮石斛、灵芝、西红花等药材为主要原料开发的破壁灵芝孢子粉、铁皮枫斗灵芝浸膏、铁皮枫斗颗粒、西红花铁皮枫斗膏等系列养生产品，已经走进杭州胡庆余堂国药馆、方回春堂、万承志堂、张同泰，上海雷允上、蔡同德，北京同仁堂、白塔寺药店，广州采芝林等多家百年老字号及众多知名商场超市。

胡钢亮：理想主义的实业者

□ 桂斌

胡钢亮坐在我的面前，和我聊他的理想。这位1979年出生的年轻人，在微博中的自我介绍是"理想主义者，和一群志同道合的人一起在路上"，他试图让我明白，简单来说，他就是想做实业，做一些好的产品。在这个追求速度、充满狂热的时代里，他有自己的主见。

2015年是他创业的第八个年头，先是从孕产妇化妆品开始进入母婴产业，随后推出婴幼儿营养品，再到一年半前进入婴幼儿配方奶粉领域。这个过程中，很多人并不看好他。"他们觉得我们这个团队很二，也不想想怎么赚快钱，硬撑了这么久。我们倒是觉得慢点没关系，你只要目标明确。不需要为了满足别人的想法而活。"

2012年年底和2013年，这个团队带领着浙江康诺邦先后获得了两轮创业投资。胡钢亮告诉我，这笔钱将会投入到一个全新的营养品和奶粉工厂的建设中去，"我们的营销现在的投入产出很健康，已经产生正向的现金流，我们现在需要一个能够保障更优品质和更大产能的一流工厂"。这又是典型的实业思维，而如果理解胡钢亮身上的"理想主义"和"实业基因"，也就会明白有这样的想法并不奇怪。

内部创业

2006年，胡钢亮还在药企康恩贝里从事新药研发的工作。这是他的第一份工作，也和他在本科和研究生阶段所读的专业一致，算是学以致用。但胡钢亮还是觉得这不是自己想做的事："新药研发的投入太大、周期太长、成功概率太低，把有限的生命投入极低概率的事业中，我觉得这不是我想要的。作为一名研发工程师，我觉得只有主动去接触市场，接触消费者，将消费者尚未满足的需求通过创新技术和产品进行满足，才是实现人生价值的正确途径。"

胡钢亮一度准备去证券公司做一名医药行业的分析员，上海那边的证券公司已经谈好了，可他最终还是留了下来。因为他在公司内部发现了机会，当时康恩贝的科研部门发现有一种植物提取物可以促进伤口愈合，同时又可以抑制疤痕增生。"我觉得这是个很有前途的产品，因为对疤痕最在意的是女性，而在中国，剖宫产是女性做得最多的手术，你想想看，那是多大一个市场啊。"

胡钢亮就自己做了一份市场分析报告，在公司高管面前路演。那时候，国内很多大的制药公司都开始把业务从制药向健康行业拓展，试图找到新的增长点。胡钢亮的想法打动了康恩贝的高管们，他成了新成立的健康产品子公司的总经理。

用现在的眼光来看，胡钢亮当时是典型的"内部创业"，最初的资金来自于康恩贝，他的两位合伙人也都来自于康恩贝内部。管销售、业务的合伙人是当时康恩贝最年轻的销售总监，负责研发生产的则是康恩贝的研发总监，他们都放弃了当时不菲的收入，一同组建了这个创业团队，希望能在新的领域里作为一番。

他们推出的品牌叫"萃芙理"，产品围绕孕产妇的化妆护理。"真正进入这个领域，才发现跟预期的完全不一样。"第一年，公司才做了100万元销售额。后来才发现，并不是产品质量有问题，也不是营销没跟上，而是对市场容量估计太乐观。2013年，萃芙理在细分领域已经做到了数一数二，可是整个市场才有几亿元的销售额。一方面，人们还不信任国内的这类专业化妆品品牌，另一方面，市场的需求还没有完全开发出来。

胡钢亮的团队开始了第一次转型，2008年，他们把产品线扩展到婴幼儿营养品的领域，推出了君宝康品牌。

非暴利主义者

婴幼儿营养品有更大的市场，但这个市场里的情况显然更加复杂。"看上去很美，但做起来很辛苦。"胡钢亮这样评价。市场上品牌众多，良莠混杂，而家长对于国产产品的信任度不高。

信任显然是首先要解决的问题。"这不是投广告就能解决的，你必须保证产品的品质。"胡钢亮认为自己团队的最大优势就是制药企业出身，他们把制药的标准带到了营养品生产中，从配方、研发到生产，全程质量控制，都参照了制药标准。

2013年，康诺邦邀请了3000多人到自己的生产工厂里进行"工业旅游"。其中有一部分是普通消费者，但更多的是母婴同行，其中不乏康诺邦的竞争者。"我们倒是希望他们可以给我们找到缺陷，那我们就可以持续改进了。"

在工厂里，这些"旅游者"会看到，所有产品的生产都在一个密闭的洁净区域里进行，这个区域里的空气要经过净化，员工进入则要经过道道"关卡"，而在每扇门口，都有高过膝盖的"门槛"，防止小生物爬入，这是制药企业常用的手段。还会有人向你介绍，生产区域内的清洁用水，都是医用的注射剂的纯水。

建这样的工厂是公司最大的投入，运营也增加了不少成本，胡钢亮计算过，光是工厂里的空调系统的折旧和运营的费用，成本就要增加10%。胡钢亮还告诉我，他们产品的原料成本，也比很多同行高，"我们都是选择全球顶级原料供应商，价格可能是一般供应商的两三倍"。

胡钢亮称自己是个"非暴利主义"者。在母婴行业里，确实到处都能看见暴利，"但你有理想，就不会干捞一票就走的勾当，我们追求的是合理的利润，这样才可以持续。"

赚钱太慢了，有人为这事劝过胡钢亮，有人甚至骂他傻。胡钢亮倒不为所动，"我觉得很多人的问题是太在意别人怎么看你"。他的创业团队的理想是做个研产销一体化的实业，做一个国人真正信任的品牌，他明白这本来就是比较慢的事。

产品优先

像很多创业团队一样，胡钢亮们也遇到过经营困难的时候。三位最初的合伙人到现在都还自称是千万级别的"负翁"，而员工的收入在行业里也不算太高，直到去年，才赶上了行业的平均收入。

创业合伙人可以不在乎收入的高低，可是如何保证其他核心创业人员的稳定呢？

胡钢亮说自己的做法是分享理想。康诺邦在人力资源方面有个特别的规定，就是永远没有空降的"领导"，从别的企业跳槽过来的人员，不管原来级别多高，到了康诺邦就得从基层做起，当然，做得好升级也会特别快。"这样招人当然慢些，很多人一听这个条件立刻转头就走。但我们觉得这样留下来的人肯定是认同我们的理想的人，对企业忠诚度会更高。"几年下来，公司中层以上离开的人只有两个，都是因为家庭等客观原因。

和大多数同行一样，研发是公司最重要的组成部分之一。康诺邦一共有20多个研发人员，他们每个月都会参加市场促销活动，以此与消费者直接沟通和交流。"我自己是研发出身的，我知道，80%以上的研发活动是无效的，因为完全脱离了市场和消费者的需求。"康诺邦有五位产品经理，都是研发人员出身，同时也懂市场、生产、相关法规甚至是包装设计。一旦一个项目通过项目决策委员会的审核，就由产品经理负责组建团队，进行相关开发。

康诺邦最成功的产品莫过于2012年推出的铁营养强化的婴幼儿配方奶粉。胡钢亮告诉我，早在创业之初，他们就有做婴幼儿配方奶粉的想法，但在这个市场上，已经有了那么多的产品。作为一家小公司，很难找到一个未被开发的细分领域进入市场。

直到他们发现，因为膳食结构的原因，中国是一个缺铁性贫血高发的国家，而0—3岁的婴幼儿的缺铁性贫血成了中国最突出的营养学问题之一，而传统的补铁就是猪肝食补和药物治疗的方法，都很难持续。"提升铁吸收率"，就成了康诺邦进入婴幼儿配方奶粉市场的路径。康诺邦在铁强化吸收配方奶粉领域进行了多年的研发，现在他们的"铁三角"配方专利不仅获得了中国的发明专利授权，在美国、新西兰、印度、南非、越南等全球主要的生产国和消费国也都在进行PCT发明专利的申请。

2012年，越长越大的康诺邦也正式脱离孵化的母体康恩贝，成为一家独立的企业。他们开始寻找投资者，获取更多的创业资金。打动投资人的除去稳定的团队，就是康诺邦推出的铁营养强化的婴幼儿配方奶粉的市场前景："和创投谈判的时候，一聊才知道，对面一位投资人的孩子就缺铁，他对我们产品的市场自然更了解。"

两轮投资，康诺邦拿到了不小的一笔资金。胡钢亮告诉我这笔资金将主要投入到一个全新的营养品和奶粉工厂的基建中去。

"我们市场现在比较良性，也没必要花更多的钱去做营销。我还是相信首先要把产品做到更好。"这是典型的实业思维，胡钢亮不觉得有什么奇怪，一年多前，他说自己的职业生涯可能还有30年时间，"做一个品牌也许也要踏踏实实做30年"。

会不会怕大品牌推出类似的产品竞争？"中国市场这么大，任何一个细分市场，都有足够多的机会。别人进来才好，会把需求做得更大。"胡钢亮信心满满地说。

对 话

Q：《杭州日报》

A：胡钢亮

Q：你好像对于创业有种饥饿感？

A：我不是一个可以安分打工的人，我觉得那不是自己想要的活法。这大概是我们这代人的价值观，要做自己喜欢做的事，过程比结果更重要。

Q：你觉得作为一个1979出生的创业者，和上一代创业者有什么不一样吗？

A：其实上代创业者也在不断学习，也在研究新的东西，对很多新事物有着深厚和独到的理解。不过要说有什么不同，我觉得我们可能会更理解"85后""90后"，他们的自我意识真的非常强烈，他们渴望得到认同，不希望被约束。

Q：像你这个岁数的人，创业的方向大多和新兴行业有关，你进入的却是一个传统行业。

A：我心里一直在想，未来不可能只剩下电商，只剩下移动互联网，总还是要有人去做实业的吧。我也有些在做APP的朋友，我觉得成功与否其实和做什么行业无关，而在于你有没有兴趣，能不能坚持。当然，我们自己也在做电商，做微信营销，做得也不错。

Q：无论是母婴用品领域还是保健食品领域，其在国内的信任感都特别脆弱，对于创业企业来说，生存压力会很大。会有"进错行"的感觉吗？

A：回想十几年前，国人买电冰箱要伊莱克斯、电视机要索尼松下、洗衣机要惠而浦……通过短短十几年中国家电行业的努力，今天中国民族品牌的家电已经是高质量的代名词。我想，随着中国现代化的持续进程，中国食品、母婴产业，一定会有凤凰涅槃的过程，我们希望通过自己未来10年、20年乃至毕生的努力，为民族品牌重新赢得国人信任和国际声誉，做出自己的贡献。

Q：你说到你们公司收入不高，那怎么留人？

A：我觉得留人80%还是看价值观是否一致，我一直说，我们公司的经理人，不是职业经理人，而是事业经理人。我们公司当然也有股权激励的机制，从2008年开始就实行了，40多个骨干拥有超过20%的股权。不过，我们还没分过红，我想他们最终留下来，还是因为认同我们的价值观，认同我们自己一定能够创造出美好的未来。

企业名片

公司前身为2006年成立的浙江康恩贝健康产品有限公司，当时作为康恩贝集团的子公司之一，进军母婴行业。2013年5月1日正式更名为浙江康诺邦健康产品有限公司。产品线包括"君宝康""萃芙理"和"优呵"三大品牌，拥有二十余项发明专利（含两项国际PCT专利）。公司目前是国家级高新技术企业、省级母婴功能性产品研究开发中心、全国特殊膳食食品标准化技术委员会成员单位、杭州市婴童行业协会副会长单位。

凌兰芳：圆一代人的丝绸梦

□ 朱雪利

采访那天，杭城春雨霏霏，凌兰芳身穿浅色细格子衬衣搭配深色西服，一条深蓝色的提花丝绸领带让人眼前一亮。

这位年过60的企业家，谈起自己的创业梦想，依然激情澎湃："全球有爱马仕、普拉达这些丝绸的顶级品牌，中国的企业为什么只能给它们提供原材料，我们一定要创建一个国际知名的民族品牌。"

17岁初中毕业就进入丝绸行业的凌兰芳，这辈子注定跟丝绸有了不解之缘。他说，如果此生他完不成这个梦想，还有儿子来继承。

50岁改制下岗走上创业路

如果不是那场国有企业改制，凌兰芳和他夫人不会面临下岗，他也不会背水一战借钱收购破产的母厂开始创业，能做出如此惊人之举的凌兰芳，已经50岁了。孔子说，五十而知天命，可对当时的凌兰芳来说这已经是一个"听天由命"的年龄。

"像我这么大年纪还创业的，确实很少见。何况，21世纪初并不是中年下海的好时光，不像七八十年代那样充满机会。"

2002年的仲夏，在湖州市中心白蘋洲宾馆6楼几百人的大会议室里，当地"永昌"和"东风"两家企业的改制下岗职工围着一个戴眼镜的斯文人，听他用近乎嘶哑的嗓音喊着："我跟大家一样，也是改制下岗职工，33年的工龄买断费是28500元。从今以后，我们共同创业，继续我们的丝绸人生！我在这里表态：我有饭吃，你们不会喝粥！在我老婆下岗之前，你们不会下岗！"

凌兰芳说，他夫人的工龄买断费更少，两个人加起来还不到五万块钱，在当时连开个馄饨店都不够。当过几年丝绸物资公司总经理的凌兰芳，在几千名同样面临下岗的老乡怂恿下，决定冒险一试。

38亩厂区100多台生锈的机器、2989个改制的员工和8500万元的收购价格，这让几批带条件来与政府谈判的外来淘金收购者望而却步，拍卖竟然无人问津。此时，凌兰芳揭榜自荐，而且不带任何条件，拍胸脯保证三个月内复产上岗。收购听证会上，30多位领导、专家肯定了凌兰芳的创业改革方案，可是还有一点疑虑，从哪里筹集来这巨额收购资金呢？

凭着多年积累的好人缘，他从几个老板那里终于筹到首付2000多万元，当然这笔钱的利息不菲。

能用的机器都开工了，生产线逐步恢复，一时难以上岗的员工，工资照发。第一年，企业亏损700万元。凌兰芳绞尽脑汁扩大生产，为2000多名待岗员工寻找出路。在收购了永昌丝绸厂之后的两年间，他又收购了浙丝二厂、华绫公司、湖州市燃料公司、潮音大厦、汇祥石化公司、节能监测中心，还与美国福霖国际投资公司合资8500万元组建了浙江长三角建材有限公司。通过创业建岗，终于让员工走上了一条新的丝绸之路。

2006年，凌兰芳应邀出席全国先进民企表彰大会。同年，他获得"全国茧丝绸行业终身成就奖"。

转型升级走高端路线

如今，凌兰芳的丝绸之路控股集团，已经是全国丝绸行业首屈一指的龙头品牌企业。但是，凌兰芳依然不轻松：原有的老路不能再走下去了，转型升级迫在眉睫。

2013年，有媒体报道凌兰芳对浙江丝绸转型升级的思路和做法，不仅引起同行的强烈反响，而且带动了浙江传统产业"四换三名"的思考。

应该说，浙江纺织业近些年来的生存发展遇到了前所未有的挑战。

2008年，全球金融危机爆发，2011年，欧债危机袭来，这接二连三的冲击，使得出口订单锐减，纺织业受到了严重影响。丝绸之路集团同样难以幸免。然而，当欧洲外商催要高档超6A级丝时，丝绸之路集团却无法一一满足。外商很奇怪，你们不是抱怨订单不足吗？给了订单怎么又满足不了呢？

首先是原料问题。丝绸之路是唯一一家有能力提供超6A级丝的企业，但巧妇难为无米之炊。凌兰芳一直为原料发愁，在浙江只有淳安优质茧可以做6A，但产量远远不足，他只能千里迢迢去往四川、云南，到处求购。

再就是行业装备落后和效率低下。浙丝二厂缫制出口高品质生丝，人均年产丝量850千克左右，虽说处在全国最高水平，但是30年前日本就已经达到人均年产丝量一吨以上。改革开放30年来，哪一行业的效率不是十倍几十倍地增长？只有茧丝行业驻足不前。

出路在哪里？对此，凌兰芳还是很乐观的。浙江丝绸经历转型阵痛是必然的，要摆脱粗放型生产经营模式，走科技丝绸、文化丝绸、品牌丝绸的道路是必然选择。但浙江茧丝的天然禀赋、内在质量全国无它可及。浙江丝绸拥有六大优势：基础雄厚，文化底蕴，人才富集，工艺先进，品牌渐起，市场形成。

在凌兰芳看来，"丝绸的出路有两条：一条是到纽约巴黎，一条是到百姓家里，千万别压在仓库里"。而实现的途径是这样七个方面：养蚕工厂化、缫丝智能化、织造数码化、后整理精美化、产业重组化、市场内需化、品牌国际化。而丝绸之路集团的转型方向，就是摆脱落后的生产技术，走高端精品路线。

立志创一个国际知名品牌

2013年上演的3D大片《天机·富春山居图》很多场景在浙江拍摄，影片中林志玲的多件华衣美服出自丝绸之路集团旗下的欢莎家纺。十二魔女、刘德华等众多演员的部分服装和影片中的一些丝绸家居用品，均由欢莎家纺制作。

范冰冰的御用设计师、该影片的服装设计者劳伦斯·许，在考察欢莎家纺时，惊叹地表示找到了丝绸宝库，琳琅满目的丝绸品让他爱不释手。于是2012年伦敦奥运时的中国服装秀上，几乎有一半是丝绸之路集团的丝绸面料展示。

打造高端奢华的国际知名品牌，是凌兰芳奋斗的目标。中国是丝绸的故乡，几千年来，通过丝绸之路传播出去的中华文明，影响了全世界。然而，中国丝绸却没有一个在国际上响当当的牌子。爱马仕的丝，普拉达的绸，这些国际顶级品牌的原料供货商之一就是丝绸之路集团。但是，凌兰芳不甘心始终站在国际大牌的背后为他人做嫁衣裳。

2008年的奥运会开幕式美轮美奂，凌兰芳看得尤为激动，因为有三个节目跟丝绸相关。重振民族丝绸的想法油然而生。刘欢和莎拉·布莱曼合唱的《我和你，心连心》演绎了"同一个世界，同一个梦想"的奥运主题，也激荡着凌兰芳的品牌梦想，"在他们的名字里各取一个字吧！欢莎好听有意义，读音也与Hansilk（中国丝绸）接近！"凌兰芳有了灵感，"欢莎"这个奢华的家纺品牌就此诞生。

一套"欢莎"的床上用品售价从几万到几十万元不等，如今已经进驻全国各大高端商场，包括浙江本土的杭州大厦。2011年，杭州大厦还专门组织VIP客户到湖州参观"欢莎"的生产流程，轻柔顺滑的质地、精致华美的提花，让很多VIP客户真切感受到了高端丝绸的魅力。

在凌兰芳看来，原先的传统丝绸处在产业链低端，没有品牌，也没有定价权，要改变这种状况就必须打造有国际影响力的品牌，把一个传统产业做成一个时尚产业。如今，"欢莎"家纺正在展现民族丝绸的"高大上"，不仅成为国内名流富豪的钟爱之物，亦不乏国外皇室慕名前来采购。

筹建国内首个丝绸交易市场

2014年，凌兰芳开始忙着张罗一件大事：他想筹建国内首个丝绸现货超市。这个念头出现在他脑海里，已经有五六年了。其他行业都有自己的原材料市场，为什么独独丝绸行业没有？

2013年，习近平主席在中亚之行时提出建设"新丝绸之路经济带"的宏伟设想，随后，21世纪"海上丝绸之路"的建设也提上议程。这"一带一路"的战略构想，也唤起了人们对丝绸的关注。商务部联合发改委、科技部、工信部、财政部、农业部、中国人民银行和国家税务总局制定并发布了《关于进一步促进茧丝绸行业健康发展的意见》，以支持茧丝绸行业转型升级，进一步促进茧丝绸行业健康发展，加快推进我国由丝绸大国向丝绸强国的转变，其中提到要建立丝绸专业市场。

放眼全国，如果要建丝绸专业市场，湖州当仁不让。湖州有众多丝绸企业，是中国最大的真丝织造基地，消耗了全国1/3的生丝，织出了全国1/3和世界1/5的绸缎，无论生丝品位、绸缎品质还是家纺品牌，已经走在中国和世界前列。

从2013年开始，凌兰芳就正式提出要建一个丝绸交易市场的建议，也获得了相关部门的支持。在他的规划中，这将是一个综合的丝绸交易中心，包括产品展示和交易、品质检测、技术交流、融资服务、电商服务等几大功能。为了解决上下游企业的资金紧张情况，凌兰芳特意设计了这个市场的融资功能。凌兰芳说，浙江的传统制造业要转型升级、腾笼换鸟，实际上就是走两化融合、两业结合的道路，即工业化与信息化融合，制造业与服务业结合，借助资本与信息的翅膀实现新的腾飞。丝绸之路集团首先要从传统制造业转向先进制造业，即打造好两条微笑曲线，提升企业设计和营销能力，提升产品科技和文化含量，再与现代服务业相结合，这是转型升级必由之路。

目前，这个交易市场已经进入硬件建设期。凌兰芳预计，"在未来几年，这个市场的交易量有望达到40亿—50亿元"。因为目前全国仅生丝的交易量就超过了400亿元，加上绸缎交易，服务半径和服务功能完全可以伸展到欧洲，凌兰芳内心在盘算。

4700多年前，湖州先民就懂得种桑养蚕，明清以来丝绸产量和出口总量名列全国第一。让湖州成为世界丝绸中心，成为类似于意大利的米兰、科莫，法国的里昂，日本的名古屋这样的丝绸名城，这也是凌兰芳的一个丝绸梦。

对 话

Q：《杭州日报》

A：凌兰芳

Q：改制下岗当时你怎么有这么大的勇气借那么大一笔钱收购一个倒闭的国企？

A：我当时并非没路可走，转行高就的机会很多。但是，我不想离开丝绸行业，我在这个行业干了一辈子。而且员工们信任我，也鼓励我去试试。我当时根本没去想失败了怎么办，就像上阵杀敌，如果士兵们都想着万一受伤或者战死怎么办，这个仗也就不用打了。人要活出一点精神来，不能老想成败得失，只有进入忘我境界，才可以达到无私奉献。我至今还是一个理念，这辈子为丝绸尽心尽力了，春蚕到死丝方尽，梦想成真心始甘。

Q：2002年创业时，你已经50岁了。你觉得自己到知天命的阶段了吗？

A：没有，作为一个企业家，我觉得我现在才是三十而立。很多问题老早想过，一段时间后又有了新发展新结论，可谓经营之树常青翠，丝绸之路无终点。

Q：如果你遇到2002年的你，会对他说什么？

A：我会跟他说，分秒必争抓技改、上项目、完善产业链、开发新品种。宁可让员工继续在家待岗发工资，也要将老设备老工艺老品种请出厂门换新的，一时痛苦可以换来20年领先。慢一年要多苦五年。转型升级风雨兼程，破难创新，生死时速。因为我当时看不清前路，走得太慢，许多领域是慢慢恢复起来，许多市场先机尽失。但这些话都是事后诸葛亮，谁能从一开始就看得清清楚楚？谁不是走着弯路前行？如果乔布斯能走直路，他应该老早就研发出苹果手机了。

Q：你平时用什么方式放松自己？

A：如果我累了，我会躺着阅读或者找一道数学题来解，这就是我换脑筋放松的方法。通过解数学题，可以让思路变得清晰明朗，理解我们这个世界是朝向真善美这个终极目的运行的。这种感觉很好。我很喜欢数学，你看圆周率、黄金分割，以及无数的定律，是多么完美。

Q：你喜欢看什么书，是否可以推荐几本？

A：我读书复杂，喜欢看很多领域的书，比如我最近爱看经济学类的书，我可以给你推荐亚当·斯密的《国富论》，对经济学感兴趣的人，一定要看看这本书。我还很喜欢中国古典文学，阅读过很多，能背的也不少。比如《史记》，鲁迅说这是"无韵之离骚，史家之绝唱"。我看《史记》，看到的是几千年来不曾改变的人性，尤其是人性中的贪婪与恐惧。成功的投资者要学会克制自己的贪婪和恐惧，成功的企业家也是如此。

企业名片

丝绸之路集团是我国丝绸制造业生产规模最大、产业链最完整、创新能力最强的龙头品牌企业之一。在浙江湖州、浙江杭州、广西来宾、四川广安、四川凉山建有五大产业基地和研发设计、品牌发布基地，拥有年产1000吨生丝、500万米绸缎和30万件套丝绸家纺的产能。拥有两个在欧洲的品牌设计工作室，拥有一家省级技术中心和一家市级研究中心，拥有制丝、数码织造、时尚家纺等多个研发团队。最为著名丝绸品牌为"湖商""欢莎"。其中"湖商"名下主要为厂丝和坯绸。"欢莎"名下主要为丝绸家纺和服装服饰。

徐荣培：TOMIC特美刻一只"世界杯"

□ 张海龙

十年磨一杯

　　徐荣培生于1970年，今年刚满44周岁，这个中年男人麾下已经拥有三家公司，这就是他一手建立的商业王国。

　　他的成功源自于他的专注，有人形容他和他的产业是"一杯子就是一辈子"，极为形象生动，说的是他就以一只"杯子"为主业，成就了足以努力一辈子的大事业。

　　徐荣培的经历很简单：先是卖茶叶，接着卖杯子，然后就自己开公司，听起来像配套产业。这个过程，有点儿像网上最近流传的小故事：一只鸡蛋被人挤压时，蛋壳会从外向内破裂，体现出了外界压力；当这只鸡蛋决定孵出小鸡时，蛋壳也会从内向外迸裂，但那是发自于内在的生命力。让我们先来听听徐荣培的"孵蛋记"——

　　1993年，23岁的丽水青年徐荣培进入浙江省茶叶进出口公司，在销售部门连续

工作了7年。这7年时间，茶叶生意比较好做，做配额，走渠道。后来他开始在公司里做日用品开发业务，初步感受到了来自市场的压力。虽然销售业绩一路不错，可那毕竟只是份工作不是事业，他还是想自己创业，直接"破壳而出"。

2000年，30岁的徐荣培放弃"铁饭碗"下海创业，成立杭州同富日用品有限公司，主要从事保温杯的进出口贸易。当时市场上刚刚流行起保温杯，可是相当缺乏中高端产品。他就索性聚集全世界产品，围绕中国人的购买习惯，用专业营销手法满足市场需求。得益于国内低廉的生产成本，短短几年，公司由几个人发展壮大到上百人，产品线也由保温杯扩展到保温壶、厨具等。不过，徐荣培并未满足，"做外贸更多还是替人代工，拿不到主动权"，他决定打造自己的品牌。

2002年，徐荣培注册了自己的品牌"良品生活"。由于没有自己的生产工厂，在调研中也发现消费者对国内自主品牌认知度很低，"同样品质，消费者更加青睐国外品牌，尤其在高端产品中更为明显"。出于天然的谨慎，徐荣培并未立即推出"良品生活"，决定先探探路再说。

2005年，徐荣培决定投资办厂，为公司配备强大生产能力，"在市场中掌握更大的话语权"。这种从外贸到实业的跨度并非一蹴而就，直到三年之后，他的工厂才开始盈利，并在设计、加工、品牌上形成自己独到的优势。

2007年，为了提高产品竞争力，他创先引进英国保温杯知名品牌"TOMIC"，并在此基础上创立了杭州特美刻日用品有限公司。这是一着高棋，就像足球队直接引进明星外援，一夜之间就拉高了比赛层次。借着品牌的力量，他一举将TOMIC保温杯打进国内市场，并成功在全国开设了400多个专柜。

"搞企业允许失败和走弯路，经验和认识都是在市场实践中积累出来的，不是坐着讨论出来的。"失败并不可怕，就怕不敢面对。2008年，徐荣培决定专业运作TOMIC保温杯品牌，并重金聘请职业经理人来操盘。有了品牌与方向，很自然就扛过了接下来2008年的金融危机，大批同类企业纷纷倒下，TOMIC业绩不降反增。

2008年，徐荣培在衢州建立了"TOMIC乐茶"专业保温杯和茶具加工厂。在杭州的解百商厦、杭州大厦、银泰百货和华联商超，在上海的梅龙镇广场，在武汉的王府井商场，在合肥的鼓楼商厦等全国各地卖场，其业绩一路上扬，到处都能找到TOMIC专柜。

2009年，薛晓路导演的公益电影《海洋天堂》在山东青岛开机拍摄，TOMIC携手李连杰前往支持。在国外，TOMIC也已成为各大卖场保温杯的主流品牌，深受青睐。北美和欧洲各大连锁超市都在卖其产品，年销售额一度达到3000万美元。

2011年，徐荣培一掷4000多万元，在杭州钱江新城华联时代大厦买下了整整一层写字楼。

细数起来，在保温杯、保温壶、厨房用具行业，徐荣培的"商业王国"已有整整十年专属行业经验，年营业额已达到3亿元以上。目前已是一家集研发、造型、生产、销售于一体的专业水具生产销售企业。公司通过多年品牌推广和终端产品销售实践，针对不同客户制定相应产品，曾先后与国内多家知名企业成功合作。其中经典案例有：中国移动、中国银行、中国税务、李宁、奔驰、奥迪、比亚迪、惠普、贵烟、一汽大众、平安基金等。

何以把一只杯子做成大产业？"此前十年只能算是练兵，否则，根本没有资格和基础与国际品牌竞争"，在徐荣培看来，直到2010年，他才真正摆脱盲目摸索的状态，迈过品牌打造的企业发展门槛。创业十年之后，TOMIC营收终于超过亿元大关，徐荣培的"品牌战略"初定，他依然谦虚谨慎，自称"做实业的小公司，还得稳步向前发展"。

生意就是生活

杯子是日用品，生意就是生活。

怎样把生意做大？那就是最大限度照顾客户生活。如何照顾客户生活？徐荣培的回答很简单，就是你得知道对方要什么，就是你能替客户多想一步，这就叫专业。就说喝杯茶吧，你往保温杯里加一个小小茶隔，销售额就会立马提升！

他非常善于揣摩客户心理——"消费者到商场购物，往往更注重品牌而非价格，在选中品牌之后，才考虑价格因素，因此我们必须用品牌吸引消费者。"他以买车这种消费行为为例，"中国消费者只要有一定经济实力，一般都是首选德国车，其次才是日本车，到最后才会选择国产车"。在他的商业观察视野中，国内消费者基本都是这个规律，原因一方面是国内一些产品确实让人不放心，另一方面就是国外企业对品牌的宣传和塑造不遗余力，导致国内品牌与之相比影响力上差距过于明显。

　　"中国企业要参与国际市场竞争，就必须要有敢于挑战世界高端品牌的勇气。"徐荣培说，这就像打牌下棋一样，最关键要有整体布局。在调研中，他发现，国内低端市场基本上都是价格竞争，这个市场已经饱和了，很难挤进去，挤进去也难以取得更大发展；而国内高端市场则大半被日本品牌占领，能与日本品牌竞争的也只有国外品牌。

　　因此，徐荣培将他的品牌之路设计为"双响炮"——一是用源自于英伦的品牌TOMIC吸引消费者，占领高端市场；二是全力打造"良品生活"这一本土品牌，让其狙击国内中低端市场，这就叫"洋为中用，以洋养中"。TOMIC是个纯正的英国保温杯及厨房用品领域品牌，具有近百年历史，品牌底蕴深厚，在欧美市场很有影响力。2007年，徐荣培一举买断TOMIC品牌在远东地区的永久使用权，旨在用英国知名品牌打破日本品牌在中国市场的垄断地位。

　　在保温杯这个行业，TOMIC正是徐荣培引入的"强大外援"，目前的产品设计除了英国团队之外，还引入了香奈儿以及德国的设计团队。在这一只杯子上，从设计到品牌，从生产到质量，已经具备了满足中国消费者生活所需的一切元素，其他的就是价格、渠道以及销售策略等，而这又正是拥有本土优势的中国民营企业最擅长的。

　　徐荣培起家于杭州上城区红门局，身为上城区政协委员，他以一个生意人的眼光，从"品牌、渠道、研发、生产"四大产品线来作观察，对上城区的发展作了自己的描述——江南好风景全在杭州，杭州好风景又尽在上城。多年往来于国内国外，他已经对街巷里弄拥有足够的审美经验，他也总是在每次回到国内时不习惯于视觉和心理上的落差。我们和国外相差最大的是什么呢？他归纳的结果是两点，一是文化，二是审美。没了这两点，中国人走到哪儿都会显得非常老土没自信。

　　所以，他给上城的建议和设计杯子是一样的："一定要有设计，一定要有审美，上城一定要成为全杭州最美的街区，环境变了，心境也就变了，就会养成贵族气。然后就会生出很高的附加值来，那几乎是一定的。"

　　什么是生意？生活就是最大的生意。

治企若烹小鲜

老子《道德经》第六十章中云："治大国，若烹小鲜。"

通行的解释是：治大国就好像烹调小鱼，油盐酱醋料一定要恰到好处，不能过头，也不能不到位。

其实，治企业也如此。"己欲利而利人，己欲达而达人"，在徐荣培看来，"治"的技术，重点就是要考虑"恰到好处"四个字。做企业，心中要有客户，心中也要有员工，凡事都有分寸，则万事可成。

当年"时间就是金钱，效率就是生命"那句话，或许在今天需要重估。正是在这种功利化的价值导向下，中国正变成一个"急之国"，每个人都争先恐后，不顾一切，坏了心态，少了温情。徐荣培坦言自己并不喜欢这样一种社会状态，他希望生活在一个大家笑容满面、以和为贵的环境里。

所以，他管理企业的方法有一点"奇怪"，考量标准包括"数字"和"素质"两方面——一方面是要有产品销售数字考核等硬指标，另一方面还要有激情、文化、提升等软价值。徐荣培身上有种谦谦君子之风，总是念叨着"一屋之不扫何以扫天下"之类的古训，认为如果每个人都能尽量把身边事搞好，就能达成小范围的幸福感。

在他的企业里，最值得一提的非"水果奖"莫属。每位提出新鲜创意的员工，创意一经采用，员工本人及其所在的团队，便会获得水果奖励。说到这个，徐荣培眼里闪着愉悦的光，"我们要在团队中形成正能量，员工一有好的创意，就要在短时间内将创意放大，让员工的价值被看见，从而产生一种被认同感，这样便可以提高员工的积极性与自信心。"就像其产品调性一样，徐荣培在经营企业时，也不断在琢磨企业文化的"功能性"与"舒适性"。他说："现代生活、工作压力都很大。将心比心，我希望能让员工在一个集体里愉快地、被认可地工作，让员工在企业里有个生存发展的空间。因此，我们希望建立一种'务实、创新、关怀'的企业文化，通过良性的企业竞争，让企业走得更远，让员工在良性的环境里实现自我提升。"

在培养团队上，徐荣培引用国外先进管理理念，不惜花大价钱送员工去上浙大总裁班，去国内外参展，进行出国交流学习等。生活中的徐荣培，和大多数男人一样，很少逛商场，但一有时间，他也会去逛逛网络商场。从2011年年底开始，他就开始意识到用互联网思维做产品的重要性，在产品研发、设备、材料、工艺等方面总投入了7000多万元，开辟了自己的电商平台，并与淘宝、天猫、京东等电商合作，一起利用新技术，满足人们的生活所需。

徐荣培喜欢那种生活里的精致与温暖，他在钱江新城宽大的办公室里，望得见"日月同辉"的杭州大剧院和洲际酒店。窗前有把精致的椅子，像是由无数根窗棂做成。我对这把椅子的设计赞叹不已，徐荣培笑说："我们所有的生活想象就像这把椅子，舒服并且自然美好，那就是最高境界。"

企业名片

杭州特美刻日用品有限公司引入拥有悠久历史的英国品牌TOMIC，目前是一家集研发、造型、生产、销售于一体的专业水具生产销售企业。主营产品包括高档保温杯、水晶玻璃杯、保温容器及高档厨具等。TOMIC从2007年进入中国市场，每年销售额翻倍增长，2013年市场零售总销售额约5亿元，其中高档保温杯销量占国内市场份额约10%，2013年双"十一"创下单日成交额过800万元的销售纪录。除TOMIC产品之外，其外贸出口营业额亦超过3亿元。

陈峰：造一辆开往未来的车

□ 朱雪利

在杭州西斗门路9号的福地创业园2.0内部，近300辆时空电动小汽车正整装待发，红色、白色、蓝色、黄色，造型迷你的两人座小车颇具时尚感。这些车的主人是福地创业园的董事长陈峰，而他的另一个身份是，浙江时空电动汽车的CEO。

在这些小汽车的边上，一辆尚未上牌的红色特斯拉静静伫立。它的主人是福地创业园一家互联网企业的CEO方毅。

玩互联网的人似乎特别钟情特斯拉，因为它有如此鲜明的互联网基因，颠覆了我们对汽车的传统观念。很多人这样评价：特斯拉是汽车界的苹果。

陈峰说，他的时空电动汽车，要做汽车界的小米。

一个不安分的浙大高材生

1978年出生的陈峰，是很多同龄人眼中的成功者。他毕业于浙江大学土木系，校学生会副主席和系学生会主席的经历，让他在毕业时颇为抢手。

去财政厅还是去移动公司，面对两个"金饭碗"，他选择了收入高的那个——中国移动浙江分公司。

2000年刚进入移动之初，他的感觉很好。收入高，待遇好，工作第一年就买房买车，虽然是贷款的。更重要的是，当时的移动公司刚刚从电信分出来不久，富于活力。"那时的移动像个外企，在这样的公司做事，能学到很多做人做事的东西。"在移动公司，他结识了很多朋友，这为他后来的投资创业积累了人脉。

随着资历的加深，收入越来越高，陈峰却越来越不满足："我在移动是负责造房子的，但移动是卖手机号码的。"陈峰预料到自己很快就会碰到天花板，因为自己所做的事不是公司的核心业务。他开始耐心寻找机会。

2006年，美都控股在杭州拿了一块地，美都的老板问陈峰是否感兴趣。于是，他成了美都杭州分公司的总经理。原本这个多少人艳羡的"金饭碗"，他说扔就扔，别说父母不理解，他自己也经历了艰难的挣扎。"我从来就不是一个很安分的人，在学校里我这样不安分的人才对学生会工作感兴趣。"陈峰这样解释。他喜欢在外面"混"，喜欢呼朋唤友觥筹交错，但是不喜欢混日子。

从地产商到天使投资人

几米用诗意盎然的语言写出了耐人寻味的哲理：人生不会风平浪静，生活不会一帆风顺，任何时候都有可能出现困境，这个时候你应该学会等待，在等待中你也许会发现生活的另外一个出口。

陈峰的创业之路并不那么平坦，等待和忍耐让他一次次熬过黑夜，迎来黎明的曙光。

2006年他转身进入地产行业的时间算是不错，2007年，杭州楼市出现一轮疯涨。但是，随后遭遇的全球金融危机，让国内楼市面临重创。陈峰的项目也难免受到影响。尤其是2008年年底到2009年年初，楼市低迷，购房者观望，悲观情绪蔓延。幸好，国家刺激政策相继出台后，几个楼盘的降价撬动了整个市场，2009年杭州楼市强势反弹。

随着整体楼市的回暖，陈峰走出第一个低谷。2010年，他又一次转身，从地产商切换到天使投资人。

如果把眼光放到现在，回头看陈峰的天使投资历程，你可以说他眼光长远、布局周密。从电动汽车的整车设计研发、BMS电池管理系统，到锂电池组装技术、换电站建设和市场推广运营的各个环节，他都投资了。于是，在2013年电动汽车迎来行业爆发点时，创投公司蜂拥而至。当年9月，水到渠成，他成立了浙江时空电动汽车有限公司，以控股的方式把这些项目纳入一个体系中。同时，青云创投的天使投资5000万元也顺利到位。

事实并非如此，在投资之初，陈峰没考虑得那么长远。"我其实是瞎蒙的。我感觉做电动汽车有很大的市场前景，就去投资相关的项目。东投一个，西投一个，结果整合起来就是完整的产业链条。"

说来很轻松，过程却相当煎熬。2010年，国家四部委出台了有关电动汽车的补贴计划，并提出了"十城千辆"的规划，时间是从2010年到2012年。看到这个消息，陈峰嗅到了商业机会。当时，在美国等一些西方发达国家，电动汽车也是一个热门的新兴产业。

陆陆续续投了不少项目之后，他发现电动汽车比想象中要慢热得多。到2012年，马路上的电动汽车依然是个稀罕物。在国外，一些投资电动汽车的巨头纷纷关门倒下。

上一轮的补贴政策到期了，国内外市场都陷入低谷。周围的同行者黯然离去，只有陈峰还在黑暗中坚持着。

转机往往出现在最绝望的时刻。2013年，一度濒临破产的特斯拉突然火了，它的股票累计涨幅达到300%。特斯拉的旋风从美国刮到中国，一度无人问津的电动汽车行业受到各路投资机构的青睐，与之相关的上下游行业，在股票市场上也演绎了一轮又一轮的炒作行情。

不做中国的特斯拉

陈峰带点自嘲地说："炒股炒成了股东。"本来是天使投资人，看上了电动汽车行业，结果投着投着，自己就成了一家电动汽车公司的CEO。

他心甘情愿地被套牢在这个公司里。"以前我造房子，从设计规划到打地基到结顶，成就感五年来一次。做创业园，差不多一年一个园区，成就感一年来一次。现在我做汽车，看到生产线上两分钟下来一辆车子，啪嗒一辆，啪嗒一辆，这种成就感别提多爽了。

有媒体报道，中国汽车技术研究中心已起草电动车市场准入政策。这一政策如果出台，中国电动车生产不再局限于传统汽车制造商，而新的参与者或可像特斯拉一样，利用其擅长的技术给市场带来冲击。

2014年7月9日，李克强主持召开国务院常务会议，决定免征新能源汽车车辆购置税。电动汽车迎来一个巨大利好。

时空电动汽车有没有可能成为中国的特斯拉？陈峰说，这不是他的目标。"如果说特斯拉是汽车界的苹果，我就要做小米。"

特斯拉是富豪的座驾，时空电动汽车则定位于普通工薪阶层代步车。特斯拉刮起了一阵电动汽车的旋风，时空电动汽车则希望让电动汽车驶入千家万户。

小米为什么能成功？陈峰认为，不是因为它的饥饿营销，因为饥饿营销的前提是你的产品有市场；也不是它足够便宜，论便宜小米比不过山寨机。"因为小米手机找到了消费者的痛点。"很多人想拥有一款好的智能手机，但是嫌苹果太贵，又嫌山寨机太垃圾。于是，性价比超高的小米手机一上市就引来粉丝无数。

同样，时空电动汽车也在找用户的痛点。在一次新能源汽车展上，陈峰搞了一个租车预约报名活动，9000多人登记，这让他对前景充满信心。"很多人家里只有一辆车，一个人开车上班，一个人只能挤公交，再买一辆车压力又太大。他们很需要这种租车模式。"

首批300辆E20电动汽车正式下线后，陈峰进行了一天的推广，收到了500多人的租赁报名。

是什么让E20"一车难求"？陈峰说，这款车是纯电力驱动，零尾气排放，整车周期内无需更换电池。充电4小时可行驶200公里，充满电可续航266公里。租车价格也很便宜，1288元/月起。

266公里的续航能力是它最明显的优势，仅次于特斯拉Model S和比亚迪E6，远远超过国内外绝大部分的纯电动汽车。E20两人车定位于白领上下班代步使用，根据266公里的续航里程，一个星期只需充一次电。

汽油车会被彻底埋葬？

如果你去参观过上海世博会的汽车馆，或许还记得那部展示2030年未来智能交通的3D电影。影片描绘了这样一个美好的前景：车子不再使用汽油，太阳能、风能都能给电池充电；车子可以实现无人驾驶；在电气化和车联网两大技术的支持下，交通事故和道路堵塞都可以避免。

事实上，无人驾驶技术、电气化、车联网，这些都已经成为现实。谷歌研发出了无人驾驶技术，特斯拉被视为"可以连接网络的智能终端"，搭载了多项智能服务。在接受媒体采访时，马斯克曾说希望重新定义汽车，将汽油机彻底埋葬。

陈峰也认可这个观念："用不了太久，或许十年以后，马路上将不再是汽油车的天下。新能源汽车将成为主导——所谓新能源汽车，未必是现在的电动汽车，但一定不是现在的汽油车。"

小米的CEO雷军是特斯拉的超级粉丝，一人买了四辆，两辆送人。在福地创业园，一家叫每日互动的互联网公司，其CEO方毅也买了一辆特斯拉。不得不说，小米也好，特斯拉也好，时空电动汽车也好，它们都带着鲜明的互联网烙印，所以它们截然不同于传统公司。互联网思维正在颠覆整个世界。

"在数码相机刚刚出来的时候，有几个人能想象它会取代胶片机？"陈峰说，"现在还有多少人会去买胶片机？"

2014年7月，陈峰应邀去上海参加一场基金业的会议，在会上他描绘了时空电动汽车的未来蓝图，众多基金公司的行业研究员看好它的商业模式，纷纷追问时空电动汽车与哪些上市公司有合作项目。陈峰在会上透露，多氟多为他们提供部分锂电池的生产。

那几天，他惊讶地发现，多氟多股价大涨。记者采访当天，多氟多甚至涨停收盘。"或许，很多机构跟我一样，很看好时空电动汽车的未来。"

对 话

Q：《杭州日报》

A：陈峰

Q：时空电动汽车的商业模式有什么特别之处？

A：我们采取"只租不售"的模式，这样可以把综合成本降到最低，又可以快速开拓市场。现在有两种套餐供用户选择，"1万元押金+每月1288元起的租金"和"128800元保证金+每月1元租金"，两类套餐均包含保险和电池保养，且承诺押金和保证金在租约到期后全额返还。

Q：你试驾过特斯拉吗？

A：试驾过很多次，它吸引人的地方，一个是外形很炫酷，还有一个就是它的操控系统，相当于把IPAD装到了汽车上，可以智能控制车上的很多功能，甚至可以通过手机远程控制车辆的一些功能，比如在夏天可以提前打开空调降温。

但是，特斯拉也没有传说的那么神乎其神，比如前几天还爆出新闻，说有辆特斯拉爆炸了，其实这是电池的问题。我们采用和特斯拉同类型的国产高性能电芯，但是安全性能比特斯拉做得还要好。我们最后生产封装出来的动力电池经过火烤和水浸的测试，事实证明，它的安全性十分可靠。

Q：作为一个新生代的企业家，你在管理团队上有什么特点？

A：我们的团队普遍很年轻，具备互联网思维。我习惯用互联网公司的一套运行方式来管理公司，比如我们很少一群人坐在办公室里开会，经常就是在微信里建个群用来开会。

Q：你为什么会投资福地创业园？

A：那个时候我正在找厂房，恰好，李治国他们几个人也苦于找不到合适的场地。我们几个一合计，觉得为那些初创型的企业提供一个创业园区很有戏。恰好我是做房地产出身的，找地盖房子是我的强项。

Q：你会把更多的精力放在福地创业园吗？

A：我很喜欢这个平台，因为这里聚集了很多聪明的人，到处是智慧的大脑。但是我的主要精力还是在时空电动汽车上，福地创业园有专门的职业经理人去打理。

Q：你有设想过10年后你在做什么？

A：只要我的时空电动汽车还在，我肯定还在做这块。10年以后，要么我的这个公司不存在了，要么它可能已经发展成一个庞然大物。

Q：有没有想过提前退休？

A：特别累的时候，也想过不干了，让自己休息休息。可是，真让我闲上一个月，我会受不了。

Q：如果你遇到2010年时的你，会对他说什么？

A：我会跟他说，房地产不行啦，趁早收手。

Q：在工作之外，你喜欢做什么？

A：工作之外肯定是喜欢到处去玩，出去旅游。

Q：喜欢看什么书？

A：我比较喜欢看历史类的书，还有人物传记类。

企业名片

时空电动汽车有限公司创办于2013年9月，是一家以纯电动汽车为聚焦点，以建设产业生态格局为宗旨的创新型公司。时空电动以自有高密度电池技术为核心支点，通过自身的综合技术实力，将自有电池技术最高效地应用于汽车上，旗下业务覆盖纯电动汽车全产业链。时空电动已向市场提供多种纯电动汽车产品，旗下目前拥有四大业务板块：整车研发、电池制造、能量补充和市场推广，并在清洁能源流通体系、交通出行市场、汽车后市场全面布局。

潘建根：时无偶像，自己就成了偶像

□ 李长灿

采访约在下午。潘建根的秘书后来悄悄对我说，潘董猜测我们的工作经常熬夜，早上估计需要休息。

距约定的时间20分钟，我来到远方光电的办公大楼，因为知晓潘建根平时的作息十分规律——每天早晨6点起床，晚上23点左右休息，中午一般他会午休。原本我打算在楼下参观一圈，没想到他安排了公司的行政总监在楼下等候，而且为了这次采访，他特意取消午休，专程等我。

落座，并无更多客套。他的办公室被布置得简洁、明快，这符合他崇尚的极简主义——简单，也是极致。

"创业是艰难的，但更是令人兴奋的。"一身学者文人气质的潘建根，语调平和，谈话间始终保持着微笑。历数20余年的创业成功，他很淡然，似乎成功是水到渠成。当然这得益于路途中每一步的全力付出。

对于未来的规划，潘建根谈到自己正在慢慢卸下各种头衔，以一个企业家的身份，将更多的精力和心思投入到公司的运营和资本的管理上。远方光电目前也正处于二次创业时期，对于光电工程互联跨界创新、建立高效的商业模式，以及未来对创业团队的投资，潘建根和远方光电都在寻找自己的新坐标。

进入象牙塔："学霸"，本有一个别样人生

1981年，潘建根以湖州市高考榜眼的成绩，考入了浙江大学光学仪器系。

这一年，他只有16岁。

尽管可以进入中科大少年班，但是因为向往西子湖的美丽，潘建根最终选择来杭州，并一路读到研究生。尽管获得博士保送机会，但是他没有继续深造，而是选择留校当教师。

对于一位农村子弟来说，潘建根在学生时代是不折不扣的"学霸"——这一点不仅仅体现在他从名不见经传的菱湖中学考出湖州市第二名的成绩，还体现在大学期间他学有余力地选修了专利与检索、企业管理等各种非专业课程。他早出晚归地全身心投入到毕业设计中，潜心完成学校的各项科研工作。他不仅扎根在理论科研中，更积极投身企业，不计回报地担任它们的技术顾问。这些经历不仅使他的专业知识得到了充分发挥，更加深了他对社会和行业的全面了解。

机会总是垂青有准备的人。正是在不断接触企业的过程中，敏锐的潘建根洞察到了社会的迫切需求，决定离开学校的教学岗位，由此开启了人生的另一篇章。

"我当了四年教师，但是作为青年教师，我无法组织自己的团队，这让我的一些想法无法实践，因此我有了创业的动机。"潘建根说。而他想要的机会也恰好出现：在国家大力推广节能灯电子镇流器之际，当时国家技术监督局对市场上所有的厂家生产的镇流器抽查结果是没有一家合格。

这对他来说是一个极富挑战的机会。"我当时去参观了国家实验室，实验室里所有的检测设备都是从日本、美国引进的，价格相当昂贵，完全不是普通企业可以引进的。"当年的一幕，他如今娓娓道来时依然历历在目。

这样的设备被行业所急需，有没有办法解决？他提出了一个在现在看来依然十分创新的解决方案：利用基本传感器，做一套软件在计算机上显示，再搭配进行数

据快速处理、采样、数据化的工作，速度顿时加快，其成本却只用了国外同样设备的1%。

传统的仪表、数据显示用软件呈现，他的解决方案在行业开了先河。"我抛弃了仪表等笨重的硬件，只留下了前端的电传感器。"为了传感器能更好地配合软件，物理成绩相当不错的他亲自动手对传感器进行改善。

研发的产品得到了行业的认可，接下来组建团队自然也变得轻松。由于产品成本仅为国外设备的1%，产品售价为同类设备的1/10，产品很快占领了市场，为节能灯电子镇流器的质量提高做出了贡献。而可观的利润空间也使他的创业相当顺利。

扔掉铁饭碗："他们都说我疯了"

1993年6月，潘建根来到上海，参加了国家质量技术监督局召开的"全国电子镇流器节能灯质量分析会"，就是这次大会让潘建根深刻地认识到国内节能灯电子镇流器领域的困局。

潘建根回忆：当时，节能灯电子镇流器的质量检测技术和设备均被国外企业垄断，除了少数国家实验室能够购置外，这些设备在制造企业的眼里，往往是一种奢谈。

考察了进口检测设备后，潘建根开始思考：只要独辟蹊径，自己也可以研制出这些设备来。未等这次会议开完，潘建根就回到浙江大学，递交了辞呈。

"我扔掉了大学老师的铁饭碗，没有任何的资金支持，创办了自己的民营研究所。当时，大家都认为我'疯了'，只有我的妻子一直支持我的梦想。"

尽管事情已经过去了22年，潘建根回忆起这一抉择时，依然很感慨："独自出去创业，我并没有想过要挣钱，也没有细想要承担多大风险，心中唯一所想的就是通过对新技术的研究及开发，解决行业乃至社会的迫切需求。"

他仅凭一点工资结余和从朋友那里借来的一笔钱，创办了远方测试系统研究所，后转制为公司。潘建根是"幸运"的，他的"幸运"并非来自上天的眷顾，而是源于他大量积累的专业知识和在研发上的超人毅力。

从20世纪80年代开始，中国出口国外的大多数是袜子、调羹等最基础的生活用品，高科技产品出口几乎为零。所以潘建根的梦想，是出口一些高科技高附加值的产品。

也正是基于此，他将公司取名为"远方"："一方面，是期望公司、产品都要走得长远；另一方面，是期望我们的产品、服务要达到更远的世界。"

然而，当时行业对国产检测设备怀有偏见。产品虽然上市了，却卖不动。

"我只好带着设备资料到处跑，参加行业会议或到厂家推介产品。后来终于有一家节能灯厂愿意尝试我们的设备，使用后，他们非常满意，不但追加了订单，还大力推荐给其他厂家。"回忆过往，创业的艰辛一幕幕浮现在潘建根眼前。

由于这款产品满足了行业需求，且创造性地突破了国外固有的设计方法，价格又远低于国外，在行业中大受欢迎。不到一年时间，这个新生的企业便在业内声名鹊起。

登陆创业板：为中国梦而创造

1995年，远方光电的第一款产品出口新加坡，随后开始逐步走向全世界。

在公司成立的20余年里，潘建根和他的团队怀着这样的愿景：在专业领域内，对产品的每一个细节精益求精，将产品做到极致，一步一步踏实前进，直至成为专业领域的世界翘楚。

"我把自己的大部分精力放到了半导体照明（LED）的测量上了。这倒不是因为我赶时髦，主要还是需求推动，半导体照明的快速发展给它的质量表征、检测方法带来了前所未有的挑战。"潘建根说。

在光学、电子、软件和测试计量等方面，潘建根有着非常扎实的基本功，除了研究所的实验室外，他还有一个独特的"思维实验室"。在自己家中，几块饼干加上白开水，潘建根的"思维实验室"就开始运转起来，许多设计和方案就是在这里完成的。

潘建根认为，创业是基于技术的创新，没有技术的创新就不要创业。"远方始终不做没有专利的产品，我们所有产品在国内外市场都有专利布局，否则很容易被抄袭。"

2012年，远方光电登陆创业板。

"我们做得很专业，也很专注，所以我身边的朋友会觉得我是不是走得太慢。

但是正是由于长时间的坚持，现在回过头去看，大部分人都被我抛在了身后。"潘建根说，不好大喜功，踏实打下坚实的基础，这让远方公司旗下的照明以及AVD检测这一块，即便不敢轻言世界第一，也堪称世界唯一专注于这个领域的上市公司。

事实的确如此，其实早在1995年，远方光电的产品就已经得到世界市场的认可。2005年，作为中国公司的产品，远方光电已经在国际市场与其他品牌齐名；2010年，远方光电的产品已经超越国外同类产品；就在采访当天，潘建根还接到一个电话，是一家欧洲的竞争企业，希望能被远方光电整合。

这样的成绩足以证明远方的实力与高度，也显示了市场对远方的认可。

潘建根自豪地说："在照明检测领域，远方光电在国内乃至世界都处于领先的地位。作为中国创造，我们的产品受到了世界的欢迎，打破了国产货受歧视的窠臼。"

远方光电不仅获得过"中国专利奖""国家自主创新产品""浙江省科学技术奖""杭州市工业设计金奖"等荣誉，其检测设备还出口至美国、英国、澳大利亚、意大利等国家。值得一提的是，远方光电研发制造的HAAS－2000高精度快速光谱辐射计，不仅填补了国内高端快速光谱仪的空白，还使中国成为继德、美之后第三个拥有此项高端产品的国家，并获得了国内外客户的高度认可。

另外，远方光电的加速老化和寿命测试系统、热学分析系统、光辐射安全测定系统、LED自动老炼测试生产线等多款LED专业测量仪填补了国内空白，为半导体照明行业提供了全面的解决方案。

外延式扩张：做事要先做好再做快

目前，作为照明检测领域唯一一家上市企业，远方光电产品出口和国内市场占有率均遥遥领先。潘建根认为，领先的关键在于专利。截至目前，远方光电拥有100多项专利，其中有30多项为发明专利。

根据2014年公布的年报，远方光电的销售额超过3亿元。

数据背后传递的信息更有价值。事实上，远方光电所在的LED照明检测行业的全球市场总量不到10亿元，这意味着远方光电占据了3成的市场份额。

在LED照明这个新兴的产业领域，远方光电思考得更多的是"如何引领行业健康快速的发展"。远方光电的产业定位是：全球公认的LED和照明高端检测设备供应商和实验室整体解决方案服务商。

潘建根透露："公司除了不断开发先进的设备产品，还为客户提供完整的检测解决方案，全方位服务LED绿色照明产品的品质控制。"

如今，远方光电在美国硅谷和杭州天堂硅谷设有研发中心和国际认证示范实验室，并在美国旧金山、杭州、广州、深圳、北京、厦门、台湾、香港等地设立了技术服务机构，力求及时服务各地客户。

上市三年以来，远方光电在并购方面一直没有"大动静"，仅仅在2015年上半年出资3600万元收购了红相科技8%的股份。红相科技与远方光电在技术上同属于光电检测设备领域，其主要产品、技术、管理等方面能与远方光电形成很好的互动和补充，符合远方科技产业平台的发展方向。

潘建根表示："未来，远方光电将定位为光电（光学、电学、光电子学）检测设备和校准服务专业供应商，进一步巩固在中高端LED和照明光电检测设备行业的龙头地位。"远方光电的这一野心，在其开展通用光电检测设备、LED和照明检测设备、EMC和电子测量设备、智能制造设备及检测校准服务等多方面业务中得到了充分体现。

以投资红相科技为开端，远方光电将继续关注高端医疗器械、工业4.0、光电集成、智能检测等领域，进一步基于互联网布局远方科技产业平台，并期待相关企业在远方科技产业平台上实现互联互通，充分发挥平台资源整合和协同效应。

潘建根阐述道："远方光电将会通过'内生式提升'和'外延式扩张'两种方式发展：所谓'内生式提升'即不断提升自身的基础、不断开发更多的产品与提供更多的服务；而'外延式扩张'则是整合优秀资源，加快相关业务发展和成长。"

与此同时，潘建根还有一个更大的思路：公司内部实现和谐裂变，让各个小团队独立创新创业。远方光电投资建设的孵化产业园已经建成并即将投入使用，未来将成为内部创业的孵化平台。

从小而美的公司开始，潘建根希望这一孵化平台可以实现大也美。凭借领先科技和雄厚资本，以不断创新的硅谷精神以及国际化的视野，整合全球优势资源，远方光电正在向全新的目标和高度进发。而"极致"两字，始终是潘建根所追求的。

"在我小的时候，奶奶曾给我嘱咐：事要先做好，再做快。这句话影响了我一辈子。"潘建根说。

企业名片

远方光电创建于1993年，2012年在创业板上市，集生产开发、技术服务和学术研究等功能于一体，现为世界最大的照明和照明电器检测设备供应商之一。其独创技术和仪器设备已被国内外上万家企业、高校、科研院所和国家认证实验室所采用，远方光电为这些客户提供价格合理的高端光电检测设备和检测方案，同时远方公司产品还出口到40多个发达国家。经过20余年的发展，远方光电已经成为一家世界知名的光电检测设备上市公司，在LED和照明专业光电检测设备领域处于全球领先地位，连续被评为福布斯中国潜力上市公司百强企业。

创始人潘建根生于1965年，浙江湖州人，远方光电信息股份有限公司创始人和远方光电科学研究院首席科学家。他不仅是国际照明委员会（CIE）TC2-74光辐射源的空间光谱辐射测量技术委员会主席，还是全国照明电器标委会光辐射测量标准化分会（SAC/TC224/SC3）副主任委员兼秘书长以及国家863计划半导体照明工程总体专家组成员。

宗永亮：打造"万店互联"新硬件平台

□ 齐航

"20岁拥有激情和梦想，可以离开一座城市，追求一种不确定性；30岁属于理想主义，可以离开一种体系，博取美好未来；40岁却只留下责任，每一则消息都产生联想，让自己感到焦虑与不安。"在宗永亮的个人微信号"客官说"中，有这样一段文字。

让这位前传媒老兵感到些许焦虑的，是在"新硬件市场，其实只有几个月的时间窗口期，你必须与大佬的意识赛跑，稍有落后，你就会被永远关在门外"。

坐在记者面前侃侃而谈的宗永亮，其实更像是一名资深创客和产品经理，敏锐捕捉着现有服务的需求盲点，求索产品迭代的未来方向。他创立的爱客仕网络科技有限公司（以下简称"爱客仕"），不仅通过独特的产品设计、全覆盖的支付渠道、开放的软件平台，重新定义着收银设备，更力图以此为切入点，实现店与店、店与人，虚拟店与实体店之间的高效连接，构造"万店互联"的新硬件平台。

让宗永亮倍感兴奋的是，2015年9月，爱客仕与IBM、思科等公司一样，成为苹果公司企业级应用全球战略合作伙伴。在这轮合作中，中国仅有五家企业入选。"我希望我们的智能收银台能帮助商家提高工作效率，让门店真正接入互联网。这也是苹果和我们合作的最重要原因。"

传媒老兵的"信息流动"方法论

"信息流动"，这是宗永亮在阐述商业构想时，口中经常蹦出的词汇。让信息流动起来的，可以是一份报纸，一项服务，一款硬件。但无论这个让信息流动的载体是什么，首先需要一种发现"信息不对称"的直觉，以及试图寻求改变的商业冲动。

也许是近20年媒体人生涯的积累和历练，赋予了宗永亮这种直觉和冲动。他曾参与并见证了两份市场化综合类报纸从创刊到辉煌的历程，一次在扬州，一次在杭州。但躺在功劳簿上，并非他所期待的职业轨迹，他说自己"更习惯于创刊，创业，再转型"。

于是你更能理解他所做的选择：无论是果决地"舍近求远"，在另一座城市重新开始；还是在做到报社管理层后，辞职创办市场化媒体。

杭州第一张真正意义上的周报《行报》，正是由宗永亮与创业伙伴一同创立的。"我们当时分析了民营资本参与媒体经营可能存在的机会，主要有体育和消费这两个方向。但考虑到体育类媒体信息来源、盈利模式可能遭遇的问题，而消费类媒体如果能深耕于城市，将拥有更大的盈利空间。"宗永亮说。

2005年前后，伴随国内报业市场化改革的深入，受众阅读需求和广告主投放需求都开始细分化，而这恰好为宗永亮他们提供了机会。《行报》的出现，在短短几个月内迅速激活了杭州的周报阅读市场，并在杭城引领了一股消费类媒体的风潮。

但在大多数广告主仍以"发行量"为主要投放依据的背景下，专注细分市场的新兴媒体在体量上不占优势，而必须直面激烈的市场竞争。"以前在综合类报刊做新闻，可能更多是以'我'为主，但是当你直接面对市场中的生存压力时，不得不更多去从受众、消费者、商户的需求角度考虑问题。"

生存压力也是创新动力。当单纯依赖发行广告的经营模式空间愈发逼仄，如若不想在重构的游戏规则中走向衰落，就只能在持续创新中杀出一条血路。于是宗永亮早已行走在传媒衍生服务的另一条道路上，媒体只是一个切入点。

"我们以媒体的身份，广告公司的标准，放下身段，内心下行，然后去服务客户。同样，我们可以获得尊重和收益，有些客户把我们视做朋友。"在一篇回溯自己创业历程的文章中，宗永亮如此写道。

于是，宗永亮的团队是杭州第一个做信用卡服务外包者，与12家银行建立业务联系；他们也是最早把内刊制作产品化，并以独立公司制作的传媒机构；第一个为合作者提供内刊、移动互联、会员管理全链条服务；在纸媒中首创"恋港癖"海外代购，一度风靡全城。

但无论产品形态如何变迁，宗永亮一直在做的，其实都是让信息流动更顺畅和高效，尽可能填平企业内部、商户之间、产品与用户之间的"信息鸿沟"。

聚焦痛点的"产品经理"转型

"如果按照既有的商业惯性去滑行，我可以不紧不慢，怡然自得。但还是隐隐觉得应该去做一点事情，只是不知道触点在哪里。"宗永亮如此形容他创办爱客仕之前的心境。

但是在这个触点显现之时，植根于体内的商业直觉就开始骚动。2013年4月的一天，一位经营批发市场的朋友约宗永亮商讨合作开发一款APP。对方的需求点在于，原有模式每个商户分散收费，市场营业收入只有租金。如果能统一收银，一来可增强对商户的把控力，更充分地感知市场冷热；二来可以创造新的盈利增长点。彼时市场上有多家公司正在推广微商户的刷卡器，通过售卖硬件的方式盈利。

"我似乎被什么触动到了，之前所有的信息在瞬间合并，一个商业模型隐隐在脑海中浮现。"在宗永亮看来，如果能给每一个商户配送一个平板电脑，外接一个刷卡器，平板电脑里内置APP，商户刷卡只要付正常的刷卡费就可以，然后再通过使用APP收取服务费。不仅如此，当这一模式与媒体基因以及信用卡外包服务积累的商户资源融合，显然具有更大的想象空间。

但创业从来不是请客吃饭，尤其是对于当时仍是移动支付门外汉的宗永亮来说，在心中勾画一个商业模型如此简单，要将它转化成现实产品却颇费周折。

他为此买回了市面上不同价格的平板电脑，以及不同品牌的收单刷卡器。然后，天天在办公室测试产品，看分辨率，看流程，看界面；收集全球最热支付公司模式的报道，每天几乎要读两万多字，手绘完成百张网站结构草图。

充分的调查，也让宗永亮更明了传统产品的缺陷和疏漏。而作为一名资深媒体人，宗永亮对一线体验和视觉享受有着一种天然的崇尚，他下定决心，打造一款外观、体验、功能都与众不同的支付设备。

同时，美国热门移动支付Square收银台，也成了触发他产品思维灵感的"爆点"，为什么不做一款软硬件一体化的、可180度自由旋转的iPad版智能收银台呢？

但对于一个长期手握笔杆的人来说，硬件到底是陌生的。软硬一体化虽是一股流行风潮，但要真正做到殊为不易。他们到深圳寻找厂家，希望找到一家可以生产出与苹果气质相适产品的厂家。这是一次艰难的寻找和决定，只是表面光度一项，早已让很多厂家望而却步，更别谈旋转与弯曲。而当这款硬件与支付有关，物理密码键盘、开机即毁、PIN卡、银联认证等等，都需要时间和费用。

每一个环节都要通过严格测试，流程和细节的复杂程度，也让宗永亮始料未及。为了打磨出一款外形、体验、功能俱佳的收银机，宗永亮甚至在2013年12月底，因为样机使用中密码输入的体验问题，选择将设计推倒重来。

"其实那天做决定时，我是无比惭愧与焦急，一个漫长的等待，等到的不是一种兴奋，而是一阵凉风。"宗永亮回忆道。这不正是一位传媒老兵向产品经理转型过程之中的绝佳注脚吗？

历经一年繁杂与煎熬，一款苹果版的超级收银机，终于问世。

软硬一体的"万店互联"图景

如今，爱客仕的智能收银机已推出外观、功能、体验更为优化的第二代产品，并实现量产。但在宗永亮看来，硬件只是第一步，真正的难点还在于软件。因为单纯的智能收银机对于商家而言只是一个工具，只是一个终端和介质，往这个终端和介质中填充什么样的内容才是关键。通过硬件到达商户，然后通过整合提供有价值的应用，为商户提供从商品管理、全渠道支付方式、会员营销等服务，进而形成平台黏性，建立"商户信息处理中心"平台，显然具有更大的想象空间。

为此，宗永亮花了几个通宵，把自己两年研发爱客仕经历进行归类与分析，并制作出只有六页的PPT，提炼出爱客仕两个关键词：新硬件、商户信息处理中心。宗永亮说，在中国能被称为新硬件的是小米和乐视，他希望爱客仕能成为第三者。他认为的新硬件需有三大定义：不仅仅是连接设备，更是互联网载体；有配套的软件支持；能构造生态环境或功能化平台。

在他看来，小米是新硬件的标准，它的终极目标是做未来的个人信息管理中心。"乐视表面看来只是个电视机，其实它也是一个生态的系统，它希望成为中国领先的内容供应商。虽然它在卖电视，但它希望给中国人提供更好的电视内容。"而爱客仕，虽然是一台智能收银一体机，它的终极目标是帮助商家进行信息处理，为经营提供决策参考。

这事实上切中了当下企业、商户市场智能应用需求未被满足的痛点。无论是基于安卓系统还是ios系统，相较于面向个人用户的海量应用，面向企业及商户的应用无论从数量、质量还是深度上都有所欠缺，依然有广阔的待开掘空间。爱客仕智能收银机与iPad浑然一体，在具备ios系统体验优势的同时，却不得不面对ios系统相对封闭、准入严格所产生的应用供给问题。增加有效供给，提供能满足商户财务、管理、营销等全方位需求的应用软件，成为必解的命题。

尤其是对中小型商户来说，需求虽然存在，但他们的成本负担能力远远不及大型企业，更契合他们需要的是低成本、按需付费的应用，类似SAP这样的整体解决方案成本就过高了，即使购买了也难免资源的闲置和浪费。

因此，宗永亮的团队当前将软件作为攻坚的突破口。2015年上半年，爱客仕大举招兵买马，一口气招进了200多位软件工程师。他们接下去将聚焦商户需求，研发能满足商户管理、市场营销所需的全套商用软件。"由于商户所处行业、产品服务、经营流程等方面都存在差异，因此我们所提供的软件更多是个性化、可选择的。"

你能想象这样一幅图景吗？万千商户都在使用爱客仕的智能收银机，通过这台收银机，商户不仅能完成支付结算，还能通过使用系统中的应用软件，满足全方位的营销管理需求。而由此产生的平台黏性，将改变原先商户之间形同"孤岛"的局面，实现店与店、店与人、虚拟店与实体店之间的高效连接。

"实现万店互联，这就是我们的目标。"宗永亮笃定地说。

对 话

Q：《杭州日报》

A：宗永亮

Q：作为一名前资深媒体人，您如何看待媒体生涯对你之后创业历程的影响？

A：从某些角度来看，媒体人创业有一些先天的优势，比如在传播营销方面，在一个移动互联网时代，企业本身的内容生产、信息传播愈发重要，而媒体行业的积累和经验会非常有帮助。但是当你转身成为一名创业者，可能就需要在保留媒体基因的基础上，让自己具有更多的产品思维。即使你不懂技术，也应该明白技术能帮你实现什么。

Q：你们的智能收银机经过反复打磨，那么你觉得产品的核心竞争力何在？

A：我们的核心竞争力是，从商品管理、全渠道支付、营销管理等全链条服务，给商户提供完整的数据分析系统。而现在市场上的竞品，目前看来，只能完成其中的一项或者两项，所以提供的数据是碎片化的、不完整的。

Q：你如何在公司内部建立一个激励相容、科学高效的职业生态？

A：部门与部门之间的联动，共存而不依赖；部门内部之间的自我环循，协作而不埋怨。我希望打造一个自我管理的民主体系，通俗说，主管要清楚自己想要做什么，而不是等待指令式去做事。让每个部门成为一个创业体，与公司之间关系更多是服务与被服务的关系，而不是上下归属关系。既然是服务与被服务，就应遵循市场通行的按质论价、满意至上的原则。我希望通过这种运行方式，来激活每个员工的热情。

企业
名片

　　浙江爱客仕网络科技有限公司，以研发生产智能收银一体机为核心产品，致力于升级改造传统门店的收银环境，构造一个未来的企业端应用市场平台，成为国内新硬件体系中的"商户信息处理中心"，领跑商业新硬件，并获得多项国际专利。

　　2015年9月，爱客仕成为苹果全球企业应用战略合作伙伴，并被商界传媒评为"2015中国年度创新产品"。

　　爱客仕智能收银一体机是一套集收银、支付、管理、营销于一体的高效能设备。该产品由智能收银一体机硬件、全渠道支付系统、多样行业应用软件及爱客仕智能营销平台整合而成。该产品集合了目前市场上在使用的刷卡支付、扫码支付（支付宝、微信支付等）、NFC支付等全部支付方式，配置商户管理、市场营销所需的全套商用软件，满足商户收银、管理及营销的互联网化需求，并力图以此为基础，打造"万店互联"的新一代物联网平台。

陈凯：创新模式，把"红海"变"蓝海"

□ 董沛文

和陈凯聊天，你总能感受到一种激情。他语速很快，语调激昂，逻辑清晰，字里行间透着一种自信。作为一家入行才不过三年的新公司，陈凯的华普永明发展速度有点"惊人"——2011年注册成立，2011年、2012年亏损，2013年盈利，2014年已经成为行业细分领域排名第二的企业，明年有望成为第一。但速度也许并不是华普永明最让人惊讶的地方，而是它所处的这个LED照明行业，是一个被公认为"一诞生就迅速变成一片红海，甚至是一片火海"的行业，无数行业创业者深陷其中，不能自拔。

带领企业如此凶猛发展，陈凯是如何做到的呢？自然不是一夜即成的。在创业之前，陈凯就已经打下了非常坚实的基础。2005年他从中国科学院光电技术研究所光学硕士毕业以后就来到了西子奥的斯公司。为什么会去一家电梯制造企业？"因为当时光电产业还不成气候，都是做传统照明领域。电梯和汽车一样，位于整个制造行业金字塔顶端，去奥的斯可以看到整个制造行业到底是怎么运转的，在那里也学到了很多东西。"陈凯在奥的斯很快就成为有名的"技术狂人"，成为公司"年申请专利数第一人"。当光电产业一步步发展起来的时候，西子光电成立了，学光电出身的公司技术狂人陈凯被信任他的老板委以重任。

"在西子光电，我们当时开发出来的产品还是非常牛的，但是我们发现了一个问题。"陈凯说，其实光电产业相对于以往的传统照明行业来说，是个全新的产品，但是因为路径依赖，光电产业这个新兴行业创新出来的产品，不可避免地又开始重复以往传统照明行业的渠道营销和商业模式。"我们销售一直做不上去，就开始全员销售，我一个负责研发的副总也开始做销售。做着做着，我们开始想办法创新一些新的模式，当时我们技术和产品设计都一直是领先的，相比较其他公司而言有很大的优势，我们那时候就想到要做'公司间业务'。什么叫'公司间业务'？就是发挥我们在技术和产品设计上的优势，为行业里的其他公司开发和设计产品。这有一个好处是有效避免了直接介入当时已经厮杀得昏天黑地的零售领域，又能发挥我们的长处。"

陈凯和团队创新出来的这种模式很快发挥出作用，"公司间业务"也做得很不错。但另一个问题出现了，"如果用这种模式，有一个问题回避不了，如果你自己也是一个产品品牌，也要在市场上、在销售渠道上与其他品牌产品产生直接竞争关系，'公司间业务'就很难做到，别人对你就不会那么充分的信任。而奥的斯是个世界知名品牌，又不可能不用这个品牌。"

于是一心想创新光电行业商业模式的陈凯，在2011年和几个小伙伴一起开始了创业旅程。

创新行业模式，做行业设计的"梦工场"

所谓设计工场就是专门为那些有销售网络、有品牌、有渠道的客户提供技术方案。但跟普通设计公司又不同，它除了帮客户设计基本的产品方案，产品方案中所需的灯具产品均由其工厂独立生产。"你也可以将这种模式理解为ODM。为什么要强调我们设计的产品一定要由我们的工厂生产？因为如果没有这个环节，我就没办法对最终的产品质量负责。只是设计方案，不能最终保护客户的利益。"

这个模式最独特的一点在于，他改变了行业同业间的竞争关系。"以往是你争我夺，刺刀见红。现在是我来帮你赚更多钱，我们一起合作。你负责渠道和客户的沟通，我专心负责优化设计方案，给客户提供最优的照明解决方案。"

这样做的好处显而易见。为了说明这一点，"理工男"陈凯设计了个数学模型：首先从成本来说，假设十家大功率LED路灯企业，每家企业一年研发投入1000万元，年销售额5000万元。这样一来，每家公司都是亏损的。第11家企业，一家专门做大功率LED路灯设计研发的企业，一年研发投入2000万元，为前10家同行提供全套的产品解决方案，包括产品设计到生产。其他企业集中精力开拓市场，保守估计年销售额8000万元，一年就是8亿元。

"10家企业年研发投入共计1亿元，年销售额5亿元，与现在11家企业年研发投入2000万元，年销售额8亿元（还不算第11家企业的年销售额）相比，孰优孰劣一目了然。"陈凯说，LED照明行业之所以是目前"一片血海"的情形，关键在于"存在很多重复劳动、很多资源浪费。每家企业都从头来一遍，都自己搞研发、搞产品、搞销售，成果大同小异，部分公司在这个研发过程中还要走很多弯路，交很多学费。即便这样，因为资源相对不集中，做出来的产品也不一定有优势"。

目前，与华普永明合作的国内企业达到1000多家，国外企业700多家，合作范围涵盖了70多个国家和地区。

做最牛设计工场，需要最牛的团队和供应商

离开知名的企业西子奥的斯，放弃高管的优厚待遇，带领团队创业，陈凯当年也纠结过。不过从业经验和对新商业模式的信心让他觉得"创业成功的概率很大"。有机会可以试着改变这个行业，为什么不去尝试呢？

陈凯的信心来自很多方面。俗话说，没有金刚钻，不揽瓷器活。号称"设计工场"，当然要有一支业内响当当的设计团队。华普永明拥有一支堪称豪华的设计队伍——由中科院和浙江大学等国内知名院校的顶尖人才组成的60多人设计团队——"可以保证我们的方案设计水平领先业界"。

除了设计以外，在LED照明行业，还有两个环节对产品影响很大：一个是芯

片，一个是电源。"我们只跟业界最牛的供应商合作，并努力成为他在这个领域最大的客户。"陈凯说，成为供应商的最大客户，有一个好处非常明显，"你会知道未来三年或者几年业界的潮流是什么，新产品的方向是什么。通常这样的数据和方案，供应方都是保密的，但是如果你是它最大的客户，它会非常乐意与你来做这方面的沟通。这也就能保证我们的产品永远能跟得上业界的潮流，站在技术和产品的制高点上。"

华普永明的产品现在已经出口到全世界70多个国家和地区，说到这个，陈凯不好意思地笑笑说："实际上，到底是哪些国家和地区，我也不是全知道。"原因很简单，很多时候因为华普永明的设计工场的模式，他们甚至都不用和每一个境外客户直接接触，依托合作企业的丰富渠道，他们的产品照样可以实现覆盖。

在2014年的世界杯期间，"我们仅用一个星期的时间，就为从圣保罗国际机场到市中心的23英里大道的LED路灯提供了从设计到制造的一体化解决方案。这条道路是通往圣保罗竞技场的唯一主干道，是圣保罗的形象工程，到圣保罗体育场参加世界杯开幕式的各国政要、球星和游客，必须经过这条路。赛事期间，我们让中国的专利产品'点亮'了世界杯"。

保持持续的创新动力，公司每周诞生一项专利

华普永明的产品展厅很有意思——里面居然放了几个大鱼缸养金鱼。陈凯插上电源，几个鱼缸很快亮了起来，原来鱼缸底部都放着他们的LED灯具，"这是我们公司刚刚成立的时候设计的首款产品，现在已经在这个鱼缸里泡了三年多了，还能正常工作。金鱼也游得挺欢的"。作为户外照明设备，难免受风吹日晒雨淋，可靠性自然是客户的重要考量指标之一。

不同于传统灯具由灯泡、镇流器和灯罩构成，LED灯具由光引擎、驱动器和灯罩组成。华普永明设计的LED灯具，将代替灯泡功能的发光引擎，设计成了一个个标准化的模块，通过标准化模块的排列组合，搭配不同的灯罩外形，变幻出功率、亮度、造型不同的个性化定制LED灯。"这就是我们为什么说我们可以做设计工场，你在传统照明行业是做不了设计的，因为根本不需要你去做设计。进入LED时代，做设计工场才成为可能。"但LED行业的技术更新速度非常之快，对知识产权

也非常重视，"尤其我们要做国外市场，知识产权这关必须过。目前公司所有已攻克的技术难关，我们都申请了专利。一共已经申请235项专利，获批专利为126项，相当于每周有一项专利诞生，并且以每周至少一项的速度在递增"。

普华永明还与业界四大LED芯片供应商之一的Philips-Lumileds公司合作，成为后者户外芯片产品线的第一大客户，签署包括免除专利风险在内的协议；同时，又与业内著名大功率电源供应商英飞特电子达成合作，通过获得专利许可解决了自身产品使用驱动器时可能面临的专利风险。

"到目前为止，我们还从来没有发生过专利侵权纠纷。保持持续的创新动力，对设计工场来说就是生命力，也是这个模式能够成功的关键。"陈凯表示，在做到行业综合实力第一之后，他们将继续扩大华普永明在世界市场上的占有率："只有拥有足够的市场份额，才能有足够的话语权，抢占技术和市场的制高点，始终保持设计和产品的领先。"

企业名片

华普永明是LED行业内唯一一家定位于为客户量身打造设计方案的"设计工场"，公司总部位于杭州市拱墅科技工业区内，注册于2011年7月，注册资金2551万元，位列"中国LED路灯综合竞争力排行榜"第二名。公司专注为客户提供大功率LED灯具、模组等的设计和制造的一站式服务。

公司已经拥有了超过60人的设计团队，设计人员均毕业于国际或者国内知名院校，学科背景涵盖光学、热学、结构、工业设计、力学、电子电气、信息、美术等；核心设计人员均具备国际、国内重大工业产品项目的设计经验；管理人员均来自于500强企业，具备硕士以上学历。华普永明已经申报国内外专利200多项，并且正在以平均每周超过一项专利的速度递增，这些专利已经形成一个不断扩充中的专利池，为客户提供一个安全的知识产权后盾，为客户免除LED行业的知识产权这个重大难题的困扰。

华普永明在拥有强大的设计能力的同时，也具备强大的制造能力，可以为客户实现一条龙服务，用最短的时间把设计方案变成大规模量产的产品。华普永明的制造部目前具备每天10000只模组、3000盏整灯、年产超100万只大功率LED整灯的产能。在自身拥有强大制造能力的同时，在产业链上，华普永明也已经与业内顶尖的企业形成了紧密的战略合作伙伴关系，目前该公司已经成为全球四大LED芯片提供商之一的Philips-Lumileds户外芯片产品线的第一大客户，业内著名大功率电源提供商英飞特电子的第一大客户。

第二篇
智 汇

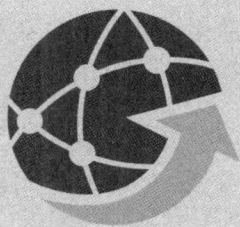

汇者，百川入海。

清代知名学者段玉裁在《说文解字注》中，对"汇"的注解是"有器"。

有器方可成汇，无器风云流散。传统的经济增长路径，也是一个"汇"的过程。借点儿钱，买点儿地，进点儿设备，雇点儿人，然后再把他们汇集到一起，制造点儿产品。若发现产品好卖，只要重复以上汇集的过程，就能实现更大的规模效应，赚更多的钱。

说得更学术一点，这就是一个要素驱动的经济增长过程。当资金、土地、设备、劳动力这些生产要素汇集在一个企业或者项目里，只要市场存在需求，即使是低层次的横向规模扩张，也能实现盈利增长。

然而世易时移，要素驱动已近末路，创新驱动方是正途。要素驱动有赖要素汇集，创新驱动则需汇集智力和创意。

2015年上半年，杭州全市文创产业实现增加值929.29亿元，劲增19.7%，高于GDP增速9.4个百分点，已然成为杭州第一大产业。而这样一片适宜文创产业发展的土壤，非智慧创意的浇灌无以形成；这样一片文创产业的发展高地，更不会缺少善于"智汇"之人。

"智汇"之下，机变百出：也许是一个充满无限想象空间的独特IP，也许是一个为创客提供社交共享空间的3.0文创园，也许是一个连通知识盈余与稀缺机构的第三方平台，也许是一个为孕育现象级产品提供支撑服务的孵化器，也许是一条贯穿策划、制作、发行、营销的文创全产业链……

但无论这个"智汇"的成果是什么，它们的背后都站着一群人。他们虽然行业背景、领导风格、知识结构各异，但本质上都在做着同一件事：凭借他们独到的商业智慧，去完成一份需要"智汇"的事业。

这里有一个个有关"智汇"的故事。

赵依芳：华语影视领军者的中国梦

蓝图

面对两位记者，赵依芳变成了提问者。

然后，这位华策影视的掌门人直接说出了自己的感受，她告诉《杭州日报》记者，"我比较不喜欢领导者这几个字"，因为"华策的目的不是要做老大"。

不过，说话直截了当并不意味着她是个难打交道的人。我们很快就将发现，这种直抒己见正是她的处世之道。在接下来的采访中，她会尽力回答每个问题，谈到兴起时，她会爽朗地笑起来，让提问者放松下来。

她非常清楚，面对媒体是她的职责之一：作为一家上市公司的总经理，需要向媒体描绘这家公司未来的蓝图。

这张蓝图刚刚被重新规划过：华策影视在赵依芳的带领下已形成年产1000集电视剧、数十部电影、十余档综艺节目的生产规模，多部作品荣获中宣部"五个一

工程"奖、全国电视剧"飞天奖""金鹰奖"及国际电视节所设电视剧最高奖项。华策集团旗下的华策影业自2013年成立以来首个全面负责宣传发行的第68届戛纳最佳导演奖作品《刺客聂隐娘》，在国内一上映便引起商业片与艺术片的大讨论，并持续形成热点话题。此前，华策集团参与投资的《小时代3》《小时代4》《重返20岁》《归来》《太平轮（上）》等风格不同的电影和《挑战者联盟》《一票难求》《中华好民歌》等综艺节目，已经奠定了华策从电视剧到电影、综艺等影视全领域开拓的决心和范围，成为全球一流的华语综合娱乐传媒集团的目标正在逐渐成为现实。

华策近两年频繁被业界和媒体第二次密集关注，在2010年创业板上市成为第一家以电视剧为主打产品的上市公司的五年之后，华策的发展极其快速高效：团队从50人发展到上千人，在电视剧、电影、网络视频领域及国际市场全面开花，并且开始了"互联网+"时代的新创业，坚持全网思维，以超级IP立体开发运营为核心思路，打造具有独特商业模式和内容体系的影视娱乐生态。赵依芳说，华策不媚俗，不跟风，但绝不能落后，而是要引领，做一面华语影视的旗帜，以始终坚持的人文情怀，带领用互联网理念武装的年轻团队，开创下一个五年的新局面。

赵依芳希望我们把并购看做是一种合作：华策并不是在吞并一个团队，而是以投资的方式，和另一家影视企业进行平台的整合和扩张。这种说法，颇有务实的成分在内，华策并不希望自己在行业内表现得咄咄逼人，这也是其一贯作风。

1992年，赵依芳下海成为浙江华新影视公司的总经理。在其后20多年里，她作为这个行业最早的一批民营企业家，与行业一起成长。但在赵看来，今天，"产业和企业都必须升级"。尤其是在互联网时代，BAT（百度、阿里巴巴、腾讯）各自都搭建了一种互联网的平台，不管是电商平台、搜索平台、社交平台，还是互动娱乐平台，他们在互联网每一个细分领域都构建了一个平台，影视创作、影视文化生产也需要有这样的平台，而华策就要当这个行业的平台。她现在做的，已经不只是一个影视企业，而是一个全内容、全媒体、全产业链、全球化、全生态系统的产业平台，一支代表华语影视最高水平的力量。

借助20多年的创作资源、精悍团队和资本力量，赵依芳可以实现愿望吗？

并购

大概只有女企业家，才会把企业间的并购视为一次恋爱。谈及收购克顿的原因，赵依芳说："是缘分，像谈恋爱一样谈上了。"

克顿是华策理想的合作伙伴之一。克顿的团队经历过从4A广告公司，到顾问公司、影视传媒公司的转型，素质非常高。在进入影视行业之后，克顿的成长非常迅速，近几年推出的《爱情公寓》《璀璨人生》《杉杉来了》，都是传统媒体和新媒体竞相追捧的热门剧。

克顿还是影视行业"大数据"开发和应用的先行者，也是国内极少数将大数据分析这一技术手段应用于影视创作的公司。除此之外，克顿还拥有中国领先的影视剧研发中心和影视剧评估优化团队，提供从创意到故事梗概、到剧本创作直至最终成片的全方位快速评估及深度优化服务。克顿传媒数据库收录了自1997年以来近万部影视剧在各平台播出的分地区、分观众群的收视评估情况；收录了国内领先的制作班底信息，有记录的导演、编剧、制片人等超2000人，演员超7000人，涵盖国内90%以上有播出记录的主创人员以及80%以上的其他制作班底成员信息。融合克顿传媒之后的华策集团大数据应用平台"影视资源管理系统"，将通过数据跟踪并分析研究影视剧产业链的各种核心资源，如影视剧本身、编剧、导演、演员、出品公司、播出平台、广告主等，结合数据挖掘和数据分析，并通过与市场需求变化相印证，为制作高品质、高收视率的剧目提供决策依据和资源保障。

在赵依芳看来，华策的优势在于品牌、渠道、经验以及上市公司的背景，而克顿是"新锐型、数据型、技术型的公司"，双方非常互补。重组后华策影视将自身丰富的行业经验、成熟的营销体系、有效的风险控制体系和克顿传媒"大数据"应用的优势充分结合，实现优势互补、强强联合，并成立研究院进一步开发和完善克顿原有的"影视资源管理系统""评估系统"以及"受众反应调研系统"，在发展战略、品牌宣传、创作制作资源、数据库资源等方面实现更好的合作，推动集团公司及旗下包括克顿在内的各子公司品牌的巩固发展，形成"品牌森林"的效应，使公司既具有文化创意产业的创造力和资源的集聚优势，又具备"数据挖掘+顾问研究+整合优化+全程控制"的专业化、工业化、智能化的生产流程，从而实现影视业务创造力与智能化的有机结合，推动影视业务生产模式和营运模式的升级。

经过一年多的融合协同，双方实施了"策划+投拍+外购+发行+储备"的滚动式发展战略，已形成深度融合和规模优势。在"一剧两星"政策转型期，华策影视能够逆势增长，其中克顿传媒2014年业绩增速超40%功不可没，充分证明影视行业双强已实现深度融合和业务协同，共同创造出《何以笙箫默》《杉杉来了》《卫子夫》《爱情公寓》《小时代4》《重返20岁》等爆款IP（Intellectual Property，知识财产）系列，并开始尝试运营IP创新商业模式。《何以笙箫默》与天猫合作首次尝试以T2O的模式进行了男女主角同款衣品的销售，同时凭借植入广告控制大制作电视剧成本，该片已成为国产电视剧全产业链开发的"样本剧"。

合作才是大势，在赵依芳看来，中国影视市场仍处于初级阶段——其中一个表现是"每年有那么多电视剧，可是观众还是觉得没什么好看的"——产业升级迫在眉睫：一方面，中国政府正在努力推动文化产业发展；另一方面，互联网和数字技术，也对企业提出了更高的要求，"消费者的需求很大，但反过来要求更多，你有这个本事，市场就上来了"。企业间的合作是推动产业升级的最便捷的方式，可以迅速带来内容的提升以及产业链的完善。"华策以后可能还有第二个克顿。"

近几年，华策频繁出手，除收购克顿传媒外还有诸多领先业界的布局之举，如成立华策爱奇艺和星之艺人经纪公司，投资韩国领先电影公司NEW并成立合资公司华策合新，入股高格文化、合润传媒、天映传媒、郭敬明旗下的最世文化，成立华策影业，引入百度和小米等战略投资者，不断使出华丽的"组合拳"，打通影视产业链上下游。

赵依芳透露，华策公司计划未来每年推出5—10部与《何以笙箫默》同等甚至更重要IP级别的电影和电视剧，打造一个全球大IP运营平台，在未来三年内将吸引优秀人才，在全球范围内收购、运营内容团队，强化渠道合作及品牌营销力度，提升电视剧、电影、综艺、新媒体等全内容领域大IP运营和发行能力。

二次创业

华策影视办公室的窗外，正是西溪湿地秋日的风景，不过，赵依芳可没太多时间去欣赏它。

在接受记者采访前的20分钟，她刚刚抽出时间去吃午饭，那时已经是下午两点。

从创业开始，赵依芳几乎每天都是这么忙碌。当年，每天看剧本要看到深夜；而现在，则忙得连看剧本的时间也不多了。

作为影视行业最资深的民营企业家之一，赵依芳几乎和这个行业一起经历了从小到大的成长过程。回望整个过程，赵依芳不记得遇到过什么样的困难，一直比较顺，但她的一些性格特征仍可在这一过程中窥见。

1992年，赵依芳辞掉浙江省东阳市广电局副局长等职务，到省城杭州"下海"。同一年，一大批体制内的人离开体制，下海创业，他们中诞生了陈东升、冯仑、王功权、潘石屹、易小迪等一批当下著名的企业家，后来这些企业家被称为"92派"。

赵依芳把自己下海的原因归结于新闻人的职业敏感性，觉得未来不做官员也挺好的："我这样性格的人，在体制内做事情，是做不好的，因为有太多想法想要实现。"

不过，体制内生涯还是在她的身上留下了烙印。一个例子是，前两年，穿越剧最火的时候，华策手头也有穿越小说的版权，但赵依芳硬是压掉了这个项目，"我相对还是保守点，当时穿越剧太热了，多了就乱，我心里就不踏实"。

下海之初，赵依芳在浙江华新影视公司任总经理，其间开发了中国第一个证券类节目《今日证券》，浙江华新还成为第一家拿到拍摄电视剧甲种经营许可证的民营企业——1995年，拍摄了14集连续剧《子夜》，当时投资只有几百万元。2005年，赵依芳带着部分骨干自主创业，成立浙江华策影视有限公司。

一位曾与浙江华策合作过的业内人士告诉记者，自主创业的赵依芳展现出了极强的魄力和对新事物的接受程度。"她看准的项目，出手很果断，有时甚至会出人意料。"

借助之前积累的经验、资源和根植于血液中的创新激情，华策发展的速度很快，2010年10月，华策在深圳创业板上市。但她不认为自己只是一个企业家，"赚钱并不是最终目的，而是心里想要做些事情"。

做大在几年前曾是华策的首要任务，因为"你到了1000集的时候，想象空间是很大的，衍生的产业链很大。你的艺人、广告资源可以开发，你的品牌授权可以开发。这是以内容为核心所产生的利润。同时优秀的研发团队一起来开发产业链，由产业链产生更大的利润。"几年前，赵依芳就想象过华策产量到1000集的景象。

1000集应该还不是终点。赵依芳知道，只有做得更大，才能让公司对全产业链有更大的辐射能力，同时才可能有资金和资源去创作和国际接轨的作品——而作品才是通过市场手段在境外推广中国文化的核心。但对于现在的华策集团和赵依芳来说，做大不再是最重要的理想，而是一个过程。华策要做的是更大的事业，积极抓住"互联网+"的风口顺势而为，推动全集团理念创新、手段创新、渠道创新、模式创新，围绕互联网、新媒体、全球化等发展趋势，采取包括投资经营、战略合作、股权并购等多种方式，重新定义传媒生态和产业，向互联网及移动互联网等新兴内容传播、产业平台等服务扩张。华策通过互联网化改造提升全媒体传播影响力及"SIP"（超级IP）两大战略，希望彻底打通电影、电视剧、综艺、艺人经纪、游戏、电商衍生等全产业通道，连接互联网和影视娱乐，以先进技术为支撑、内容建设为根本，构建形态多样、手段先进、具有竞争力的新型传播渠道，推动传统媒体和新媒体在内容、渠道、平台、经营等多层面的深度融合，并将主流价值观植入年轻人喜闻乐见的内容，以积极活力、青春灵动的互联网传播形式，创造SIP全内容开发的完美案例，为行业提供具有借鉴意义的前瞻性探索案例。

赵依芳认为，发挥领军企业的作用，提升中华文化的国际竞争力，是华策国际化发展战略的核心和目标。国际一流制作班底+中国元素故事+中外演员合作的模式，相信会让中国创作和中国文化进一步提升国际市场的影响力。

或许，这已经不只是市场需要的故事，而是华语影视领军者为实现中国梦一个始终不渝的理想。正如赵依芳在谈到自己对华策集团的定位时说的那样，华策一定会坚持内心不变，致力于成为一家有文化理想、使命和责任的企业，成为对国家民族文化价值有传播力、有贡献力的企业。

对话

Q：《杭州日报》

A：赵依芳

Q：您已经被称为影视女王，但您说自己还在创业期，您的激情来自于哪里？您如何评价自己？

A：激情源于对于影视行业的热爱。我的最大理想还是想把华策集团做大做强，成为一家有文化理想、使命、责任的企业，成为对国家民族文化价值有传播力、有贡献力的企业。未来我们要成为世界一流的华语传媒集团。我们赶上了第四次的科技革命浪潮，我们现在有了这么好的平台和系统，我们用10年的时间积淀了这么好的团队，我相信我们在移动互联网的又一轮创业期会更上一个台阶。

Q：在影视圈里，大腕以男性居多，你和他们谈判有什么技巧？

A：我觉得我在这个圈子里特别有优势啊，大家都会帮我，对我都特别好。有时候，我说话很重，他们也不会生气，男的怎么能和女人生气呢。

Q：有没有碰到过特别难搞的导演？

A：导演难搞是肯定有的，他们是搞创作的，有自己的坚持和执着。你这个时候要先理解他们为什么要这么做，在尊重艺术家、尊重创作的前提下，再和他们商量，明确自己的诉求，很多事情都是好商量的。导演自己也会反过来想想，理解投资人的要求。最不能说的一句话就是，"怎么花这么多钱"，这往往就搞砸了。

Q：对于女性企业家来说，家庭和事业常常是个矛盾，你是如何处理这个问题的？

A：别把事业当事业，别搞得很神圣，把它当成你的爱好，当成你的人生过程，当成你家里的一部分就可以了。

**企业
名片**

国内影视文化领军企业浙江华策影视集团，成立于*2005年10月*，*2010年10月26日*在深圳创业板上市，连续荣膺全国文化30强、蝉联国家文化出口重点企业。该集团以电视剧、电影、综艺节目三大影视内容为核心，构建涵盖知识产权运营、电子商务衍生品开发、艺人经纪、整合营销、院线建设、渠道经营、文化创意园区开发、产业投资等领域，全内容、全媒体、全平台、全产业链运营的国际一流华语娱乐传媒集团，为观众提供最受欢迎的娱乐体验。

赵锐勇：打造长城影视帝国

□ 肖向云

采访赵锐勇并不容易，这不仅因为他奉行"踏实做事、低调做人"的原则，还因为2013年长城影视借壳江苏宏宝上市，给股市掀起了波澜。因此自上市以来，他谢绝了所有媒体的采访要求。

2014年1月16日，江苏宏宝重大资产重组方案通过证券会的审核，赵锐勇松了一口气。"现在上市的阶段性任务算是完成了。"赵锐勇说，早在2009年，江苏宏宝就开始谋划上市。在他看来，实体经济必须要和资本市场对接共舞，才能做强做大。

当然，如果长城影视仅局限于电视剧拍摄制作，是并不差钱的。但如今的长城影视，已是一个综合性的传媒集团——在浙江诸暨、河北石家庄和安徽滁州建设三个影视动漫旅游创意园，占地数千亩，全部建成需要上百亿的资金。未来，长城影视还将向电影市场进军。

也许你没有想到，这样一个大集团的董事长，只上过四年小学，是放牛娃出

身，26岁时还是一个学徒工。

"他是我们的精神导师。他本身就是一个传奇。"有员工这样评价他。

从放牛娃到一级作家

接受采访的这天，阳光很好，气温十几度，而赵锐勇仅穿一件衬衫和薄外套，神采奕奕，丝毫看不出他已60岁了。

1954年11月，赵锐勇出生在浙江诸暨乡下一个茅屋之中，祖辈世代文盲。小学四年级时，遭遇"文革"，他辍学回家。

孟子曾说："天将降大任于斯人也，必先苦其心志，劳其筋骨。"在乡下的十年间，赵锐勇起早贪黑地干活，包括放牛、捡牛粪、拾煤渣等。虽然苦累，却也让他练就了一个好身体。当然，他并没有放弃读书，没有课上就自学。

过了放牛的年纪，赵锐勇开始走出农村去打工，做代课老师、铁路临时工等。但不论走到哪里，他的行囊里总是揣着书本。

1976年，新的时代来临了，一大批乡镇企业诞生了。赵锐勇去了诸暨城关一家农机厂做了三年学徒工，月薪14元。那时，赵锐勇业余开始进行文学创作。有了十年的自学以及丰富的生活阅历，赵锐勇频频在全国各大文学期刊发表小说、话剧等作品，也屡屡获奖，很快就成了诸暨小有名气的作家。

1980年，赵锐勇调到诸暨广播站做记者。说是记者，其实也是临时工，因为他没有文凭。直到五年后，赵锐勇才作为特殊人才，"农转非"，成了一名有编制的"干部"。

1990年，赵锐勇受命筹办诸暨电视台，后来成为台长。这一年，赵锐勇被破格评为国家一级作家。

从"浙江之光"到"共和国之最"

1995年，赵锐勇从诸暨电视台调任浙江省文联主办的《东海》文学杂志社任社长兼主编，也就是现在的《品位》杂志。

当时的《东海》，已经处于亏损状态，人心离散，急需救治。赵锐勇之所以来到杭州，一方面是省文联领导的热烈邀请，另一方面，他觉得，自己还是喜欢搞创作，不喜欢做行政。

不过，作为一本省级文学杂志的一把手，还是有很多行政事务缠绕着赵锐勇。"这是一条不归路。"赵锐勇很是感慨。也正是这个选择，最后让他走向了影视业。

赵锐勇主持《东海》后，很快就显示了他超凡的经营管理能力。1996年，他拉来赞助，设立了"东海文学奖"，第一届奖金30万元，第二届50万元，是当时国内奖金最高的文学奖项，形成了轰动效应。"第一届金银奖是史铁生和余华。第二届金奖得主是莫言，这也是他获得的第一个有广泛影响的文学大奖。"赵锐勇回忆往昔，十分欣慰。

1997年，浙江省文联办了一个浙江影视创作所，让赵锐勇来操办。其实，这个所只有一块空牌子。当年10月，他集资300万，租了办公室，在《杭州日报》分类广告里刊登招聘启事。

1998年，影视创作所正式运作。"最初是和一家电视台合作，开了一个'浙江之光'的栏目，介绍浙江知名企业。"赵锐勇坦言，这种模式在当时效果很不错，当年就盈利数百万。

1998年下半年开始，赵锐勇开始拍纪录片，第一部纪录片叫做《共和国之最》，100集，向新中国成立50周年献礼，前后有400多家电视台播出，还被外交部作为国庆献礼观摩大片，在200多个国家和地区播出，经济和社会效益双赢。

在后来相当长的时间里，影视创作所都是以做纪录片为主要业务。目前长城影视拥有国内最大的纪录片库，总播放时长达12万分钟。

从国有控股到民营腾飞

2000年，为了适应市场经济发展的要求，浙江影视创作所改制组建了浙江长城影视有限公司，国有控股企业性质，赵锐勇是第二大股东，依然是领头人。

到了2005年，随着影视行业竞争态势的加剧以及影视行业的特殊性，原来的事业单位的体制机制束缚了公司的转型与发展，公司面临难以为继的困境。"你想招揽人才，但没有编制和相应的待遇人家不会来；你想融资，银行不给你贷款，外部资本也进不来。"赵锐勇说。

2007年，长城影视改制成一家民营企业。轻装上阵的长城影视开始酝酿新的突破。2008年，改制后的长城影视投拍了第一部电视剧40集的《红日》。不过，公司改制后还处于资不抵债的阶段。那年国庆，正在拍摄中的《红日》剧组钱花完了，公司账户上也没钱了，一些大牌演员闻讯慌了，怕拿不到片酬，以停拍为要挟，催着赵锐勇给钱。剧组面临停拍的险境。

赵锐勇一边继续利用自己的人脉资源去借钱，最后连老父亲的20万元积蓄也拿来了，一边又争取电视台预付了部分购买播放权的款项，总算度过了危机。

赵锐勇没有辜负投资者的信任，《红日》赚钱了，利润达2000万元，首批创投按十倍溢价以两个亿的市值投资长城影视。企业终于走出了改制后初始创业的最艰难时期。

这个时候，赵锐勇意识到，实体经济要有大的发展，必须和资本市场实现对接。即时起，长城影视开始谋划上市。

2009年之后的长城影视，走上了高速发展的道路。拍摄的电视剧集数从2009年的40集，迅速上升到2012年的283集，2013年达496集，2014年计划拍700集。公司2012年度营业收入达4.37亿元，净利润1.42亿元。

2013年8月，长城影视借壳江苏宏宝上市的行动，使后者曾出现连续12个涨停板。截至2014年，江苏宏宝的股价仍保持在30元以上，市值已近180亿元。

从单打独斗到团队作战

对于长城影视来说，最大的价值是人，赵锐勇本人就是公司最核心、最宝贵的资产。一般影视公司的掌门人对题材的把握与创作不在行，失误的概率比较高，只能走大众化的路子，而作为国家一级作家的赵锐勇，对剧本创意、创作、拍摄、剪辑制作、包装发行等全流程，事无巨细都亲自处理，所以看问题的高度总会超过其他人。他常常工作到半夜，吃个泡面，睡上几个钟头，第二天一早，又精神抖擞地出现在公司。这种状态让公司所有人都自叹不如。

也许听说了这种传闻，在借壳上市过程中，证监会的人如此询问赵锐勇：你作为最大股东对整个公司的原创度也最大，你是怎样考虑的？

如果早几年，赵锐勇也许很难回答这个问题，但现在，情况其实已经发生了变化。他的回答是："我把原创分为三个阶段，第一阶段是以我为主，第二阶段是我和团队一起做，第三阶段就会以团队为主了。而目前，正处于第二个阶段。"

此话不假。长城影视现在拥有由20多个专业作家组成的编剧团队，还有专业人士负责剧本统筹。每一部电视剧创作之前，赵锐勇和团队都会充分讨论各种市场可能性，这个讨论和创作过程又是迅速的。在他的训练下，编剧们也养成了快节奏的思考、创作的习惯。

最经典的例子是2012年在湖南卫视等多家电视台热播的《隋唐英雄》，两部100多集，从策划创作到开始拍摄仅一个月时间，而完成所有剧本创作和拍摄也只有三个月。2014年1月28日，《隋唐英雄》第三部又在湖南卫视黄金档播出。

"你看，我们这边还在讨论剧本，那边就在搭台布景了。"赵锐勇拿出手机，给我看在前几天在河北长城影视动漫旅游创意园拍的照片。

如果用一个词语来概括长城影视的运作，可能就是"多快好省"。

长城影视的优势还在于，投拍一部电视剧，从剧本创作、拍摄、剪辑制作、三维特效、包装宣传、发行等全流程，均在公司内部完成，不需要外包。这就保证了一部剧的产生，既迅捷又有高品质。

"经过十多年的积累，我们清楚地知道做什么样的剧能够投入产出最大化。这种模式人家很羡慕，但无法复制。"赵锐勇希望长城影视未来能成为"邵氏电影"这样的"影视帝国"。

对 话

Q：《杭州日报》

A：赵锐勇

Q：您最欣赏哪一类人？

A：我用人都是以公司利益为原则，我重用的人也许并不是我喜欢的人。文化产业涉及面相当广，单一的人才很难胜任，最需要的是复合型人才，尤其是管理层，最好是社会阅历丰富、为人身段柔软的人。导演最好有较强的文化功底，又懂市场潮流、美学、剪辑制作，能欣赏时下很潮的东西。

Q：听说您每天工作到半夜，您会如此要求员工吗？

A：工作任务太重，白天完不成只有晚上做。事情到我这里没法推。去年将近500集的电视剧，每一集剧本要审读，有的剧本还得一改再改，平均每天至少两集的阅读量。单这一点，一个晚上的时间就消耗掉了。于是工作就变成生活的全部了。对普通员工是不可能这么要求的，但对管理层我会有更高的要求。

Q：您喜欢怎样的电视题材？似乎长城影视拍摄的电视剧更多的是男人戏、英雄戏。

A：不是我喜欢什么就拍什么，而是根据市场需求来创作的。我也希望能拍一些正剧，拍一些有品位有经典价值的电视剧。但在这个时代，观众群的生存压力大，他们更喜欢轻松一点的喜剧，能释放一点压力。说实话，我的生活质量并不高，所以对生活类题材没有太多感觉，这样的剧本看着也烦。而且这种题材因为投资规模相对小，同类产品太多，同时收视保证性低，淘汰率更高。所以我们宁愿做那些投资规模大一点，收视保证也大的题材，如战争剧、大型古装剧，一般的小公司很难操作。这也和我们创作团队的特点有关。

Q：您决定投拍一部电视剧主要取决于什么？

A：这十多年来，几乎每一部剧都是我自己选定的。最主要考虑的还是下一年度的电视剧市场收视的大趋势。就像服装行业一样。我们要分析市场，做出预判，提前布局。我平时没时间去书店，大量时间都是飞来飞去。所以我经常会在机场的书店买书。看到好的作品，就去和作者联系，合适的我们就签约。我们不少编剧就是这样发现的。

Q：听说您从没有辞退过一个员工，有人还是多次进出？

A：有时候我也骂人，而且很凶，但骨子里觉得大家活得都不容易，人才难得，每个人都有他的长处，有些问题解决了就好了，没必要非得开除。我们当时取"长城"这个名字，寓意就是"不到长城非好汉"和"万里长城永不倒"。只有员工自己提出来要走了，留不住了，才让他走，而且离开了我们还是朋友。有的是四出五进，出去闯荡不成功又想回来，我还是会接纳他。

Q：今年您60岁了，又是您的本命年，您觉得现在的您和以前有什么不一样？

A：什么也没有变，就是更忙了。

**企业
名片**

长城影视集团，全国最大的影视传媒机构之一，拥有"长城影视""长城动漫""天目药业"三家A股主板上市公司。2014年生产电视剧496集，历年来拍摄的电视纪录片上千部集，为中国目前最大的纪录片拍摄生产制作基地和片库，拥有国内最高资质的电视剧制作甲种许可证，也是全国唯一能直接申报重大革命历史题材的社会民营影视公司。迄今已拍摄数百部电视剧，是国家文化产品出口重点企业、杭州市服务业百强企业、中国新兴产业500强企业。

朱明虬：思美传媒的新征途

□ 朱青　王浩

2014年，朱明虬带着他的民营传媒集团——思美传媒登陆深交所，这是IPO重启以来首家获得批文的广告服务类机构。30余个交易日，思美市值即翻番，投资者皆大欢喜。

从当年的"三人小作坊"走到市值50亿元的传媒集团，朱明虬完成了从广告人到"资本家"的转换。这同他对商业的思索有关。商业是改造社会的一种有效方式，而思美正是他作用于传媒行业和浙江民营经济的方式。

一

1月10日，思美传媒在上海国际会议中心举行首场路演。朱明虬如同所有参加路演的"上市新贵"们一样端坐于主席台一侧。

主持人示意他在红色册子上签字并与其他两位股东合影，这时候，脱掉西装起身的朱明虬引起了一阵惊叹：米色西装马甲，呢制格子裤，搭配锃亮的红色皮鞋。即便是见惯路演世面的媒体同行们，也会记住这个着装大胆的上市公司老板——风格鲜明得像个艺术家，在清一色沉稳的深色套装间显得尤为另类。

"上市公司老板就必须是西装领带吗？"朱明虬反问我们。在他的造型哲学里，没有什么是约定俗成的，相较中正沉稳，他更想表达"自我、自信和个性"。

对于熟悉他的人而言，他像是一个从画报中走出来的人物。他只留很短的头发，圆脸，圆鼻子，下颚留一小撮胡子，总是架着一副夸张的框架眼镜——如果你在一天中仔细观察，会发现他戴的眼镜经常不大一样——他的黑色工装大书包里每天都会备着四五副，以适合不同的场合替换。他喜欢尝试各种各样的新搭配，比如采访这天的红色花衬衣和艳绿仔裤，以至于办公室的年轻人总是暗暗期待"今天老板会有怎样的新潮打扮"。

朱明虬享受自己的形象在人群中造成的震荡效应，"作为一个广告公司老板，有什么比传达年轻活力和无限可能更为重要的标签呢？"他的突出风格也使得他更容易在人群中投射印象，在广告行业里，客户天南海北，个人辨识度也成为攻关利器，"得让人很快记住你"。

他比年轻人更快地学会使用微信、微博包括少为人知的隐藏功能，通晓最流行的韩剧和"初雪、啤酒和炸鸡"。他乐于表达他的新潮想法，他的"90后"朋友们也喜欢和他交流，"因为没有代沟"，他身边一位负责媒介的女孩告诉我们。

必须承认他目前的成功不是没有理由的：他身上拥有无穷尽的精力和好奇心。

每天6点15分准时起床，8点前进入公司，开始在八卦田间快走。朋友们笑称这种运动"吸取天地精华"。

即便是玩乐和消费，他也用心去观察传播的渠道和方式，在他看来广告是个消费行业，"任何新事物的流行都蕴含着消费群体需求的变化，而这种体察对于如何更好地服务客户有莫大助益"。

他鼓励员工不断去"恋爱"——做广告行业，你需要对任何新生事物，对客户有恋爱的心态。"就好像追一个女孩子，你知道她住哪里，你可以好几天好几个小时等在她楼下，然后女孩子被感动了，下楼了，你递给她一束花，你们可以有一个很好的开始。"

朱明虬讲述这些的时候，洋溢着一种显见的热情。

这种游走在创意和生意之间的创造性快乐让朱明虬着迷：一开始是"误打误撞"进入广告行业，接下来是"让生活舒适一点的手段"，现在则是"能够从中获得乐趣和成就感"。

朱明虬属龙，生于20世纪60年代，但在访谈之间，你会觉得他更像一个"70后"。

二

14年的思美生涯中，朱明虬数次扮演了"第一个吃螃蟹的人"。

2000年，朱明虬攥着一张大额支票，敲开了央视索福瑞的门，这是当时少数几家提供行业和市场数据分析的专业机构之一。那时候的朱明虬西装领带，一如我们想象中的外企高级白领。

他掏出一个小本，上面记录着他需要的数据类型，比如投放监测、到达率测算模型、互动反馈等等，他反复讲解着他需要的商业数据报告，某些细节让专业人员都觉得颇为新奇。数据机构的员工好奇地打量着这个人，他们想这大概是某个4A公司新上任的媒介购买经理，也许有着海外留学背景——要知道即便是再大牌的客户，在15年前也没有要求广告公司提供如此详尽的专业数据分析报告。

朱明虬拿回这几页代价不菲的报告，迅速制作了一份详尽的提案，不仅包含常规的购买折扣和投放范围，更有完整的品牌在浙江区域推广的市场预期调查。这种超过期望值的努力为他博取了某知名饮料公司的青睐，从一点零散的投放开始，这个快消品大客户越来越多地将品牌服务交到思美手里，另一些巨头的单子也随之而来。

同行们对朱明虬花大钱买数据的行为付之一笑。在他们眼里，这几百万元可以购买一座要多好有多好的别墅，也可以代理好几个城市台整年的广告，甚至可以用来公关更多的客户渠道：要么置业，要么扩大代理地盘，而购买数据简直是个"傻瓜的决定"。

如同广告行业很多资深人士一样，朱明虬深刻明白人情在这个行业中的作用，但这些并不是决胜的所有原因。他比大多数人更早地意识到行业竞争的走向以及随之而来客户对专业服务的要求。

命运总是青睐执着的人，当他们显得不那么计较即时回馈时，一些好运便纷至沓来。随着广告行业的竞争加剧，一些原本由人情维护的客户，逐渐追求更为专业的服务，毕竟对这些市场部掌管购买权限的客户经理来说，他们也面临着更为严格的市场业绩考核。

2007年，思美开始股份制运营，朱明虬将核心团队打造成一个规范的机构，各司其职。自己则选择到复旦大学进修EMBA，将自己放在了一个新生的位置，向班级里那些同样出色的企业家们讨教运营之法。然后，他开始酝酿思美与资本市场的对接。

这些举措在当时并不总是被人褒奖，但朱明虬却以无畏和开放的心态去进行最初的尝试。"很多人做企业的想法，是快，超前，我觉得只要快人半步就足够。"他并不固守于一时的利润累积和规模成长，而总是在思考企业持续发展的各种可能。

从当年的"三人小作坊"，到中国首个上市的民营广告公司，这样的轨迹，差不多勾勒出一代人的"广告梦"。朱明虬将思美的顺利发展，归功于开放的思维和一点傻瓜的心态。"做企业是需要一点耐心的，把不合时宜的决定坚持得久一些。"

这种"傻"，其实是很多人难以理解的坚持。

我们见识过很多独领风骚的精英分子，他们是各个时代的弄潮儿，从改革开放中慷慨激昂的引领者，到集体时代春风得意的理想主义者，又或者资本时代里抢占先机的胜出者。但真正困难的是，一个人在每个阶段都恰巧走得快一些，能够快速适应变化和革新，不但适应，而且理解，进而从理解演变为积极参与和略胜一筹。

朱明虬和思美的成绩显然不只是因为一点儿运气。

三

上市？

为什么上市，标准答案是"我们看好中国广告市场接下来的增长和市场容量，同时响应文化创意产业战略升级要求，获得持续发展的可能"。

在2009年前后，浙江电视行业广告代理的格局产生微妙的变化：更多的广告主倾向于投放覆盖率和收视率更好的卫视媒体，而金融危机产生的激荡以及新媒体格局的变革，使得城市台广告代理商的利润空间受到挤压。

很多小型广告公司不得不揣着收成好的年头攒下的存粮黯然退市，另谋出路。

朱明虬又一次走在前头。思美从2007年开始规划上市。

朱明虬承认，思美从广告公司到全媒体营销服务商的蜕变需要时间。在他的设想中，思美的核心业务要完成包括媒介代理、品牌管理、户外媒体运营、影视娱乐营销、数字营销在内五个板块的均衡发展。

一个困扰很多广告商的难题是，致力于提高现有产品的品质和效益，还是扩大规模以覆盖更大市场？

朱明虬对首期募集资金2.7亿元的投向成竹在胸。他在等待上市的漫长时间里，对公司版图的规划已经想了数十遍，现在不过是将之付诸实行。

据他介绍，其中2亿元将用于补充流动资金，扩大规模。他时刻关注着行业里一些新的动向：比如时下小米盒子、天猫电视进入日常家庭，越来越多的人选择在网络上观看节目。他意识到"互联网对传统电视媒介冲击日益加剧"。

其余的7000万元，将被用以筹备广告标准研发中心——这是朱明虬的一个梦想："将资金投入到行业标准研究，也是一种从中国制造到中国创造再到中国标准的升级。"现有的市场化广告测评体系和数据都是舶来品，西方标准和中国广告行业现状有背离，朱明虬希望能对此有所改变。

看来，他试图在广告行业里留下的不只是一个成功商人的美名。

思美的入市选择了一个最恰当的时点，文化传媒获得政策和金融支持的利好不断，二级市场表现出色，从股价K线看，从25.18元的发行价一路高升，目前维持在55元左右的高位。

但这位资本市场的新贵不介意人们关注他的身价。因为在他看来，眼下谈论财富不过是一个浮动的数字，即便在三年解禁期结束后，他也不会大幅减持套现。思美于他而言是一项事业，他希望伴随着这个由他一手打造的传媒集团，登顶行业最高峰。

他热爱这个行业，也对同样热爱这个行业的人们报以友善。为了积聚更多的人才，他划分了相当比例的股权作为入伙的激励，他推崇革命年代的那句"打土豪，分田地"，这时候他就像个热血青年一样，召唤着伙伴们为了未竟的事业努力。

"一个人可以走得很快，但一个团队可以走得更远。"朱明虬说。

"为什么中国不能有自己的广告品牌？为什么我们没有奥美，没有WPP，没有电通？"

这位关系到400多个饭碗和更多股民利益的水瓶座（据说是最合适从事广告行业的星座）老板，在一个原本无意从事的行业走到如此之远，要知道，在浙江生存超过20年的民营广告公司本就凤毛麟角。

愿景很远，又很近。他做的很多选择在当时都显得不那么合时，却都美梦成真，这让我们对这番豪言壮语有了更多的期待——是啊，谁说不能呢。

企业名片

思美传媒股份有限公司，作为IPO重启以来首家获得批文的广告公司，是"民营广告第一股"。同时也是继蓝色光标、华谊嘉信、省广股份之后，第四家完成上市的广告公司。作为中国综合服务类一级广告企业，思美传媒连续多年位列浙江省广告公司营业额第一，在国内广告公司中亦处于领先地位。思美传媒经过十余年的发展，已成为浙江地区领先的区域型综合广告公司。公司是国内外4A公司在浙江和华东地区的主要合作伙伴，营业额连续多年居浙江省行业第一，在全国广告公司按规模排名已进入TOP20（2012年排第19名）。在巩固浙江地区市场地位基础上，思美传媒不断进行业务升级优化，并在逐步开拓全国广告市场。

郭丛军：快慢之道

□ 庄小琴

从篮球、足球再到高尔夫球，九好集团的董事长郭丛军跟球有着不解之缘。

早些年，他穿着9号球衣，在球场意气风发冲锋陷阵；现在，他热衷于在高尔夫球场，心无旁骛，沉着挥杆。

前者讲究合作与进攻，后者讲究冷静与耐性，两种运动对参与者的要求截然相反，可是郭丛军却在快慢之间游刃有余，并且乐在其中。

回溯郭丛军的个人经历，从出身农村、贩过猪卖过药的销售员，再到如今市值上百亿元公司的领导者，不难发现，快与慢，既是他的球道，也是他的商道。

"做销售就是做人，要勤快"

郭丛军是做销售起家的。

1999年，杭州的楼市刚进入市场化阶段，马云的阿里巴巴也刚起步。正是这一年，24岁的郭丛军怀揣1500元，在绿皮火车上颠簸了30多个小时，从四川广元的一个小山村来到浙江这片充满生机与活力的土地。

他是一家川药企业的业务员，奉命开拓浙江市场。

此前，浙江市场没有人愿意接。一是有人认为浙江人不容易接受川药，浙江被认为是最没有前途的市场；二来浙江的开销大，1500元的经费在西北城市可以生活得很从容，但在浙江，往返的卧铺车票就要占去1000元。

但两年后，他把浙江这块市场做成了最好的市场，并且保持了年年第一的业绩：这些是真刀实枪地跑出来的，"从来没有给医院送过一分钱"。

秘笈是什么？大概只有一个字：快。所谓天下武功，唯快不破。

一是他只用了一年多的时间，在人生地不熟的浙江，便走遍了所有的县级医院，在杭州，甚至拜访了周边的乡镇医院。直到现在，他还清晰地记得绝大部分的县级医院的地理位置。

二是随叫随到，只有提前，从不耽误。他认为，"做销售就是做人，要勤快"，自称无学历、无资金、无关系的"三无"人员，但最不缺的，就是勤快和诚意。对于每一个有缘认识的人，他都真诚相待，观察他们的困难和需要，需要自己时从不推辞。很快，他交到了很多朋友，而其中一些朋友后来也成了他事业上的贵人。

面对业务，则更是来得快。有一回好不容易约齐某县几家医院的院长，给他们展示和讲解新产品。原准备当天一早赶过去，没料到天气预报说当天大雾，于是半夜12点，为了赶在大雾之前赶到兰溪，他将一辆小"羚羊"开到了160码的速度。

说起此事时，郭丛军说，这肯定是违反交通规则的，不可提倡，但足以说明当时想做出业绩的心情有多么急迫。直至现在，他还像对待古董一样保留着当年的这辆小"羚羊"。

"没有一蹴而就的创新，要耐着性子不断试错"

郭丛军从不讳言自己就是个急性子："等哪天成了一个高尔夫高手，就说明我把急性子给改好了。"

对于一个急性子，尤其还是想成就点事情的急性子来说，困局可能是最令人抓狂的事情。在医药流通领域打磨七年后，以快制胜的郭丛军遇到了他急不得的困局。

很多成功的企业家都是从优秀的推销员成长而来，2006年，郭丛军学会了如何战胜别人的冷漠和拒绝，如何了解对方的需求并让别人接受自己的思想，如何与人灵活相处……已经有了相当的历练和一定的资金积累，郭丛军开始了真正意义上的创业之路。

他先后在医药、外贸、房地产、办公用品等多个产业领域进行了尝试，直至2007年成立九好集团，壮士断腕式地将公司业务集中到了办公耗材领域。起初，凭借此前积累的市场开拓和经营管理能力，他带领仅几十人的团队，将年销售额冲到了数千万元，但是利润非常微薄："纯粹就是一客户买卖，累到不想干了"。

2008年，九好被迫进行第一次转型，提出"办公托管"概念：企业将一年需要的办公耗材给我承包掉，只需要给九好一个打包价，类似于自助餐的概念。

转型尚算成功，到2009年年底，客户量上升到上万家，销售量也做到了1个多亿。但问题又来了，这一下，九好一不小心做成了一个劳动密集型企业——公司不仅在各个城市设立自己的仓库和物流，更是动用了几千员工为这上万家客户服务。人力成本、中间环节吞噬了所有利润。

"这是一段血泪交织的痛苦历程，"郭丛军说，"一方面确实积累了很多客户资源、供应商资源，但另一方面，它却产生不了利润。"

直至2010年，凭借此前的两次转型的经验及敏锐的商业嗅觉，他悟出了"后勤托管"概念。

这个创新的商业模式是这样的：平台一端对接着客户，一端连接着供应商——对于客户来说，与其投入大量人力物力、投入几十百号人用于整个后勤管理，还得为监控采购环节腐败而头疼，不如直接打包交给九好做，不仅省心而且省钱；而平台的另一端，则集结了跨行业、跨品牌的众多供应商，形成一个"后勤物联网"，为客户提供全方位后勤托管服务。

从此，九好开始了顺风顺水的发展，而郭丛军也因此被誉为中国行政后勤事务整体打包承托第一人，一手开启了"大后勤时代"。

"从来就没有一蹴而就的创新，"郭丛军说，"你要耐着性子不断试错。"

"有些事需要快速处理，有些事需要足够的时间和耐心"

郭丛军首创的这个"后勤托管"模式，优势在于整合了上下游资源，掌握了整个后勤产业链的话语权。在这个托管平台上，通过九好的资源整合，客户不仅能够节省财务成本，精简和优化人力资源，还能享受到更优质的后勤服务；供应商则在这个平台轻松实现市场增量，还省去不少推广费用。

这个模式自确立起，就显示了强大的生命力，平台销售实现每年翻一番的业绩。"做办公托管时，上千员工做1个亿，2014年我们四五百人的团队做了100多个亿，今年要做200亿。"郭丛军告诉记者，按第二个五年计划，到2017年，九好要完成千亿平台的目标。

目前，经瘦身优选，这个平台聚集了1400多家供应商，有后勤托管需求的客户达到3800余家。客户囊括了大企业、银行、部队、医院、学校这样的优质资源，而一些世界500强企业既是平台上的供应商，又是客户。

2014年，公司共签下四个托管总额超1亿的大单，单笔托管金额已达4.4亿。

九好不仅仅是平台提供者，更是平台管理者。

而对于管理者郭丛军来说，有些事是慢不得的，比如平台上的客户提出的投诉，供应商暴露出的需要改进的细节等，"这些问题，一定是在发生后立即处理掉"。

但如何对平台上的供应商进行管理与提升，九好集团又是用了足够的时间和耐心制定规范的管理制度。

郭丛军举例说，九好会制定详细的准入条例、入驻流程，再按入驻的供应商的服务能力与承载能力，将供应商分成"甲、乙、保障"三级。一旦客户将行政后勤交由九好统一管理后，九好会根据数量、服务期限等标准挑选合适的供应商提供服务，并对供应商的服务进行监督和考核。对于保障级的供应商，九好会帮助其建立质量管控体系，提供行业内先进的标准，帮助供应商实现自身的发展。

九好正在进行的动作是，面向社会招募100名监督员组成单立监督体系，平台上的一旦有客户投诉，监督员立刻启动调查，并形成相对比较独立公正的调查报告，以促使供应商不断提升服务水平。

"以前是快节奏的乱忙，现在是从容的忙"

对于九好的未来，郭丛军慢悠悠地用了四个字：拭目以待。

"阳光化采购是大势所趋，尤其在当前反腐倡廉的大背景下，将后勤事务全托，使其驶入专业化、科学化的轨道，终将会成为社会的共识。"他对后勤托管行业的前景深信不疑。

而九好每年成功举办一次的供应商平台大会，印证了他的这种自信。"规模越来越大，参加的人越来越多；规格越来越高，成果也越来越大。这说明越来越多的企业开始重视后勤托管了，越来越多的人接受了'后勤托管'理念，越来越多的企业认识到了九好后勤托管平台的价值。"

作为处于行业领军地位的企业的领导者，郭丛军认为九好有更高的使命：不仅实现自身的超常规发展，还应承担进一步整合中国后勤托管产业的重任，使其更加阳光化、规模化、科学化、便捷化。

面对万亿级后勤产业市场，2015年，九好在完善长三角服务区的基础上，迅速推进全国布局战略，在现有全国十大分支机构的基础上，在中部和东北部尚未覆盖到的空白省（区、市）成立新的机构，以满足这些区域对于"后勤托管"的需求。

"公司到了发展的关键时刻，我现在考虑更多的是战略布局、人才配置、资本运作，而且动作要快而稳健。"

和以前相比，郭丛军依然忙碌。但谈完事后，他喜欢邀请生意伙伴打半天球，用这样的形式欢欢喜喜收尾："以前那是快节奏的乱忙，现在是从容的忙。"

对 话

Q：《杭州日报》

A：郭丛军

Q：踢足球时穿9号球衣，公司又取名"九好"，"九"在你心目中代表什么？

A："九好"的"九"是有出处的，出自"天道九制、永以为好"。所谓"天道九制"，讲的是一种"顺时而生，顺势而上，顺应潮流"的企业精神，并且"九"代表了尊贵、崇高，也代表了一种极致、一种永恒和一种永不停歇的追求。"永以为好"出自诗经，它和"投桃报李"是出自同一篇文章、同一句话。这个词很好理解，就是跟我们所有的合作伙伴保持永久友好的关系，九好所做的一切努力、所有的工作，都是为了这个目的。

Q：你喜欢踢球，现在喜欢打高尔夫，是因为年龄顺势而为吗？

A：我其实一直在这两者中找平衡。现在我不跟员工去踢足球了，毕竟身份不同，员工们会拘束、尴尬。高尔夫相对比较适合现在的我，接触的是另一群人，而高尔夫又是和他们沟通感情的很好切入口。我是一个急性子的人，而打高尔夫最忌讳的就是急躁，等哪天成了一个高尔夫高手，就说明我把急性子给改好了。

Q：九好刚刚被评为幸福企业，你给员工开什么样的薪水？

A：不同的员工，不同的薪资。但有一点可以肯定，要高于同行业平均水平。

Q：你认为自己现在成功吗？

A：我还是个创业者。我认为真正的成功，一定是在行业内掌握了话语权。

Q：如果有一天你达到想像中的成功，会去做一些其他的事情吗？

A：去跟年轻人分享我的经历。出身农村，相过亲，贩过猪，做过销售，最终创了业，我就是中国草根奋斗的一个缩影。

Q：在和年轻人聊天时，你通常会给一些建议吗？

A：我会经常劝他们"不要急"，不要急着买房、买车，年轻人最急的应该是提升技能，提高身价。当身价提高了，买房、买车就变得和买菜一样简单。

Q：杭州是一个创业氛围很浓的城市，对于创业中的年轻人，有一些忠告吗？

A：成功是不可复制的，经验对他们来说可能无济于事，只有踏踏实实走自己的路，才能创造出自己的成功。

Q：在瞬息万变的互联网时代，你主要通过什么方式获取信息？

A：电视、电脑、手机。管理层有一个微信群，每天固定时间汇报工作情况，方便我掌握他们的工作进度，挺方便。

企业
名片

　　浙江九好集团成立于2007年，它首创"后勤托管"模式，为客户量身定做包含餐饮、物业、总务、办公一体化等全方位的后勤托管服务解决方案，通过打造科学严谨的服务模式，为客户从根本上解决办公烦恼，把客户从繁杂的日常采购、后勤管理中解脱出来，使其专注于自身主营业务的发展。目前公司拥有杭州（总部）、北京、上海、深圳等10家分支机构。作为现代服务业领军企业，九好先后获得浙商500强企业、浙商新产业新模式20强、浙江十大幸福企业、杭州市著名商标等荣誉。

董立群：人生的"归零艺术"

□ 王浩

2012年，一部电视剧，《温州一家人》热播。温州商人，在那个时代洪流的裹挟下，激情创业，成败流转。

那是温商群体的财富故事，同样也书写着中国20年剧变的壮阔波澜。

听着董立群讲述自己的创业史，听众会忍不住把他和电视剧情节挂钩配对。

演温州商人的李立群高呼，"胆大不怕路远，技多不怕路绝""人活着就是折腾"，而董立群"老夫聊发少年狂"，激情澎湃，言犹在耳。

60岁，董立群一点不嫌自己老；他的杭州合众信息技术股份有限公司（以下简称"合众信息"）也朝气十足。

说起合众信息，很多人会觉得陌生。然而创立十年的合众信息俨然已是国内数据交换与数据处理领域，最具创新精神、活力和代表性的领军企业之一。一个企业有没有实力，首先看他的竞争对手。而合众信息的对手，是IBM、甲骨文、EMC等业内巨擘。

巨擘的卧榻之侧，岂容他人酣睡。但事实上，合众信息生存空间并未被挤压，非但生存下来了，而且在本土化的发展之路上大有作为。

创业长路漫漫，董立群的30多年的经验，不是一个"稳"字，而是不断地"归零"。

丰富的人生需要不断归零，重新出发。尽管他本人对这个说法有些不认同，但他的故事就是如此。

在自己最得意时退出，在许多人看来是不可理喻的。但董立群这样做了。

20世纪70年代初，我初中毕业，既没赶上上山下乡，也不能继续读书，就进了当时温州机械局下属的农机研究所当学徒。那是学习能力最强的十几年，我埋头苦干，从学徒到仓库保管员、技工、销售……一步步做到了渔业机电修造厂的厂长。听起来很风光吗？其实这个厂在我接手时已举债连连，贷款还不出，被银行冻结了账户，面临倒闭。

或许是年轻时不安分、不甘心，我铆足劲拼了三年，把这家整个水产系统最烂的小厂，做成了整个系统效益最好的单位。因为改革刚开始，大家都不知道怎么改，我在厂里率先实行了计件工资，干得好的工人月收入200多元，比局里领导还高。虽然也招来非议，但效益毕竟做出来了，上头没法干预。

国有单位脱不了人情，效益好，各种各样的关系要把子女亲戚塞进我的厂里，一碗水端不平，就容易出事了——我被人一封举报信，告发了。

举报信很长，十大罪状，罪名也很重。比如一条：高价倒卖国家钢材。如果属实，我是要判重罪坐牢的。

局里来了调查组，实际情况是怎样的呢？我们厂要为外经贸局生产机械零件，但批下来的钢材尺寸、规格、质量都不行，厂里要把这些钢材先卖掉，再去市场上购买需要的钢材……事实上这是亏钱买卖，厂里为了完成任务，还往里倒贴钱。这个手续，我们还事先在局里备过案。

调查还我清白，但无中生有、欲加之罪，却也让我心凉了一大截。

所以我觉得仕途风险难测，官不好当，综合很多其他原因，我萌生去意，不想给别人打工了。

在自己最得意时退出，在许多人看来是不可理喻的。但董立群这样做了。

国字单位的铁饭碗，是那个年代绝大多数人的梦想。而作为一厂之长，在别人眼中，30岁出头的董立群前途光明，有能力有头脑，现在的厂长，不久以后就会在机关里升得一官半职。

董立群选择放弃，意味着一切归零。这是董立群人生中的第一次自我"归零"，且进行得特别彻底。

他想出国闯荡，"胆大不怕路远"，目的地是意大利。

温州人钟情于欧洲，尤其是意大利，这与意大利的服装制造业发达有关。20世纪80年代，在意大利的华人只有2000人，但之后，隔几年就翻一番。这还只是合法居民的增速。而在意的华人中，十有七八是温州人。温州人在意大利，依靠敏锐的商业直觉和勤劳获得成功的故事比比皆是。

每个温州人的财富故事背后，都有不堪回首的辛酸往事，董立群也不例外。

有人形容温州人"既能当老板，又能睡地板"，说的不仅仅是他们能吃苦耐劳，更有一种孤注一掷的执着。

1991年，我把所有家当换成2000美元，带着妻子远走那不勒斯。

刚到的日子，苦是当然的。我在一个餐馆打工，厨子和服务生都是我，店里另外两人就是老板和老板娘了。妻子在另一个餐馆洗盘子。我们没有住的地方，各自住在打工的餐馆里，两处分居。

打工的累和苦，都是次要的。痛苦在于，语言不通，没人跟你交流，信息闭塞，在那里你永远是一个人。

这样的生活持续了一年，支持我撑下去，只有一个信念，就是我的目标——我不再给别人打工。

我的爷爷是华侨，有很多朋友。一年后，我向他们东拼西凑地借了30万元，盘下一家餐馆。这个餐馆地理位置不差，在那不勒斯的市中心，可那里的中餐馆普遍存在一个问题——定位不准。你要做本地客，还是做旅行团，要做高档餐厅，还是面向大众？

我做的第一件事，就是解决定位问题。其实做企业，无论什么行当，定位就是发展的方向。大方向定了，你就踏实做下去即可。

那不勒斯不算意大利的旅游热点，做游客生意不易，还积累不了客源。我决定还是面向本地的工薪阶层，做口碑，攒熟客。

事实证明这个判断是正确的。用了两年，我把营业额翻了两番，而利润提升了十倍。一个月十几万元的收入。当初借的钱，没几个月就还清了。大家有些意外，但我觉得很正常。

温州人的"实干"精神是出了名的。当年人们还在为姓"社"姓"资"争论不休时，温州人埋头苦干，在不争论中发展了自己；当人们对于发展个体民营经济还不敢越"雷池"时，温州人已经跑到全国各地甚至国外去创业了。从厂长董立群，到打工仔董立群，再到老板董立群，仅仅三四年时间，他完成了自己的"逆袭"，不得不惊叹其行动力。

有人形容温州人"既能当老板，又能睡地板"，说的不仅仅是他们吃苦耐劳，更是一种孤注一掷的执着。所以温州有个说法："死，也要死在外边。"董立群身上，浓缩着温州商人的各种特质。

但问董立群身上是不是有"商人的基因"，他没有直接回答，只是说自己有一颗不安于现状、不甘平庸的心，"在我看来，目标一旦确定，过程就没那么艰苦了。唯一要你苦苦思考的，就是摸准它的规律。行业千差万别，但规律万变不离其宗"。

逐渐解决温饱问题以后，董立群意识到自己在商旅之中，不是一个人在战斗。他有更多的事情要做。

正当所有人都认为董立群会在意大利扎根下去的时候，他却毅然决定回国。

很多人都知道，中国人在国外做生意，喜欢自己斗自己：打价格战。聪明人老爱用这样的笨办法。没赚到钱，还搞坏了自己和整个行当的名声。

起初那不勒斯的11家中餐馆，也有这样的问题，同质化严重。我就把这些老板请过来吃个饭，对他们说，不仅要赚钱，还要赚意大利人的钱。我们不能靠价格刷低自己的档次，要不然我们最后只能沦为外国人的服务生。老板们一听，认为这一思路对，都点头赞同。但要怎么做呢？

我说要差异化经营。每个餐馆相同的菜品，基本保持价格稳定。但新研发一个菜，其他餐馆就不能照搬照抄，就像申请专利。这样既鼓励大家开发新菜品，又保证差异化经营。意大利人想吃这道菜，必须到我的餐厅；爱吃那道菜，必须到你的餐馆。这样大家就都有属于自己的客户。

大家都认同这一观点，人心齐，很多问题就好办了。别的城市中，很多中餐馆把彼此当死敌，只有那不勒斯的11家抱成团。我们一起面对市场，也一起面对其他棘手问题，比如黑社会。

如果餐馆作为个体，与黑暗势力斗争，力量都太弱了，但是我们以中国商人群体的面目来面对这个问题时，抱团的能量都释放出来了。首先所有餐馆采用暴力不合作：来勒索要钱，没有！所有的华人商家都一个态度。如果发生暴力事件，一家损失，我们所有人平摊。就像联保制度，损失受控，老板们斗争起来有底气多了；再者，我们以华人商家组织的名义与当地警方交涉，也能引起足够的重视。到最后，黑社会觉得在那不勒斯搞不出什么名堂，也渐渐退出了这个城市。

我们成立了行业协会、侨商会。以抱团的方式，不但维护了自己的权益，也为其他行业比如服装业的华人商家维权，都非常成功。

团结——董立群说，这是华人在外创业强有力的支撑。不只是安身立命的需要，要地位、有尊严，很多时候比做生意更重要。中国商人有头脑，肯吃苦，可就算生意做得再大，外国人还是会排斥你，给你设置各种障碍。这其中，很大的原因在于华人自己的不团结。

当自己的餐馆业务步入正轨之后，董立群做了大量公益性的社会事务，尝试着把在外打拼的华人都凝聚起来，让自己生活得有尊严。事实上，国家的强大让这些在异国打拼的华商也感受到了前所未有的依靠。有国家做后盾，董立群说自己做很多事，都像在为自己的国家服务。国强则商人强，这是董立群在意大利创业期间感受最深的一点。

但正当所有人都认为董立群会在意大利扎根下去的时候，他却毅然决然地决定回国。

人生在1998年拐了一个弯，似乎回到了原点——董立群再一次将自己"归零"。

在整个IT产业链中，中国企业做得最差的是终端操作系统和数据库这两方面，而作为专业领域领先者的合众信息，也因此驶入了快车道。

我骨子里还是个传统的中国人，是要落叶归根的。很多人不解，你生意做得蒸蒸日上，为什么要放弃？我与妻子早决定好了：不入意大利籍，也不在意大利购买不动产，最终我们是要回自己的家。

1998年，我跟她商量，我们现在50岁不到，与其等老了回去坐吃山空，不如现在就走，我还能再创一次业。妻子很支持我。说走就走的回乡之路，我们回到了老家温州。

在温州，我投过KTV娱乐城和商业地产，虽然回报很高，但很快发现那不是我想要的。说到赚钱，温州人是最活络的，炒地、炒房、炒矿……跟着他们一起，投资什么都能赚得钵满盆盈。但我不想，还是那个思想"作祟"——我不甘心做个平庸之辈。

2002年，我找到身在美国的妹夫周宗和，他是学信息工程的，以前参与过国家863重大项目，也在美国参与领导过ERP项目的开发实施，是个技术"超人"。我邀他回国，他问我，我只懂技术，在美国给别人打工，回国也是打工，为什么要回国？我笑说，当然不是让你来做打工仔的，要你回来给自己打工。

我带着他，跟无数的信息服务企业和相关的政府部门会面，他负责聊，我是门外汉，不懂技术，就在旁边听。他真的很强，跟他见面的人，聊完后都尊称他为"周老师"。

虽然我不懂技术，但我有能力判断，什么是我们要做的。2003年，我们的"合众信息"诞生了。业务方向是信息安全交换和大数据处理，这是我的判断。其实在意大利，我就发现，人家信息共享，可以做到一个市政厅把老百姓所有要办理的事项都完成。那时候，国内还没有什么信息交换和大数据的概念，但我认为这是一个方向。在互联网技术方面，西方的今天，就是我们的明天。

妹夫说行，我们就做。我们的第一单生意，不是产品销售，而是一个科研单子——与温州市公安局合作，为公安系统搭建内外网接入平台。这是什么概念呢？就是为公安部门进行内外网数据交换，搭建一个安全可靠的系统。

产品还在研发，省公安厅得知了，把我们叫去，说这个系统如够可靠，先在温州宁波试点，接着向全省推广。

内外网数据交换，什么最重要？是规范！之前那么多年，因为各个系统都在自行其道，当要纳入一个统一的数据交换平台才发现，各个系统的数据化、格式和语言都没有统一标准，使得安全可控地进行数据交换的难度非常高。我们要做的，就是给各个部门的信息交换打补丁，让他们的信息平台能适应各种应用服务。

中国的信息化起步很晚，信息交换几乎到了2007年才开始有规范出台。而合众信息早在2003年就开始朝这个领域进发了。

这一下就一发不可收拾了。

信息安全和大数据处理，直到近几年才成为"热点"。"棱镜门"事件让信息安全上升到了国家安全和公共安全的地位，受到国家高度重视。各种机遇和挑战都与中国信息产业正面相遇。这一切表明，董立群的预判又一次是准确的。

有了足够的研发和调整时间，使得合众信息在市场上占得先机。如今，合众拥有内外网安全数据交换系统的完全自主知识产权，可广泛应用于公安、交通、税务、海关、金融、电力等政府部门或企事业单位。

信息安全上升到国家战略的高度，就对本土企业提出了更高的要求。董立群说，现在合众信息面对的竞争对手，无一例外都是国际巨头如IBM、甲骨文。"这些大集团的产品化程度非常高，这是我们的短板，但我们的长处在于本土化。"合众信息在系统适应范围、应用服务的配合程度和价格上，都优于国际巨头。他们的生产线不会因人而异地为个别需求而提供定制服务，这就给了合众信息无限的可能。

近几年以来，网络安全事件热点不断。中央网络安全和信息化领导小组成立……与此同时，伴随着大数据、云计算、物联网等新一代信息技术越来越成熟，我国信息安全"国产化自主可控"趋势越来越明晰。

随着中央机关禁用Windows 8、网络安全审查制度出台、银行逐步弃用IBM服务器……种种迹象表明，中国政府、军工部门和金融领域的IT国产替代已启动，信息安全系统国产化的进程正在抓紧进行。这对董立群和合众信息来说，绝对是利好消息。

在整个IT产业链中，中国企业做得最差的是终端操作系统和数据库这两方面，而作为专业领域领先者的合众信息，也因此驶入了发展的快车道。

"就算千足的蜈蚣，也只能走一条路。合众信息会锲而不舍地朝这个方向发展下去"，董立群称60岁不算老，中国的信息安全化道路至少还要走20年，所以在这条路上，自己和合众信息都是年轻人。

"你说我不断地在'归零'，在我看来，却是在不断地积累。"

企业名片

合众信息是一家国内著名的专门从事数据交换和数据处理产品研制生产商和系统集成商。自2003年8月创建至今，公司已经发展成为中国数据交换与数据处理领域最具创新精神、最具活力、最具代表性的领先企业。至2014年，公司拥有包括政府、公安、军队、大型企事业单位等众多行业的上千家客户，其中，在全国边界接入平台市场中多年排名第一。

叶文：老工厂变形计

□ 张海龙

工业过去的好时光

许多年之后，面对眼前各种创意无穷的设计公司，心情复杂历经变革的叶文先生将会回想起，1982年2月他走进杭州纺织机械厂（以下简称杭州纺机厂）那个遥远的上午。

那一年，23岁的叶文刚刚从浙江丝绸工学院毕业，身为"文革"后第一批大学生，堪称当年的"天之骄子"。时间上推26年，杭州纺织机械厂于1956年正式建厂，规划中是两万工人规模的大工厂。彼时的杭州半山地区，重工业集中，有"三只机"的繁荣场面，即杭州纺织机械厂、杭州汽轮机厂、杭州重机厂在此扎堆。

翻看杭州城市规划史可见，"大跃进"时期至"文化大革命"时期，杭州开始新中国成立后第二轮城市总体规划。杭州提出"奋斗三五年"，把杭州建设成"以重工业为基础的综合性工业城市"。用今天的科学发展眼光来看，这个定位根本上与杭州的山水人文城市特点背道而驰。所以，在那个年代"出生"的杭州纺机厂，始终没实现两万工人的庞大规模，最鼎盛时也不过1700多人，从来都不是什么大工厂。

饶是如此，杭州纺机厂也曾有过如日中天的"好时光"。该厂最主要的产品是自动缲丝机，因为性价比非常高，一度占据了全球近70%的市场份额。

风云际会，叶文刚工作就赶上了好时候。1982年进厂后，他一直做设计工作。1988年，他开始转到管理岗位。1991年，他被公派日本留学进修一年。1995年，他接任厂长，时年37岁，据说是当时杭州市大中型国有企业中最年轻的一把手。

叶文性格沉稳，从来不敢年少轻狂。在这个"技术男"看来，杭州纺机厂赖以生存的根本便是技术进步。一直以来，杭州纺机厂每年的研发投入都占到了销售收入的6%以上。从20世纪60年代开始研发自动缲丝机开始，质量就是杭州纺机厂获得市场认可的最大优势。

"我们就是靠着自动缲丝机的质量保证，获得了累计销售过3000组的成绩，使自动缲丝机的普及率从20世纪90年代的不足15%上升到现在的95%以上，改变了中国制丝工业落后面貌的现实。完善的服务也是我们市场占有率的有力保证。哪怕以前从来没有接触过这个行业的客户，也可以放心踏实地用好我们的设备。"说起过往，叶文仍然心存骄傲。他说，杭州纺机厂的自动缲丝机早就在全球范围内推广应用，这是中国为数不多能够依靠技术优势而不是价格优势出口的制造企业。

企业拦路虎，不是变就是死

做企业，要随时准备拥抱变化，因为不变就是死。

叶文37岁当上厂长，却完全笑不出来，因为当时企业已经处于严重亏损状态，他这样回忆当年的窘迫："我是1995年12月25日接任厂长的，年关难过，我那时候才对这句话有深刻体会。看起来那么大的一个工厂，账面上的钱却连支付下个月的工资都不够。纺机厂当时面临的问题不是一点两点，产品单一、观念老化、负担沉重，所有这些都阻碍了企业的下一步发展。我这厂长当不下去还是小事，如果企业真的经营不下去，1000多名员工的生计就会有问题。当时一心想摆脱这种局面，每天晚上都难以入睡，却又感觉根本无法依靠一己之力来改变现状。"

压力都落在他的头上，同时成了穷极思变的动力。

他四处奔走寻机突围。所幸叶文在绍兴接下一个订单，拿到了首期50万元订金，才把年前工资问题解决了。也就在履新杭州纺机厂厂长的同时，叶文意识到了企业必须"随机应变"——作为传统制造业，面对激烈市场竞争，如果没有改革思路和创新意识，被淘汰掉必不可免。

壮士断腕，他做出的第一个决定就是调整产品结构。

"原先，我们只有一个产品——自动缫丝机，虽然这个产品已经做到了世界领先份额第一，但品种单一、风险太大，我们不能困死在吃老本上。"于是，叶文大刀阔斧地进行结构调整，在进一步提升主导产品质量的同时，加大了新产品开发力度，先后开发了高、中档剑杆织机等多个品种，并把经营范围拓展到包装机械、烘干设备等领域。

叶文说，产品研发和市场开拓过程非常艰苦，但总算推进了。可是，当市场有了转机以后，又出现了新问题。

"我们已习惯了做单一产品，生产是按照工艺进行布局的，但产品品种丰富了之后，管理就完全跟不上了。无论是生产组织还是市场应对，各个环节都开始出现问题，疲于奔命、穷于应付成了当时的常态。"叶文说，为了突破管理瓶颈，他对生产组织系统施行了"大手术"，以产品为对象重新布局，把车间制变成了分厂制，让每一种产品都建立起面向市场的渠道。为了解决营销力量不足的矛盾，叶文把科技人员推上销售一线，充分发挥他们对自己产品熟悉的优势，让他们明白无误地掌握市场的需求和信息。

功夫不负有心人。从1997年开始，杭州纺机厂营业额以每年增长1000多万元的速度开始提升。到2000年，企业终于扭亏为盈，从绝境中重生。

也是在2000年，企业又开始迎来新的转折——转制，从国有企业转变成民营企业。这对叶文来说，意味着"能力越大责任就越大"，也意味着转型的脚步可以迈得更大了。

寻找突破口，跳出工厂看工厂

市场风云变幻，永远让人始料不及。

　　和其他破产重组的传统企业不同，杭州纺机厂经营情况一直都还不错。

　　又过了几年好日子之后，转折发生了。2008年，国际金融危机来了，中国纺织业首当其冲。其中影响最甚的，就是纺织机械业。2009年，杭州纺机厂有过整整一个月主机销售额为零的可怕记录。更令人纠结的是——经过20多年发展，工资涨了，材料涨了，水电煤全都涨了，设备售价却降低了。特别在杭州这样寸土寸金的都市，成本高企的矛盾尤为突出。

　　"当时，我们一个月'敲白板'，没有卖出一台机器。不转型不行了，没饭吃了！"

　　叶文在回忆时，用"受了很大刺激"这几个字，来描写当时的震撼与无奈。

　　怎么转型？厂长干了13年，一直没轻松过的叶文再一次感到很困惑。曾有人建议他拆了厂房卖土地，搞全杭州人都热衷的地产开发，好好赚一笔大钱。这个提议被叶文直接否决——"我可不想把前辈们留下来的工业遗存都卖光了，我还是有工厂情结的。卖地搞开发，相当于杀鸡取蛋，钱收进就完了。可我还想让这只鸡继续下蛋呢。"

　　偶然间，叶文在报纸上看到了一则新闻：2010年1月，胡锦涛到上海视察，来到依托原上海汽车制动器公司一片闲置厂房开发的"8号桥"创意园区。其后，胡锦涛还去了广州T.I.T纺织服装创意园，其前身是广州纺机厂，那更是一个现成样板，直接为杭州纺机厂转型提供了参考。总书记在讲话时说，创意产业在中国蕴藏着巨大的发展潜力。在叶文看来，这是一个巨大信号，表明国家也在大力支持传统企业转型升级。

　　可是，到底什么叫文化创意？叶文为此查了很多资料。

　　"中国创意产业之父"厉无畏认为：在金融危机中，创意产业能够找到自身发展的机会，并且，将会是带领经济走出危机的先导产业，能促进新兴产业的发展。彼时，杭州也提倡发展文化创意产业，并把它列入重点发展的"十大产业"。

　　创意产业真有这么神奇吗？叶文有点不相信，专门去宁波、深圳等地的创意产业园考察了一圈。

　　"深圳一个文化创意园，5万平方米，一年销售50个亿。而杭州纺机厂最好的时候，销售额也才1亿多元。我当时很惊讶，有一下被洗脑的感觉。"

　　跳出工厂看工厂，换个观念天地宽。考察回来之后，叶文立下决心，要把杭州纺机厂打造成一个"以工业设计为主的创意园",并取意"纺织的经线纬线",将其命名为"杭州经纬国际创意产业园"。

叶文又赶上了好时机:随着杭州主城区不断扩大,杭州纺机厂所在石桥路区域也从原来的城郊接合部直接变成了主城区的一部分,不仅交通便利、环境优美,停车位也很多,地缘优势十分明显。种种元素优势结合,叶文认为,杭州纺机厂转型时机已到,条件准备已经成熟,他希望在杭州纺机厂老厂房的基础上,赋予企业新的内涵。

老厂变形计,把文创融入生活

叶文四处看、四处想,品味出文创的很多好处来,也把园区定位在工业设计上。

英国前首相撒切尔夫人说,英国可以没有政府,但不可以没有工业设计。据统计,工业设计在增加商品价值上,平均可产生2500倍的撬力。也就是说,本来1元钱的东西,经过工业设计,可能变成2500元钱。

2010年,叶文专门成立了一家投资公司来推动杭州经纬国际创意产业园的建设。从"技术男"的立场出发,他分析问题很实在——"城市用地紧张,杭州很多企业外迁。大势如此,外迁不可避免,大家肯定面临交通、生活不便的问题。我当时考虑的是,生产基地外迁没问题,但设计这种'智慧经济'是不是应该留在城市里?杭州纺机厂地处杭州重工业核心区块,原本就是从事纺机研发和经营的;我自己也是搞设计出身,有这个情结。于是,我们就把经纬国际创意产业园核心业态定位在工业设计上。"

在创意园第一期,叶文腾挪出5万平方米LOFT空间。原来主业也并不放弃,而是把纺织机械制造车间直接压缩到厂区后面的一个车间里。其他如仓库、装备车间,甚至餐厅等,统统腾出来对外出租。然后,他广发宣传册,告诉每一个意向客户自己的优势。

一个微雨的傍晚,两个年轻人找上门来。他们是杭州剑道设计公司的创始人,这是一家专做商业空间布置的设计公司,在杭州女装卖场设计方面数一数二。创意园工作人员陪着他们看了一圈,心怀忐忑:就这么个毛糙厂房,人家能看得上吗?

想不到的是，这两个年轻的创业者，一眼就看中了这块地方。理由很简单：空间够大、交通够方便、租金够低。

截至2014年年底，共有218家企业入驻园区，注册资本金过4亿元，销售过10亿元，利税过1亿元。一切都按照叶文的构想在良性发展，一个工业设计群落的集聚效应已经形成。上周五，叶文带我去园区内实地看了看：位列杭州工业设计前茅的杭州源骏工业产品设计有限公司、体现大学生成功创业浪潮杭州腾赢工业设计有限公司、代表园林设计旗舰水平的浙江普天园林建筑发展有限公司、杭州目前最大的单体摄影棚杭州毛毛文化创意有限公司、女装设计与展厅代表菲米莉女装、著名女作家俞宸亭主创的杭州桐荫堂文化创意有限公司等等全都入驻经纬园区。以前那些高大的厂房，被这些公司装修出别出心裁的空间，叶文一路走一路对其赞不绝口。

叶文说，创意公司负责内部空间，自己负责外部空间。他专门抽调人员，给创意园区搞外部服务，先后投入数千万元，整修了林荫大道、中心花园、员工食堂以及停车场，让整个厂区变得大气整洁漂亮。日复一日，经纬国际创意产业园名气渐响。叶文的信心也越来越足，从事了30多年纺机业，他接待过的最高领导是纺织部副部长。做了十年园区，各级领导已经来过很多。因为符合国家转型升级大势，所以受关注度相当高，仅仅2013年就接待了20多批各省市考察团。

目前，叶文已经启动了园区二期改造工程，其中计划拿出2万平方米厂房做展会及品牌发布空间，形成园区互动参与的公共空间。为了园区二期建设，杭州纺机厂原有生产线正准备外迁至萧山，延续中国纺织机械行业的品牌与骄傲。

走过很多地方，经历许多变革，叶文深知，对一家传统制造企业来说，一定要用两条腿走路。既要考虑现在，又要着眼将来。居安思危，未雨绸缪，这样才能始终保持企业的创新和发展能力。此外，文创一定要融入生活，做企业千万不能唯GDP是从，那是另外一种"冒进"。其实，创新也需要坚持。他说："我们这个行业里，很多聪明人都提前走掉了，像我这种保守的人一直扎根在工厂，剩下的全部机会就都留给我们了。"

企业
名片

　　杭州纺织机械有限公司，创建于1956年，主营纺织机械，以丝绸机械为特色产品，是集科研开发和生产经营于一体，国内配套最全、规模最大的丝绸机械专营企业，也是全球最大的自动缫丝机生产经营基地。公司业务涉及投资、置业、文创、科技孵化器和外贸等领域。曾被评为浙江省高新技术企业、省专利示范企业、省文明单位、省级技术中心、省创新型试点企业。2014年，成为浙江省技术创新能力百强企业、浙江省重点产业技术联盟和杭州市重点产业技术联盟。

　　杭州经纬国际创意产业园，成立于2010年4月，由杭州纺织机械有限公司控股的杭州经纬天地创意投资有限公司负责建设和运营，公司注册资金1000万元。经纬产业园占地面积150余亩，现有建筑面积近10万平方米，将分三期进行建设和改造，目前，一期已基本完成建设和招商，二期、三期已陆续进入招商环节。园区以工业设计、文化创意为核心业态，体现工业传承特色和区域经济特点。

周伟成：站在传媒变革"风口"

□ 齐航

在周伟成近30年的职业生涯中，从未如此刻般靠近聚光灯焦点，尽管他一直站在传媒市场化变革的"风口"。

2015年2月27日晚间，喜临门（603008.SH）在停牌三个多月后公布收购预案，拟以现金7.2亿元收购绿城传媒100%股权。6月27日，并购上市尘埃落定，绿城传媒正式易名浙江晟喜华视文化传媒有限公司。连同这桩影视资本并购案进入公众视野的，是晟喜华视董事长周伟成。

周伟成是谁？这位向来低调的晟喜华视传媒掌舵人，又有着怎样的职业背景和商业思考？带着上述疑问，记者对周伟成进行了专访。

从电视新闻改革的主力军，到领衔卫视周末版创新的先锋将，到电视"制播分离"改革的探路者，再到民营影视公司的掌舵人，似乎周伟成的每一次关键抉择，都踏准了中国传媒变革浪潮的步点，也让他成为媒介市场化改革的践行者和推动者。

正如英雄与时势从来都是互相成就，回溯周伟成的职业轨迹，你会发现其中闪现的，是对趋势的洞察，是自我变革的勇气，也是步履坚实的探索。

电视改革闯将

如今的周伟成，仍然习惯于被称作"电视人"。之所以会成为"电视人"，并非出于满腹豪情和一腔热血，在周伟成毕业的那个年代，更多是由于"没得选"。

"在我读大学的时候，电视还是弱势媒体，广播的受众数量比电视大多了。当时其实更想去像《大众电视》这样发行量巨大的杂志。"作为中山大学中文系的高材生，周伟成坦言希望能拥有更大的空间，去施展文字所长。

但在一个"天之骄子"也无权自由选择职业的年代，工作分配尽如人意只是小概率事件。1986年，周伟成大学毕业，被分配到浙江电视台新闻部工作。而事实上在此之前，他与电视的交集极其有限。尤其令他印象深刻的，是大学期间一群人围着整幢宿舍楼仅有的一台黑白电视，对着布满"雪花点"的模糊画面，依然看得不亦乐乎的场景。

在一个电视仍然属于稀缺品和奢侈品的年代里，"非主流"媒介中缺少"主流"的人才。"那时电视台对大学生的吸引力还不大，一个中专生干个几年就能提职了。"

在这样的背景下，周伟成凭借扎实的文学功底和突出的思辨能力，迅速崭露头角。初出茅庐即担纲《浙江新闻联播》的新闻评论撰稿人，成为浙江电视史上第一位电视新闻评论员；毕业仅两年，就采写了当年轰动全国的温州苍南农民告县长案；制作新闻专题《爆炸后的爆炸》，获中国电视新闻奖一等奖；新闻消息《城里人下乡购时装》《同一条生产线上的公平竞争》、系列报道《杭城竞争交响曲》都获得了中国新闻最高奖。凭借突出的专业能力，周伟成30岁不到便被任命为新闻中心副主任，这是当时全国最年轻的省级电视台新闻部领导。

尽管此时的周伟成事业顺风顺水，但天生爱折腾的个性使他不安于现状，不断寻求挑战：担任新闻中心副主任仅仅一年多就受命创办浙江卫视"周末版"，在全国产生了巨大反响；刮起"周末版"旋风之后又竞选浙江卫视广告部主任，并以绝对优势取得成功；三台合并成立浙江广电集团时，周伟成又一次受命担任6套电视频道总监。

当记者问周伟成在一系列改革与创新探索中，自己认为最具突破性意义的是哪一项时，他选择了"周末版"改革。

1995年5月1日，中国开始实行双休日工作制。伴随这一制度的，是国人周末闲暇时间的增多，一片待开垦的"处女地"呈现在各家电视台眼前。在此背景下，谁能在周末时段的竞争中占据先机，谁就更有可能在新一轮电视竞争中奠定优势。

周伟成受命在全国率先创办浙江卫视周末版。"周末版的创办，不仅是一次对节目内容和形式的全面创新，更是一次对传统电视台体制机制的变革。"

在节目内容和形式创新上，周伟成和他的团队前期做了非常多的功课。他们甚至专门到厦门出差，收看和录制台湾的娱乐节目，然后回来研究探讨，试图从中找到可资借鉴的亮点和精髓。凭借对节目创新趋势和受众需求的潜心研究和精准把握，周伟成和他的团队创制出了多个拳头节目，包括《人生AB剧》《商城实验室》《观点》《目击》《沧浪亭》等等。

而在体制机制上，浙江卫视周末版人员大部分对外招聘，栏目自收自支，运作更为灵活和市场化。"当时节目剪辑制作的设备，都是从台里借钱买的，需要靠我们自己去争取广告营收，然后靠节目盈利还上。"周伟成回忆说。

创新者们收获的奖励是，浙江卫视周末版推出后收视率一路攀升，不到一年即在国内电视圈中形成巨大反响，浙江卫视也成为那个电视改革年代的引领者。

市场探路先锋

20世纪90年代中期到21世纪初，是中国媒介市场化改革大刀阔斧、快步疾行的一个时期。通过体制机制的调整和变革，生产出更能满足受众和市场需求的内容产品，激活媒体机构的价值创造能力，这也是当时各类媒体寻求突破的共同方向。

而此时的周伟成，也试图让自己变得"更市场"。1996年，周伟成经历了职业角色的一次重要转换。这一年，浙江卫视首次实行广告部主任竞争上岗，32岁的周伟成从竞岗中胜出，担纲浙江卫视广告部主任。这样的角色转换也意味着，周伟成的工作重心需要从内容生产转向经营创收。而此前操盘周末版改革、统筹内容和经营两端的经验，也让周伟成能更为顺畅地完成角色转换。

在担任广告部主任的两年中，周伟成推出三项举措：广告实行公司代理制，充分调动社会力量创收；广告部参与电视剧引进和编排，打破部门壁垒；和兄弟卫视结成广告联播联盟，弱化恶性竞争、强化良性合作。这一系列改革组合拳，也使浙江卫视广告营收稳步增长，在全国地方卫视中位居前列。

尽管如此，周伟成也不讳言在力推广告经营体制相关改革时，也面临不少困难和掣肘。这些困难和掣肘，既来自于不够成熟的媒介市场环境，也来自于电视台固有体制机制的束缚。

当时浙江卫视其实已经面临新的竞争环境：国内湖南电视台已经在慢慢崛起，卫视格局在慢慢起变化；省内有线台、教育台、城市台实力逐渐提升，对卫视形成竞争态势。这些变化广告部门是最早感觉到的，但台里另外一些部门甚至台领导对市场没有这么敏感，特别对收视率，台里好多人根本还不知道怎么回事。周伟成也多次尝试改变，但仅凭一己之力根本无法做到。浙江卫视之后步入了一个六七年的低谷期，最主要原因还是对变化了的电视竞争环境缺乏敏感和应对。

但两年的广告经营，加上在新闻部和周末版的历练让周伟成在国内电视圈积累了丰厚的人脉资源和丰富的电视运行经验，这也让他也更深切感受到国有传媒体制的种种弊端和无奈，爱折腾的性格期待来一次彻底的破茧重生。此时的电视圈内，国有电视机构已不再像过去那样包办一切，"制播分离"渐渐从暗涌的潜流变成不可阻挡的趋势，嗅觉敏锐的各路资本将目光投向这片蓝海，各种民营影视公司、节目制造公司如雨后春笋般涌现出来，加入到掘金者的阵列之中。

一片新崛起的市场是如此充满诱惑力。它让周伟成甘于放弃打拼十多年所获得的体制内职位，从电视台离职，彻底投入市场的怀抱。2003年，周伟成接受了浙江广厦集团抛出的橄榄枝，担任广厦传媒集团总经理，同时兼任集团旗下青年时报社董事长、春秋影视董事长等职务。"对方开出了百万年薪的价码，而且旗下拥有影视公司、纸媒、广告等多种传媒业务，确实非常具有吸引力。"周伟成笑言。

尽管此后由于在发展方向和理念上存在分歧，周伟成与广厦集团的合作只持续了不到两年，但这段经历对他而言同样意义重大：他跳出了体制，成为完全意义上的市场传媒经营者。

影视公司掌舵者

市场化的浪潮滚滚向前，已做出抉择的周伟成更不会止步。

2005年，周伟成转投浙江绿城集团，参与组建绿城文化传媒公司。绿城集团掌门人宋卫平出任董事长，周伟成出任总经理。绿城传媒的注册资本为1500万元，绿城控股持有66.67%股权，周伟成之兄周伯成持有33.33%股权。

"我和宋总是多年老友，当时聊天多次谈及影视传媒产业的发展，他提议干脆合作搞一家影视传媒公司，由我来负责公司的经营和管理。待发展步入正轨，他再逐步减少持股。"周伟成向记者回溯了绿城传媒的缘起。

周伟成告诉记者，虽然宋卫平此前是大股东，但甚少过问绿城传媒的具体经营和管理，放手由其负责日常运营和业务拓展。

在绿城传媒成立最初的两三年里，周伟成首先将切入点放在了电视节目制作上。通过与浙江广电地面频道、杭州电视台等媒体合作，制作并播出了《开心一家门》《吴山夜话》《济公说故事》《幸福一家亲》《天生我财》等多档节目。

"但这种方式比较难实现人力资源的高效利用，容易受到电视台定位和节目调整的影响，而且盈利能力也不够强。"这一系列因素也促使周伟成寻求改变。

电视剧制作，成为新的突破口。2008年，绿城传媒主控的首部电视剧《眼中钉》惊艳亮相。这部谍战剧被称为中国版的《史密斯夫妇》，为了与大量的同类题材电视剧有所区别，由单纯的谍战片变成了一个以情感线为主的"爱情谍战片"，在多个城市取得了收视冠军成绩。

此后，绿城传媒乘胜追击，出产了《大汉天子3》《保姆妈妈》《家有父母》《护国大将军》《刀尖上行走》《代号十三钗》《江南四大才子》《冲出月亮岛》《昙花梦》《杀手锏》《刀光枪影》《大嫁风尚》等多部优质电视剧。如2013年出品的《喋血孤岛》，仅仅用2000多万的成本，就获得了超过1亿元的发行收入，还获得了5家省级卫视颁发的收视贡献奖，堪称口碑与收视双赢的代表作。

在周伟成看来，一家优秀的影视公司需要从剧本、制作、发行三个角度去构筑竞争力。以此为目标，绿城传媒在组织架构上确立了剧本、制作、发行三大中心，通过全流程的精心把控，保证绿城传媒出品电视剧的品质。"比如我们的剧本中心已有十多个责任编辑，他们会负责联络全国编剧，策划项目，对剧本进行审校把关，挑选出贴合受众收视需求、符合公司自身优势定位的好剧本。"

周伟成将公司的主攻方向确定为"美剧风格的强情节剧"。为何确立这一主导方向？"古装剧有一定政策限制，现代剧有时不易控制成本。而我们的第一部戏《眼中钉》就是以情节取胜的谍战剧，这可以说是我们的传统优势项目，有利于我们发挥剧本优势，以合理的成本投入获取更稳定、更高的回报。"

绿城传媒目前已形成自主与合作年产8至10部电视剧的生产制作能力。艺恩咨询的统计数据显示，其在全国电视制作机构中排名第八位，收入1.69亿元，净利润4100.88万元。2015年，在全国电视台播出集数1655集。尤其在2015年下半年，由晟喜华视出品的抗战越狱剧《冲出月亮岛》，在贵州、广西卫视上星播出，还有三部抗战剧《刀光枪影》《昙花梦》《杀手铜》在全国播出。晟喜华视抗战剧四弹连发，各地争相播出，引起了业内和影视市场的高度关注。

对 话

Q：《杭州日报》

A：周伟成

Q：通过并购实现上市可以说是公司发展的一个全新起点，你如何研判中国影视剧制作的未来发展方向？

A：移动互联网是一股不可阻挡的潮流。就像我刚刚入行时，电视在中国还是非主流的媒介，而现在已经是彻底的传统媒介了，媒介变革与创新的速度也越来越快。随着移动互联网的加速覆盖和普及，受众未来的闲暇时间会更"碎片化"，长则半个小时，短则十分钟。顺应这一趋势，未来能填充这些"碎片化"时间的影视剧可能会越来越受欢迎。在此方面我也希望进行一些创新尝试。

Q：我们注意到在此次喜临门收购绿城传媒的公告中，绿城传媒向喜临门承诺，公司于2015年、2016年、2017年三个会计年度经审计的净利润将分别不低于6850万元、9200万元和1.2亿元。对于这样的盈利承诺，说实话感觉压力大吗？

A：这样的盈利承诺，是在我们对公司的专业能力、盈利前景进行审慎评估后做出的。此前我们《喋血孤岛》一部剧的盈利就超过8000万元，我相信凭借我们已经具备的编剧、制作、发行资源，保证出品剧集的水准和质量，并把握上市契机展开业务模式的更多创新探索，完全有能力实现这一目标。

Q：今年电视剧市场有很大的变化，你对公司未来发展有什么新的策略？

A：电视剧生产我们的策略是"一大一小"。一种是高成本大剧，即大编剧、大导演、大卡司、大投入；另一种是低成本的小剧。大剧满足一流卫视的高标准，小剧面向地面频道和二三线卫视。除了电视剧持续发力之外，适合移动终端播出的短视频制作是公司未来的发展方向。

企业名片

浙江晟喜华视文化传媒有限公司成立于2005年6月，前身是绿城传媒。这是一家以影视剧、电视栏目制作为主业的专业公司。成立十年间，公司出产了《眼中钉》《保姆妈妈》《大汉天子3》《护国大将军》《刀尖上行走》《代号十三钗》《江南四大才子》《恋爱相对论》《喋血孤岛》《冲出月亮岛》《神探杨金邦》《昙花梦》《杀手锏》《刀光枪影》《大嫁风尚》等一批优质剧集，在国内影视剧制作公司中位居前列。2013年，绿城传媒被杭州市列为十大新兴产业重点企业，2015年通过并购上市。

王容峰：像巴菲特一样滚雪球

□ 张海龙

雪球一：十年卖手机过十亿元

你的财富究竟是如何积聚起来的？

1994年10月10日，股神巴菲特在美国内布拉斯加大学的演讲中说："这个过程有点像从山上往下滚雪球，最开始时雪球很小，但是往下滚的时间足够长（从我第一次投资至今，我的山坡有53年这么长），而且雪球粘得足够紧的话，最后雪球就会变得很大很大。"

这个滚雪球的过程，也同样体现在浙江泰乐通信技术有限公司董事长王容峰身上。

1993年6月，王容峰毕业于南京邮电学院无线通信专业。其后十年，他选好"长长的山坡"，从国企辞职下海，从做手机生意开始"滚雪球"，从此一路风生水起。正是"移动改变生活"的黄金十年，他的生意在2003年到达巅峰，彼时每年手机批发量超过100多万台。2004年，他带领企业进入全国民营企业500强，一年实现销售额突破10亿元。

说起来如此简单，做起来其实并不轻松。1993年大学毕业后，王容峰被分配至浙江省无线通信局工作，也就是中国移动的前身，而这正是他所有事业的起点与观察哨。从当时社会环境来看，那肯定是份"金不换"的理想工作，放弃稳定工作选择下海创业需要"断舍离"的勇气以及信心。而且，最关键的事，正如巴菲特所说，是发现足够湿的雪和足够长的山坡。

王容峰对市场很敏感，他刚上班就发现了两个创业要素："湿雪"就是手机，那是即时通讯的"刚需"产品；而"山坡"就是需求，是整个中国发展的巨大未来空间。一次偶然的机会，他被调往经营部工作，有机会接触到各个国外知名手机制造商的代表，在与厂家的反复交流中，他对市场有了清晰判断，也慢慢对销售行业产生了浓厚兴趣。

市场瞬息万变，机会说来就来。

1998年前后，国内通讯正从模拟网向GSM网转网。原有的大哥大产品被无情淘汰，手机分销行业蓄势待发，成功市场模式清晰呈现在眼前。不顾家人的反复阻挠，王容峰做了一个大胆决定：抛弃国企金饭碗下海经商。王容峰与合伙人筹集资金，创办了蜂星电讯浙江公司——杭州施乐事达通讯设备有限公司。

关于下海创业，王容峰反复强调"机遇"的重要性——"我不属于从小就有创业梦想的人，我接受的传统教育是一步一个坑。我认为创业中一个很重要的因素是机遇，也就是说，在正好的时候，我们有个正好的团队，遇到了一个正好的契机。那是模拟手机转为数字手机的关键时候，我们都认为这个变化就是机会，那预示着未来的巨大市场。你想啊，当时的手机号码是邮电局打包卖给客户，非常昂贵，3万多块钱一个。如果把机卡分离的话，就意味着突然增加了一个巨大的开放市场。看清楚了那些事，我们就毅然下海了。"

公司第一年，只有位于杭州清泰街上的一家摩托罗拉专卖店，从销售、收银到仓库，一共只有七八个人。凭着大众的消费热情以及被释放出来的市场需求，仅仅第一年，他们就卖出去几千台手机。

此后连续数年，瞄准商机的王容峰持续发力把"雪球"继续滚大：他在浙江全省发展了近30家专卖店以及中国移动的合作营业厅，还招募了近200个蜂星电讯加盟店，每年直营店的手机零售及手机分销最高时超过百万台，2004年销售额突破10个亿。

第一个大雪球滚成了。

雪球二：从卖手机转为卖缴费服务

一个雪球可以一直滚下去吗？

答案是不一定，做企业就要不断适应变化，所以还得继续滚新雪球。

20年间，市场风起云涌，手机这个行业变化太快，几乎让人目不暇接：当初诺基亚干掉了摩托罗拉，后来苹果干掉了诺基亚，终结者全都躲在你看不见的地方。在中国，原本跟手机毫无关系的雷军推出了小米手机，罗永浩居然也搞出个锤子手机。谁都别瞧不起谁，江湖风波恶，谁都不知道前行路上会遇上什么难缠的"妖怪"。

曾经，王容峰在浙江全省拥有11家摩托罗拉专营店、110多家加盟店，后来全部改成诺基亚产品线。没办法，诺基亚如日中天的时候，谁都无法抵挡它的诱惑。可是，当你的身边到处都是诺基亚专卖店的时候，挑战也就随之而来。

2000年上市的诺基亚8210直板手机，时尚小巧备受欢迎，当了两年多爆款机型。结果做这款机型的人越来越多，利润越来越薄，后来一箱货20个手机才能赚50元，手机当成白菜卖了，专卖店直接变成搬运工了。这还只是当年市场惨烈的一例。

2003年之后，洋品牌手机利润空间更是急速下滑，必须考虑企业整体转型的问题了。

王容峰也曾想过投资做自己的手机，可是国产手机品牌已然山头林立，看不出自己在这方面能有什么更强的优势。

反复考虑之下，他想明白了下一个雪球从哪儿开始滚起——"手机这种硬件只是载体，最重要的还是内容和服务。我们以前卖手机是满足需求，那接下来大家有了手机还需要什么服务呢？比如，手机充值就是个一般人看不见的大市场。"

2004年，王容峰做了个小小的创举，将手机充值卡改为纸质卡，成本从原来PVC材质的几块钱直降为几分钱一张，替运营商做缴费业和SP短信增值业务。

2005年，王容峰创立泰乐通信，原来的蜂星通讯还在，但已不是主流业务。这一次，他又推着雪球找到了新的"长山坡"——2009年开始，中国移动、中国联通、中国电信三大运营商开始快速发展，3G以后从语音通信一直到流量通信，一切都以不可思议的速度在进行着。当时的缴费业务，每年都能做到二三十亿元。

又一个大雪球在他手中诞生。

雪球三：移动互联网时代的新思维

小米创始人雷军曾有两句名言广为流传。一句是"与其在盐碱地种庄稼，不如在台风口放风筝"，还有一句就是"在风口上，猪都能飞起来"。有人评价，这两句话体现出了小米成功的核心要素——利用互联网思维借势成功。

在王容峰看来，所谓互联网思维其实是倒逼过来的，这和手机更新换代的道理一样：一开始是手机稀缺，后来是流量稀缺，再后来可能手机本身都会消失。真正的互联网思维，就是无时无刻不在拥抱变化，抛弃盐碱地，寻找台风口。谁如果不懂得这个道理，就会被时代远远甩在后面。

好花不常开，好景不常在。这句老话说的其实也是这个意思，就是世间无常，不要迷恋已有的成就，而要不停寻找新的风景。

2009年后，王容峰率领泰乐通信开始第三次转型。这次推动的雪球，是移动互联网业务，将缴费模式从线下转到线上，开天猫店，开通支付宝以及财富通接口。

2010年，3G业务推出；2012年，4G业务上线。泰乐的线上营收比线下营收多出整整五倍，线上缴费有几十亿元的交易量。

2014年下半年，泰乐通信推出易充便民缴费服务平台，将话费及各种生活缴费打包在一起。进社区，进加油站，进超市，和大家一起做大开放平台。

趋势，是王容峰在谈话中反复提及的一个词。他举例说明为何转型重要——"这两年很明显的变化，就是话费充值开始转为流量充值了，移动互联网已经改变了我们的生活方式，如果我们的服务还滞后于这种变化肯定不行。现在国外都是买流量送话费，短信免费肯定也是势不可挡。所以开放平台无比重要，我们得把各种服务类型搬到这个平台上，这样用户才会跟着你走。"

移动互联网时代，王容峰的新思维里，除了建设开放缴费平台，还有其他几个设想——

泰乐通信现在的第二大业务，就是原来的SP增值业务，但在移动互联网时代也要转型。主要方式是行业应用开发，建设快通平台，目前正在帮物流公司做服务模块应用设计。比如，顺丰快递手下有一万个快递员，原来大家的手机号码都不同，联络起来不方便。现在就可以用企业总机统一号码，还有开机提醒、身份验证等多种附加服务。

泰乐通信接下来的第三大业务，就是新公司畅圣科技所要做的大数据应用。做细分市场，现在都要求精确制导，所以雪球又找到了"长长的山坡"：一是房产营销，二是互联网征信，三是游戏联运。三大业务板块绑定谁，就可以根据用户的不同数据做整合分析，帮助各路企业做市场细分。一言以蔽之，就是整合精准信息，提供精准营销，实现精准提升。目前，在上海每月有二三十个楼盘营销已经在使用这些大数据。互联网征信方面，前期已经在和一些互联网金融企业启动合作，与银行系统亦有合作。

从1993年大学毕业至今，20多年弹指一挥间，王容峰笑谈自己其实"一直都在移动"："我从传统移动通信的分销商，转型到移动通信的服务商，再到现在移动互联网的合作商，我就是'移动改变生活'的见证者。我相信，在未来，我还会见证手机的消亡，见证可穿戴设备以及移动办公室大行其道。这是个特别有意思的年代，也是激发智慧的时代。我曾经受邀成为杭州大学生创业导师，我最想告诉年轻人的是，不同时代有不同机遇，一定要找出最适合自己的路。现在的孩子们普遍喜欢创业，但介入点与思路大同小异，这还是挤在一条独木桥上，成功并不容易。"

王容峰是个正能量满满的人，这一点从他所获得的各种荣誉上就能看出——杭州市第四届优秀社会主义建设者、杭州市上城区第一届优秀社会主义建设者、2010年度浙商新锐、杭州市关爱员工优秀企业家、2013年第二届杭州市"侨联优秀人物"、2014年度中国致公党"浙江省社会服务工作先进个人"。

虽然获得了诸多成功，王容峰却说自己仍在创业路上，还是一个不停前行的人。他想分享自己这样的创业感悟："执着，不论是就业还是创业，都是很重要的一点。创业的过程就是团队相互磨合的过程。羊群走路靠头羊，领头羊必须要牺牲一些个人的利益，才能带动整个团队的积极性。"

2015年3月5日这一天，农历乙未年正月十五，杭州雨夹雪天气，早晨6时28分，王容峰毅然起床，暴走了7.8公里。对他来说，生活就是不停地行走，每变换一次路线，都会看见不同的风景。

企业
名片

　　泰乐通信服务集团，是全国范围内较大规模的通信服务公司。专门从事移动通信产品代理批发与零售、移动通信电子缴费、通信工程代理、电信增值服务、通信应用软件开发，大数据精准营销等业务。公司目前立足浙江市场，面向全国，在江西、广东、北京、江苏等地均有分公司和业务。公司前身是杭州施乐事达通讯设备有限公司（即"蜂星电讯"浙江子公司）。美国施乐事达（亚洲）股份有限公司为纳斯达克上市公司，是摩托罗拉、诺基亚、三星等知名手机厂家在全球最大的代理商之一。

包永盛：天涯若比邻，投融全无界

□ 齐航

"海内存知己，天涯若比邻。无为在歧路，儿女共沾巾。"

一首王勃的《送杜少府之任蜀州》，开合顿挫，意境旷达，道尽了因关山阻隔而生发的离愁别绪。

以这首诗为内容的书法作品，就悬挂在包永盛办公室中央，笔力遒劲，气势雄浑。屋内，翰墨书香氤氲；屋外，枫藤生机盎然。就像他所掌舵的杭州天涯若比邻网络信息服务有限公司一样，一切都在欣欣向荣并且疾速成长。

也许是从小习学散打，熔炼出他享受对抗和竞争的进取心，也许是浙江这片古老而年轻的商业土壤赋予他敏锐的经营直觉，你很容易从包永盛身上，捕捉到企业家的鲜明特质。

从按部就班画图纸的"土木男"，到商界精英；从职位急速蹿升的国企高管，到毅然辞职涉足全新领域的创业者；从远程网真视频的第三方租赁，到致力于打造"服务业的阿里巴巴"。包永盛似乎总是在尝试跨界，也许未来这种努力还将继续。

在这样一个行业边界日渐模糊、无国界料理风行的时代，这个人的职业轨迹，或许正与一个时代的发展暗合。

非典型"好学生"

远程网真视频会议设备的系统集成和网络接入，融合了各种服务业机构和资源的网上对接平台，打造了一个以活动路演、融资对接、服务推介、产品众筹为主的传播渠道、分销通道以及服务平台。这是天涯若比邻目前正在做的事。你觉得这两者与土木工程之间有什么联系吗？

好吧，并不是你智商"捉急"，这本来就是一个不容易回答的问题，因为他们看起来确实是八竿子也打不到一块儿。如果非要给出一个答案的话，答案也许是，包永盛。

在不少人的印象里，深夜埋头画图纸，白天辛苦跑工地，是一项"又土又木"的工作，而张口互联网思维，闭口价值链闭环的工作则是"高大上"的。在这个逻辑里，包永盛似乎完成了"华丽转身"，你很难想象到他大学时是读土木工程的。

"我从小成绩就一直不错，但并不是标准意义上品学兼优的好学生。"包永盛说。之所以并非典型好学生，很大程度上是因为不那么安分，他可不是循规蹈矩的文弱书生。

十多年的散打练习是一个明证。他的散打水平达到了省市散打比赛冠军的水平。这项讲究直接对抗和搏击的运动，对求胜欲和进取心的熔炼是潜移默化而又自然而然的，包永盛直言很享受这个过程。

土木一门深似海。入得此门，熬夜画图纸是少不了的。回忆起在重庆求学的日子，包永盛坦言学得很苦。但这并不妨碍他甘之如饴。

"可能也因为我是从浙江这片充满商业传统和创业气息的土地过去的，相比很多同学，我觉得自己确实更活络一些。"大学时，包永盛就跟着人做生意，他们把当时几个导师研发和推荐的建材拿到市场上去卖，在讨价还价、东奔西跑中互通有无、调剂余缺，"土木男"图纸照画不误，还干起了销售的活儿，他自得其乐。

"可能这样的经历，带给我的最大财富就是与人打交道的能力。"在包永盛看来，这显然对他之后的职业生涯大有裨益。当不少同龄人还沉浸在象牙塔中的美好之时，包永盛迅速完成了从校园到职场的角色转换和无缝衔接。

大学毕业后，他顺利进入浙江省一家大型建筑集团公司。在这里，从一个初出茅庐的应届生到能独当一面的项目经理，一般需要5—8年。而包永盛，只用了8个月。

独当一面"土木男"

毕业后重返企业家精神深深植根的故乡，进入一家大型的国有建筑集团，拥有一份专业对口的工作，包永盛的职业生涯开端足以令不少同学艳羡。

但事实上，加入大型集团公司犹如一柄双刃剑。硬币的正面是，它可以提供一个更高起点的平台；反面则是，因为分工的高度专业化和流程化，你也可能只是一台庞大机器的一颗螺丝钉，很难在短时间内锤炼出独当一面的能力。

在他们作为新人刚进公司的时候，董事长一句话令包永盛印象深刻：培养一个项目经理，公司最少要花1000万元。

单纯的工资和薪酬，显然不足以覆盖这么大的花费。"刚开始不了解，后来进入角色之后，发现董事长讲得非常有道理，因为一个优秀的项目经理与一个平庸的项目经理相比，工序搭配是否恰当，工期安排是否合理，直接影响到成本控制，如果没有足够驾驭能力的话，你都不知道钱是怎么浪费掉的。"包永盛说。

他没有耗费优秀项目经理所需培养成本。他当时的一些小伙伴，刚进公司就得到了参与动辄上十亿元大工程的机会，而包永盛最初接触的大多是些几千万元的小项目。

之后的事实表明，这似乎是塞翁失马故事的又一次演绎。"一个项目从底端做到顶端，流程都是一样的。如果是大项目，你可能永远只做某一块，根本学不到其他东西。我接手的项目虽然小，但麻雀虽小，五脏俱全，什么事情都得学，马上就掌握了全流程。"

至今仍令包永盛感到自豪的是，他的团队主导了众多建筑工程和基础设施项目，见证了许多土地从蝉鸣蛙叫到高楼林立。

优异的工作表现也让包永盛迅速崭露头角，在晋升之途上一路快跑。他的工作重心也从工程承建转向工程业务的洽谈。工作状态改变了，交际应酬多了——对于个性本就外向的包永盛来说，并不费力地就完成了模式切换。

在很多人看来，这是一种很容易勾起虚荣心和优越感的工作状态：日程被打"飞的"往返所占满，出入五星级酒店等各种高大上的场合，与知名企业的高管对话洽谈……而包永盛，则做出了一个出人意料的决定。

果敢跨界变革者

"说实话，这种工作状态让我感到厌倦。"在一次出差途中，包永盛的车差点与一辆工程车相撞，生死一线。后怕之余，他开始寻求改变。

如何避免出差所带来的疲于奔命，却又能高效地完成商务洽谈和资源对接？远程视频会议——似乎是一个并不难推导出的解决方案。这曾是个热门和前沿的概念，但多年来似乎总是知易行难，现实中应用率并不高。

如果你试图改变它，那么首先要吃透它。为此，包永盛做足了功课。得出的结论是，远程视频会议之所以推而不广，主要受制于两大因素：一是硬件设备的价格过高，一般的中小微企业无法承受；二是网络基础设施还不够完善，没办法保证图像的清晰和流畅。

随着时间推移和技术改进，带宽等基础设施会逐步完善，设备价格也会相应下降。但要让远程高清视频会议惠及更多用户，这显然并不够。

"为什么一定要买呢，企业要用的时候付租金不就可以了？"包永盛问。对于远程高清视频会议市场来说，这是一个另辟蹊径的商业模式。

一种属于企业家的冲动在内心翻涌。但现实是，在原先的工作单位，包永盛颇受重用，他可以按部就班地实现晋升，前途看好。而远程高清视频则是一个与工程建设不搭界的领域。辞职创业，意味着之前付出的大部分都成了"沉没成本"，需要更多的不破不立的果敢和勇气。

但当他与志趣相投的小伙伴分享了这一设想后，得到了小伙伴的一致力挺。这让包永盛更加笃定：这是一个正确的方向和趋势。

既然决定要做，就要与众不同。超大高清屏幕，1:1呈现的真人比例画面，你甚至可以捕捉画面中人物的细微表情；高保真音响，同步会场声学处理，你甚至会产生对话人就在身边的错觉……在天涯若比邻的网真视频会议体验馆里，你会感到恍然不知身在何处。

短短三年间，天涯若比邻的"城际会客厅"运营中心已开进美国硅谷、韩国首尔、北京、上海、深圳、温州、乌鲁木齐等海内外城市，织起了一张纵贯南北、横跨东西的覆盖网络。

通过"城际会客厅"，企业可以得到"点单式"的高清视频会议服务。更重要的是，天涯若比邻还能提供网真视频设备的系统集成与网络接入。接入网络的机构，都会成为网络中的重要节点，可利用网真视频技术实现互联互通，让一个个信息孤岛连成片。而天涯若比邻，则是这一网络的"信息中枢"。

无界投融缔造者

如果说在创业之初，包永盛和他的小伙伴们还只是希望提供一个从出差的舟车劳顿中抽身而出的机会，那么伴随着"城际会客厅"网络的延伸和拓展，一幅更具有想象空间和智慧张力的商业图景，也在徐徐铺展开来。

"当我们的'城际会客厅'开进北京、上海、深圳、杭州等城市后，不少创客空间、创业孵化器、投融资服务业机构主动找到我们，他们希望借助我们的视频会议网络举办项目路演。"包永盛说。

这样的需求其实一直存在。在北上广深这样的一线城市，有浓厚的创业氛围，集聚了众多优质的创业团队、创业服务机构和投资人，业务领域涵盖投融资、新三板路演、股权众筹、招商引资、创业培训等多个领域。虽然坐拥优质的服务资源，但当他们冀图开拓异地市场时，仍然时常感到鞭长莫及、力有不逮。

我国幅员辽阔，天然存在着服务型资源分布不对称和信息沟通不对称的问题。一方面，优质服务型资源难以达到有需求的机构和个人，尤其是在广大的中西部地区和三四线城市；另一方面，集聚在沿海发达地区和一二线城市的服务机构，虽然有意开拓异地市场，却缺乏有效的渠道。

基于这样的市场研判，包永盛发现，天涯若比邻有着天然优势去破解这种不对称："天涯云"搭建了对接的物理基础，无界投融提供了一个信息通道，可以让供需双方隔空对接和洽谈。这对于服务型业务的路演、交流、交易来说尤为重要：你当然希望通过当面交流，来判断对方是否靠谱，服务是否专业。

而在信息通道里填充什么样的内容、服务和资源，则更具有想象空间。包永盛以手机进化史来比喻这个过程：最初是对讲机，只能点对点地通话；然后有了基础运营商所构建的网络，进入了以诺基亚为代表的功能机时代，手机功能更为丰富；再之后进入以苹果为代表的智能机时代，APP应用五花八门，手机不再只是手机。

天涯若比邻从"城际会客厅"到"天涯云"，业务从"无界商圈"到"无界投融"与"智慧服务"的进阶，与此就颇为神似。2013年6月，"无界商圈"官方网站惊艳亮相，这是一个服务型业务的网上对接平台。加入无界商圈的会员机构或个人，可以发布投融资、法律服务、管理咨询、招商引资等服务型业务需求，并在平台上寻找匹配的专业机构与服务资源。

在无界商圈的合作伙伴中，不乏华兴资本、IDG资本、和君咨询、北大纵横等知名机构，这构成了商圈的供给端。而在需求端，无界商圈的会员企业数量也在快速刷新，目前已超过万家。

如果说阿里巴巴平台所交易的更多是看得见的货物，那么无界商圈平台所提供的，则更多是看不见的的"服务包"。阿里巴巴通过高效的物流配送网络，将供需两端联结起来；无界商圈则通过实时的网真视频系统，让信息在供需两端高效流转。

2014年无界投融正式上线，无界投融将投融资相关的项目、投资方、服务机构等信息进行汇聚、发现和交流，线下通过跨域高清视频路演中心进行高效对接，以实现远程的投融资洽谈、项目路演等各类活动。此举实现了项目、资金、信息、服务等资源在多个维度连接并进行整合。

"从万企互联到无界投融，我们试图打造的是一个完整的价值链闭环。"包永盛说。

对 话

Q：《杭州日报》

A：包永盛

Q：从建工企业的高管，到辞职创业，涉足一个近乎陌生的远程高清视频领域，当时最大的瓶颈是什么？

A：用户的认知度和接受度是一个问题。事实上我们的网真视频会议系统跟传统视频会议系统是完全不同的。但如果没有体验过，他们难以感知到我们系统和网络的优势。体验过了，都说有耳目一新的感觉，包括文字、实物、电子版的共享等等，几乎跟面对面交流一样。

Q：作为1980年前后出生的这一拨企业家，你会怎么定位自己在这个时代中所处的位置？

A：我们处在一个中间层，这一代刚好是传统行业和互联网行业碰撞与融合的一代。一些更年轻的"90后"创业者可能会从互联网等新兴的产业领域中起步，而一些50—60年代出生的企业家大多是从传统企业起家的。我们或许可以成为一个纽带和桥梁，为传统产业的互联网化转型做一些事。

Q：：如果遇见了十年前的自己，希望对他说些什么？

A：我想对他说，所有你曾经走过的路，都会是一笔很大的财富。年轻的时候不要心浮气躁，刚开始我们都可能会陷入这种心境，也会有怨言，但你要明白那其实是对自己的一种试炼。经历过之后，以后的发展过程中你会更踏实、更从容。

Q：有什么特别爱读的书吗？

A：《水浒传》是一本，每每读起，总能感觉到兄弟们在一起打拼创业的豪气，让人倍感振奋。

**企业
名片**

杭州天涯若比邻网络信息服务有限公司是一个综合型商业服务和优质资源共享平台。公司基于遍布全球网真视频会议系统形成的"天涯云"体系，为创业项目、投资机构、政府和专业机构提供一个"平台+终端+服务"一体化OVO（online-video-offline）的跨域商业服务和优质资源共享平台。公司的无界投融子平台是中国知名的OVO活动路演平台，利用线上（online）平台将项目、投资方、服务机构等信息进行汇聚，线下（*offline*）通过跨域高清视频（*video*）路演中心进行高效对接，以实现远程的投融资洽谈、项目路演等各类活动。无界投融为项目方、资金方、创客空间以及股权交易中心、证券公司、信托公司等机构提供投融资路演、产品发布、活动路演、产品众筹等服务，主推的三大品牌项目有：无界路演、资本直通车、新三板路演，后续还会推出众筹路演和PPP项目路演。

来国桥：甘为学者度一生

□ 李长灿

再次见到来国桥，已经是七年之后。

我上一次去采访他的缘由已经想不起来，大约是去报道他众多荣誉中的某一个。

七年不见，他的脾性和态度还是一如既往地谦和、亲切，他的装束还是如前一般质朴，说得刻薄一些，甚至可以用"土气"来形容。同时，他身上依然保持着"正统的"的"书生气"，以及一股子"不信邪"的"狠劲"。

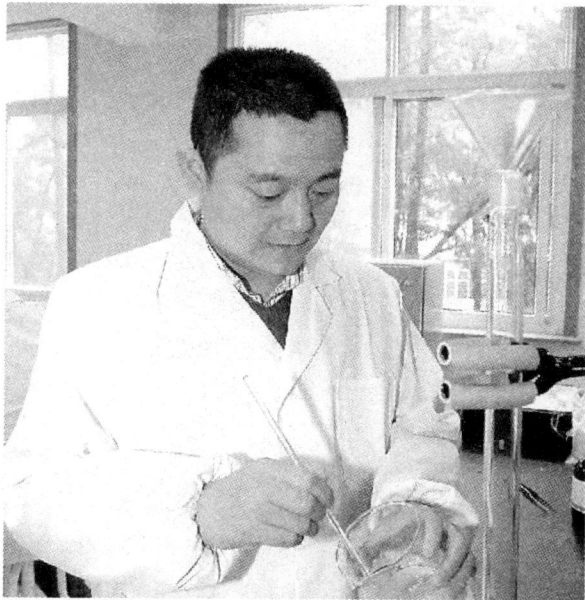

不过，变化也是显而易见的：已近知天命的他，两鬓已经不仅是斑白，而是大面积的"白雪"。另外，他的身份也悄然发生了变化。七年前，他是一位学者，是全国有机硅领域的专家和学术带头人，而今，他的身份在纯粹的学者和企业家中间摇摆——他辞去了杭州师范大学校长助理的职务，就连有机硅化学及材料技术教育部重点实验室主任的职务他也辞去了——要知道，这个实验室是他倾注十几年心血建立起来的。尽管他自我评价依然是一位老师，甘愿做一辈子的学者，但是他对外的身份，更多的时候已是乐道战略材料有限公司的董事长。

一位教授的执着追求

对于来国桥来说，2013年是一个关键性的时间节点。

此前的人生，他把全部的心思都放在研究有机硅上。对于具有强烈的事业心和开拓创新精神的来国桥来说，他研究有机硅是出于一种使命感，内心总有一种振兴中华民族的责任和压力。

1989年，23岁的来国桥从杭师院毕业后留校任教，他和几个同龄人在一所十分简陋的、仅有几十平方米的房间里建起了硅材料实验室。白手起家，缺科研经费、缺设备、缺相关资料，一切都是从零开始。这其中的艰辛，不是几行字说得清的。

来国桥说，那时候的科研经费真的很有限，好在他这个农家子弟，从小就懂得如何"一分钱掰成两半花"。搞科研却缺乏价格不菲的检测仪器，就采取反复实验的方法，待深思熟虑了，再将成果拿出去做检测，争取一次过关。物质条件上的匮乏与科学研究上的困难没能阻挡来国桥前进的脚步。在他的心中，困难只是暂时的，与理想相比算不了什么，他咬定目标不放松，全力投入到他所挚爱的事业中去。

1991年，新材料所正式成立，这是有机硅实验室的前身。1999年，实验室终于迎来了黎明的曙光，而来国桥也迎来了事业的春天。在国家级的项目评审答辩中，名不见经传的杭师院新材料实验室成为震惊四座的"黑马"，从国家有机硅研究中心、中科院化学所、武汉大学、天津大学等众多强有力的竞争对手中杀出，用实力说服了眼光挑剔的评审专家，拿到了属于自己的第一个大型国家级项目。这是来国桥科研生涯的第一桶金，对于实验室来说更是具有里程碑的意义。

"虽然只有50万元的项目资金，但对实验室来说，这是个里程碑式的'胜利'。"来国桥说。

迈出了最艰难的第一步，之后的发展便一发不可收。来国桥以其在科研上特有的敏感性和前瞻性，带领着团队顽强拼搏、努力奋斗，先后主持并完成了国家863计划、总装备部、国防科工委、科技部重点项目（国家11号重点工程）、教育部重点、浙江省高校重大项目（省长基金）等省部级以上项目15项。其中研究成果"硅橡胶"与"黏合剂"曾经用于"神舟五号"飞船的耐高温连接器，为国防提供了特种油墨、硅橡胶及黏合剂等产品，打破了其他国家对我国的专利封锁，有力保障了国防建设和民用对新材料的需求。

靠着几个志同道合的伙伴患难与共，靠着学校的大力扶持，有机硅实验室一步步走了过来，从当初做一次电子拉力测试都要花钱到其他单位借用设备，到现在已拥有众多价值百万、国际一流的科研设备，是教育部、浙江省、杭州市的重点实验室，也是全国高等院校中唯一从事有机硅材料研究与开发的部级重点实验室。

2004年，4000平方米的"有机硅化学及材料技术"教育部重点实验室在杭师院正式建立。"我打心底里感谢学校对实验室的支持，现在全国最有名的有机硅实验室就在杭州，在杭师大。"说这话时，来国桥眼中闪着神采。

劳累，站着就能睡着

有机硅材料，是新型的化工材料，被誉为"工业味精"。由于它兼备了无机材料与有机材料的性能，具有耐高低温、电绝缘性、生理惰性、憎水性、防黏性、透气性、耐紫外光、耐臭氧及耐大气老化等优异特性，不仅在国防工业中发挥重要作用，而且被广泛应用于国民经济各部门。

尽管在2014年，来国桥辞去了有机硅化学及材料技术教育部重点实验室主任的职务，但是为了这个实验室，他真的是"蛮拼的"。一开始，实验室人员少，来国桥就是全能手：设计员、采购员、实验员、记录员、分析员，身兼数职，他每天都忙得团团转。重大项目来了，两三天不睡觉或连续工作更是常有的事，吃饭、睡觉从没个准点，"累到极点的时候，真是走路或站着就能睡着"。

2001年的夏天，为了赶国家11号重点工程的三项材料国产化研制任务，来国桥在通风条件极差的实验室里一待就是五个月，专注实验和繁忙工作让来国桥放松了警惕。完成项目了，来国桥发觉身体开始不对劲，乏力、血糖低、免疫力下降，"是有机锡慢性中毒！"医院出具的诊断报告，让所有人为来国桥的身体捏了把冷汗。

"现在没关系了。"对于曾困扰自己四年的疾病，来国桥说来只是轻描淡写。

来国桥歉疚地说，在实验室，高度集中的大脑就像一台高速运行的机器，没有休息。有时回到家，自己都不会说话了。他的儿子总抗议他话说不清楚，他的爱人也说他答话"牛头不对马嘴"，其实是真的太累了，大脑也会"罢工"。

"中国的一个集装箱，往往只能从发达国家手中换回一盒芯片。"来国桥掂得出自主创新的分量，"现在，国外发明的有机硅产品已达20000余种，而国内才不过500余种。"

如何才能在新材料领域从"追赶者"变成"超越者"？"我们不能永远跟在别人后面模仿，一定要自主科技创新！"

凭着一个年轻学者的敏感性和前瞻性，来国桥带领实验室开始了在自主科技创新高峰上的攀登，向国家攻关、"863""973"等三大国家级项目冲刺。

"自主科技创新，就是要为经济建设出力。"来国桥这样说，也是这样做的。国家攻关项目"耐高温高绝缘高强度硅酮塑料"，是电器绝缘结构件的原料，可广泛应用于模压成型耐高温电器复杂形状的绝缘构件。过去我国一直是依靠进口。来国桥带领实验室苦心钻研，终于在国内首创出可替代进口的新产品，填补了国内空白。

世界领先的"新方法制备甲基苯基二氯硅烷的产业化技术及高性能（耐高低温、抗辐射等）甲基苯基硅树脂、硅橡胶及硅油的新技术"是国家863项目。无数个日夜的潜心探究终结硕果。掌握新技术还只是第一步，实验室又马不停蹄在萧山经济开发区建立起"863"项目成果转化基地，配置了我国第一套规模生产装置。试产的成功，不仅满足了国防建设的科技需要，也实现了来国桥将科技成果转化为生产力的夙愿。

"其实最值得提的，还是我们人才培养模式的创新。"来国桥微笑着说。在学校大力支持下，实验室引进了杭州市第一个国家人事部等六部委"百千万人才工程"人选、杭州市第一个浙江省高校特聘教授，请来了我国从事有机硅的第一、二、三代专家。在引进了14名海外博士后，来国桥开始与知名高校联合培养该专业的博士生。

遵循天道，服务地方经济建设

尽管不愿多谈，但是来国桥的身份还是发生了变化。

2013年8月，乐道战略材料有限公司注册成立。来国桥担任董事长一职，但是他并不是公司的法人代表，公司注册资本的6666万元钱是投资者出的。而且，他在公司里不领一毛钱的薪水。

"一个学者来做这些事，确实不是我的强项，但我确实能够聚集一批科学家，聚集一批投资人，靠着我多年的信誉，把科学家和投资人凝聚在一起，把科学家原来在体制内无法做成的事情，依靠体制外的活力来实现。"来国桥说，技术本身并不值钱，只有与创投资本结合，才能产生经济效益以及良好的社会价值。

坐落于未来科技城内的乐道公司，是一家专注于新材料研发的科技创新型企业。像之前的采访一样，尽管来国桥的时间宝贵，采访前他领着我参观了一圈，让我一一见识各种新型材料，比如吸波材料、金属瓷、高性能砂浆等，部分材料的先进程度在国际上处于领先地位。

中国材料科学家有个梦想，就是让金属表面智能强化，这项技术可以应用在所有铁基运动部件的装备中，让相互作用的物件间磨损为零，比如应用在铁轨、轴承上等，可以极大地降低这些装备的损耗，使机械装备的效用和产能实现最大化。

乐道的其中一个重要项目就是致力于把这项技术转化成实际应用。

来国桥说，中国虽然有很多风险投资机构，但是致力于新材料研发成果转化的企业并不多，材料领域的专业性强、转化难度高等特点，把很大一部分投资机构挡在门外。

乐道公司成立的目标从一开始就很明确：积极寻找并转化院士成果、国家实验室成果、国防军工科技成果、日韩技术成果，并将其应用于相关领域乃至实现产业化。

目前企业集聚了热超导、3D打印、金属摩擦自修复、吸波等10余个新材料项目，预计5年内实施产业化的项目不少于100项，培育10家具备上市条件的企业。

"把时间花在最有价值的地方，做有意义的事情，做符合天道的事情。"来国桥说，做企业以前，他思考的只是如何教书育人，把自己的学生带到学术的最前沿。

但是，多年的科研生涯让来国桥产生了一些困惑，花了那么多时间做研究，最后没有形成生产力，是会有遗憾的。"不是我个人，是科学家群体都有遗憾。材料界的院士们都非常支持我搭建这个平台，不仅仅是为了让科研成果转化为生产力，更是落实市委市政府提出的杭师大要为地方经济服务这一要求。"

来国桥说，在杭州这片创业的热土上，他希望聚集一批科学家、企业家和投资者，去创造更大的价值。不论是做学术还是做企业，来国桥都秉持同一个理念，要遵循"道法自然"，这也是为什么几家公司都有一个共同点，乐道、熵道、磁道。

"未来，我们这个公司一定不是卖产品的，而是卖服务，我们搭建一个平台，做一个经营技术的轻资产公司，类似于创新工场。"来国桥说，尽管从2013年成立以来，公司一直属于亏损状态，但是2015年会实现盈利。"因为高科技公司的基本规律是三年，如果今年不能盈利，这家公司的经营将会陷入困境，不过这是一种不可能发生的情况。"

企业 名片

乐道战略材料有限公司，是涉及新材料、新能源、电子信息、金融等诸多领域的科技创新创业型企业。在浙江省经济转型升级的过程中，在省委省政府对高新科技企业的扶持和海创园管委会"保姆式"的服务下，公司发展迅猛。

乐道已经形成资本平台、信息平台、成果转化平台等三大运营平台，主要方向为：大规模地开展投资高科技产业公司，大数据采集汇整提炼维护处理，转化院士成果、国家实验室成果、国防军工科技成果、日韩技术成果等应用业务。乐道战略材料有限公司作为母公司，正以乐道研究院为心脏，高起点、大战略，集聚了热超导、3D打印、金属摩擦自修复、吸波、超导等10余个新材料项目，预计5年内实施产业化的项目不少于100项，培育10家具备上市条件的企业。

陆悠：精致创造影响力

□ 李超

杭州玉皇山脚下，八卦田公园旁，漫山遍野金灿灿的油菜花让人不由得沉浸在春日的明媚中。

两年前，就在这个地方，四个姑娘创立了属于她们自己的公司——美通公关。偌大的摄影棚兼办公室，里面都是她们从天南海北淘来的小玩意，文艺气息浓郁。

两年后，这个公司的创始人之一，美通公关的CEO陆悠，却再不为盲目扩张公司规模而焦虑，哪怕有风险投资者找上门来，哪怕是"乙方"的角色，她也可以气定神闲地对"甲方"说"不"。

广告人出身的陆悠，凭借敏锐的营销直觉，术业有专攻，立足微电影和新媒体整合传播，为一个又一个客户打开了行业知名度，通过"小而精"的运营战略，从女性独有的视角出发，将美通塑造成一个"精致创造影响力"的企业。

转身："职场"杜拉拉"自己开始做老板

和很多同龄的女孩子一样，陆悠总是像个大笑姑婆一样笑嘻嘻的，可性格中又有一些倔强和果敢的影子，用她自己的话来说，"女汉子"的称号也是名副其实的。

毕业后，她以文字编辑的身份进入杭州一家杂志社。"那是我从大学开始就梦寐以求的地方，我在那家杂志社认识了很多志同道合、气场很合的朋友。"

之后，她陆续换了几份工作，在那一年多的波动里，当时20岁出头的陆悠觉得上帝对她不太公平。直到2010年，陆悠挂在招聘网站上的简历被思美传媒的HR看到，不经意间，陆悠的职业之路就此改变。

"职场生涯里，我最想感谢的人就是思美传媒的董事长朱明虬。如果说在杂志社学会了动手执行，那在思美学到的是全案布局。"陆悠说，因为职位便利，她可以接触到广告行业整条产业链的牛人。"我一直觉得自己很普通，唯一有优势的就是学东西很快。朱总于我而言不仅仅是给了我一份稳定的工作，他更是教会了我很多职场的道理。"

于是，陆悠在这家行业里颇有名气的公司一待就是三年。

正当自己工作发展得顺风顺水，职场"杜拉拉"的轨迹也清晰可见时，陆悠却意外和自己的几个闺蜜一起选择了创业。

"公司当时有个'四人帮'，其中大姐是我最好的闺蜜。她从思美离职后，我们四个人聚到一起，因为舍不得一个人离开，便萌生了创业的念头。"陆悠说，虽然知道创业艰难，可当朋友们汇集在身边时，给予她的力量却无比强大。

之后，美通公关策划有限公司正式挂牌，主营四大业务板块：品牌创意、新媒体推广、微电影营销、落地公关。"取名美通，英文名mental，意为一群神经质的人要大胆去做一件看似疯狂的事。如果这件事成了，那只能说明上帝也mental！"

专注：公关永远要走在产品前面

"一开始创业我们就非常明确自己的定位，美通公关专注服务于成长型企业。我想让这些和我们一样的创业型公司，在有限的预算里获得4A公司级的服务。"陆悠一直都知道这句话说起来很简单，做到其实很难。

美通创立伊始，一家成立不久的互联网金融公司经朋友介绍找到了她们。

这个新公司名叫人众金融，当时行业形势并不那么红火，在各类P2P平台跑路、违约的负面新闻下，公司进入杭州发展可谓是举步维艰。"所以第一件事，我们得帮企业升级信任状，用一个季度的时间深入展示该企业的信用度。通过全网EPR传播的方式，规范官方发声渠道，连续三个月网络公关，持续热度。"陆悠说，她们在各大金融垂直网门户站、有公信力的知名专业论坛发布稿件、举办活动，让新媒体端口的公众人物、金融专家保持发声状态，力挺这个新锐品牌。

陆悠说，第一笔单子虽然金额小，做得又辛苦，可让她和她的团队像打足鸡血一样每天热火朝天地干。"每一样新鲜的事物或者产品，公关永远要走在产品前面。先公关再市场。表面上好像上来就要花钱，其实到最后是给你省钱，同时给自己创造了好的营销环境。网络公关之后，要有面对面的落地活动配合，再次升级企业信任状。让那些通过各种途径知道了你的人们，开始信任你，愿意跟你面对面，从而喜欢而且放心跟你站在一起。"三个月后，人众金融风生水起。

小试牛刀后，美通公关又开始为一个只有两个员工的水果电商做专案。通过微电影、微信和极具创意的线下活动，他们让这家小公司开张第一个月利润就突破了2万元。美通服务的这家公司就是后来在杭城电商圈里小有名气的"水果在线"。

杭州当时没有非常出名的微信端口的线上水果专家，接到这个案子的时候，美通用最快的速度做了市场调查，首先精准产品定位——"品质一族的首选"，这也是"水果在线"这样的新品牌能杀出去的切入口。"我们发现现代人已经习惯在网上购买生鲜水果了，但很遗憾，品质始终是痛点。于是我们针对这个问题，前期以主营进口水果为切入点，在产品开发上突出品质感，同时绝不打低价牌。"陆悠说。

其实，"水果在线"创始人侯觅宇在公关思路上并不输给专业人士，在最初的半年里，他甚至没有正式成立公司，所有的工作都是配合美通公关打公关战略。于是，富二代创始人坚持梦想的故事、建筑设计师下海卖水果的传奇、帅哥美女全城派送水果的活动等通过新旧媒体平台轮番轰炸，等到半年后水果在线正式成立，他们累积的粉丝和实际客户已经突破了四位数。

情怀：立足微电影，成就业内美誉度

很快，美通的名声就传开了，开始有客户自己找上门来。生产一次性微创手术器械的天任生物科技董事长安行找到了陆悠。

天任生物是以生产高科技一次性微创吻合器医疗器械为主的，公关切入时，企业刚刚成立。虽说互联网思维一直很火，但陆悠觉得传统行业，尤其是医疗器械这种高科技行业，不要被流行冲昏了头。

在做了一系列行业分析和竞争者业态分析后，陆悠把定位落点在"成为第一"上。天任生物是首家以打破进口医疗器械垄断中国为目标的企业。安行的抱负很大，但在品牌推广上还是接受了美通的思路：在前期品牌导入期用一种稍微温柔些的方式去影响受众。

于是，在一系列基础品牌设计服务、宣传片和TVC拍摄过后，陆悠和她的团队决定来一点温柔的"狠招"。她们选用了"父爱无疆"这个几乎人人都会有共鸣的点切入，拍摄了一本纯公益的微电影。"在天任生物投资拍摄的这本片子里，没有产品植入，也没有大肆的品牌露出。这对于客户来说，真的很伟大，很少有甲方能这么耐得住寂寞。"

微电影的创意形成后，陆悠让身边的朋友们看了一遍，不出所料，很多人都哭了。内容固然重要，怎么推广也很重要，这套组合拳，少了一步就没有效果。

"微电影这个内容对我们来说是产品，那么又要使一招：公关先行。我们在父亲节这个上映节点前一个月制作了预告片，预告片是以生活中的普通人的访谈为主。在网络上进行了一个月的传播，当时就有很多微博名人、大V都给予转发，没想到一个月后，预告片光在腾讯的点击量就突破了100万。"

同时，网络关于微电影《父爱无疆》的公关战略全线铺开，父亲节上映时已经吊足胃口，这个时候就得拼内容了。功夫不负有心人，播出3日内《父爱无疆》累积点击量达100万次，搜索引擎天任生物品牌露出名列前几页。

美通这场成功的微电影营销也在业内引发广泛讨论，赢得了极高的美誉度。天任生物官网、微信公众平台的粉丝数暴涨，公司业务也开始步入正轨，一年销售额突破1000万元，如今在资本市场估值已经超过3亿元。

陆悠说，她们在和天任的合作期间内，一年就开发了客户十余家，包括绿城农业、大家房产、妙诗甜品、水果在线、台州宝囍投资、三立集团、祖名豆乳、KK唱响、坤天科技、保利地产等。

"我现在还记得我们给天任品牌——天昱微创制作推广计划、拍摄执行视频的那段时间，那个时候天任仿佛是我的第二个办公室。我们看着安总带领他的创始团队在厂区吃泡面，没日没夜地加班。看着他一颗颗螺丝钉摆出来，亲自安装办公桌椅。我们是这么为一个有情怀的公司，精心策划了一场有情怀的胜利。"陆悠笑言。

共赢：与天使投资人做朋友

"美通成立的这些时光，我几乎每一秒都活在感恩中。我有几个天使投资人朋友，不过他们没给过我钱。他们给的是比资金更重要的东西，使我们立足于行业的核心。"陆悠说。

五年前，陆悠在没有稳定工作的时候，和凯维资本董事长姚勇杰有过一次工作上的交集，当时姚勇杰正在操作尚越光电这个项目，而如今的尚越光电已是太阳能领域的最高水准企业。

彼此给对方留了个好印象之后，她和姚勇杰三年未见。

美通刚成立时，在投资界身经百战的姚勇杰一听陆悠要创业，就立刻约了她出来。"在创业初期就被一位投资大亨'捡'了去培养，我也实在没脸说走到今天全靠实力，没半分运气。"陆悠坦言，之后的半年时间里，姚勇杰相继给美通引荐了很多和她们一样在路上的创业者，而创业者之间总有种惺惺相惜的感觉。"姚总投资的企业大部分是处于初创阶段，我在一群不要命的创业者中间，获得了无与伦比的经验值，开阔了永远无法用金钱衡量的眼界，当然有很多人还成了我们的忠实客户。"

之后美通公关团队又通过姚勇杰，遇见了暾澜基金CEO李甲虎，而他也成了陆悠和她的团队的又一个贵人。有了这两位投资界的贵人相助，加之出色的新媒体多元化营销战绩，美通开始吸引一部分风投的注意。

陆悠说，尽管已经是朋友，可她从不在他们面前说苦，即便在因为招人还有转型，口袋里只有800块钱的那段时间。好在有这些重量级朋友的相助，陆悠和她的团队走得非常顺利，当然代价也不小。"没日没夜地工作，连口饭都没时间吃，更别说找个男人嫁了。"陆悠说。

对 话

Q：《杭州日报》

A：陆悠

Q：现在工作中最怕什么？

A：单子越来越多，可我们重复做的工作也越来越多。公司利润再高，业务量再大，可人开始变得不有趣了，这是一件可怕的事。我还是想做一个有意思的人。我现在站在我的客户面前，没信心拿一个不有趣的我，来拯救他或许濒临危机的品牌。一群不再有趣的人做广告做公关，迟早会被行业淘汰的。

Q：有没有做过上市计划？

A：由于我们是广告人出身，因此在新媒体领域的传播优势比较明显，早在微信和微电影流行之初，我们就做过很多成功的案例，现在凭借越来越多的积累，加上投资界朋友的帮助，已经有一些风险投资人跟我们联系了。

Q：今后公司的发展方向是什么？

A：今后我们的战略发展方向始终注重内容的精耕细作，同时用全案的布局和思路为客户制定最有效的推广方案。全年服务客户将是主要服务对象，同时我们这两年的目标还要做出几场精彩绝伦的公关事件。

Q：工作之余喜欢做些什么事？

A：我喜欢把自己的生活装点得有滋有味。喜欢照顾小动物，会帮出差的朋友看管小狗，办公室后面的山水有只瘸腿的小黑猫，是美通的招财猫。八卦田风景太好，我给自己买了把摇椅，天气好的时候，不管再忙，我也会晒会太阳吹吹风。有时候一个方案集体卡壳了，我会带着姑娘们做个美甲来个spa，当然代价就是加班到凌晨两三点。

Q：三十而立对你来说意味着什么？

A：这就是我要创业的最大动机，我想更早实现梦想，实现自我价值。以前觉得

30岁很可怕，但现在再也不怕了——30岁的女人在事业上是最好的年纪。有多少人在四五十岁的时候才勉强实现理想，而我今年才30岁，我没有辜负自己。

企业
名片

　　美通公关秉承"精致创造影响力"的企业文化，"小而精"的运营战略，集品牌服务、公关活动、新媒体推广、视频内容营销四大板块为核心业务，是三立集团、祖名豆乳、绿城农业、大家房产、保利地产、妙诗甜品、KK唱响、坤天科技等一批知名公司的服务商。美通以微电影和新媒体营销见长，通过多元话题营销一手捧红了"水果在线"，该公司为天任生物摄制的《父爱无疆》也赢得极好口碑，成为广告圈微电影营销的典范之作。

第三篇
智　商

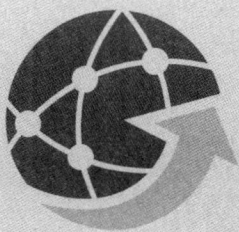

商者，互通有无。

"古之为国者，使商通有无，农力本穑。商不得通有无以利农，则农病；农不得力本穑以资商，则商病。"明朝首辅张居正曾如此描述农商关系。

重本抑末、自给自足的农耕文明时代已然远去。工商繁荣、自由交易的市场经济早已到来。经济学开山鼻祖亚当·斯密在《国富论》中尝言："我们每天所需的食物和饮料，不是出自屠户、酒家或面包师的恩惠，而是出于他们自利的打算。"自利而利他，基于自由交易的市场之手，专业分工和互通有无，正不断增进社会福祉。

无论经济如何周期性起伏跌宕，人们衣食住行的需求始终如一。酒足饭饱之后，更需诗和远方。这种需求的参差多态和不断演进，也为那些能提供专业产品和服务的商人提供了足够广阔的市场空间。纵然如此，今日之商业世界，却早已不是一个铺位、几种小商品就能坐等数钱的短缺经济场景，也早已过了一个网店、几款衣服就能坐吃渠道红利的初级阶段了。利用信息不对称进行市场和政策套利的低层次商业哲学，则需要向更高层次进阶。

讲品质，讲调性，讲体验，讲辨识度，讲社群认同，在一个新消费时代，做生意没点"智商"断然寸步难行。于是在这一章，你将会读到一群杭州"智商"的故事。也许他们所处的行业多少带有点传统色彩，也许他们致力于提供的产品和服务并没有那么炫目，但你无法否认他们的不可或缺。

你可以读到，这群"智商"如何在一个日渐变动不居的世界里，怀着一颗专业主义的匠人之心，推动一家传统高端酒店集团的转型，诠释一个经典餐饮品牌的坚守与创新，擦亮一家乡村度假企业的金字招牌，又或者营造一种商业综合体的"现代趣味主义"……

商人有智，商业日新。

陈妙林：我这五年

□ 孟煜前

在事业上，他是开元旅业集团的开创者；在生活上，他又是爱好旅行的运动达人。温和而儒雅、自由而克己，这种思维方式很大程度上决定了中国最大的民营高星级连锁酒店——开元旅业集团的现在和未来。他身上有种几乎让人不解的毅力，"目标""坚持"四个字，已深深植根于他的工作和生活。

这五年里，大家看到他曾辞去集团总裁一职，又见他卸下重任后，中途折返，重回企业挑起重担，领导开元集团成功转型，度过危机，平稳踏上新的征程。

重出江湖

2010年，时任开元旅业集团总裁一职的陈妙林，突然宣布辞去这一职务。猛一回头，离他辞职过去了五年。这五年，人们可以在不同场景捕捉到他的身影——他的出现每次都不一样，或在青藏高原蓝天白云下，或在法国乡村的环法自行车赛道上，或在集团新开业酒店的剪彩仪式上。

按照最初的想法，这五年，爱好运动和旅行的陈妙林应该在各地行走，从一个目的地，到下一个目的地，"可惜，这个计划在2012年就夭折了，没办法，企业更需要我。"他的回答很干脆。

"我不是突然辞职，我一直有个愿望，希望60岁退二线，65岁全身而退。慢慢退，所以先辞去了总裁的职务。"他认为，换任何人来接班都需要一个过渡期，尤其对有上百家子公司的大集团而言，过渡更需要时间。

但2012年，时年60岁的陈妙林在宣布退出总裁一职的两年后，就重出江湖。"给自己留点时间和空间，做自己喜欢的事情"的计划，再度搁浅。

2012年，企业生存环境发生了很大变化，中央出台的"八项规定"对全国酒店业的影响很大，陈妙林正是在这一年的8月，重新执帅开元。企业管理层和员工看到，陈妙林回归的两年多里，开元旅业集团确实做了许多原来不敢想、不敢做的事情。

与陈妙林面对面交流，你会很快就被他抛出的一个个故事所吸引，既有开元如何消化了大量的房产库存，也有怎么开出一家家有特色的文化主题酒店，还有开元如何做融资、上市，把资本市场搅动得风生水起。

听他的故事，你能收获很多有趣的细节，德国工人装修酒店时如何认真细致，海外收购的金郁金香酒店员工的薪水构成，收购法国波尔多璧萝酒庄后如何经营，葡萄怎么种，红酒怎么鉴别。

这些与其说是故事，不如说是陈妙林重回企业掌舵两年的履职经历，原本可以优哉游哉的他，再次参与到企业大政方针的制定中。遭遇、突围、转型……一道道难题，经过陈妙林的娓娓道来，都成了故事，引人入胜、精彩动人。

五年一格局

2015年7月30日上午，陈妙林从内蒙古赤峰风尘仆仆赶回萧山，参加了开元旅业集团的新项目——湘湖开元森泊度假乐园的签约仪式。

两年后，这里将矗立着一座集娱乐、休闲、住宿为一体的大型度假村。他透露，开元森泊度假乐园只是开元新产业的一部分，过去两年多时间里，开元完成了诸多投资转型，摸索出了一条企业发展的新路。

2012年，全国酒店行业特别是高星级酒店的经营困难重重，2013年下半年房地产市场又不景气，两年多时间里，开元旅业集团完成了去房地产库存60多亿元，同时完成了酒店产业结构的调整，从传统商务型五星级酒店转向了文化主题酒店，并顺利开启了资本市场的运作。

绍兴大禹开元度假村，是开元文化主题酒店极为成功的典范。紧跟着闪亮登场的，还有宁波十七房、盐官古城酒店。绍兴大禹酒店由大禹守陵古村改造而来，宁波十七房是宁波帮发源地，盐官古城是当地特色民居……开元人将它们改造了，让人去尝试不一样的居住体验。

"这种感觉很好，通过酒店来传承当地文化，用建筑来记录过去，是一件很有意义的事情。"说起文化主题酒店，陈妙林稍许有些激动。

不再兴建五星级商务酒店，投资也主要集中在乡村度假酒店、文化主题酒店、经济性商务酒店，同时布局度假村开发，这些是开元旅业集团转型再出发的新方向。

陈妙林透露，和萧山森泊度假乐园同时启动的还有长兴太湖项目，这是另一个面积比萧山项目大一倍的休闲旅游度假综合体。其中包括各种游乐设施、度假木屋式酒店。预计初步投资18亿元，9亿元建度假酒店，9亿元建游乐设施，这个项目将是未来重点投资领域。

目前，开元管理和签约的酒店逾180家，客房总数近5万间，在酒店业的投资累计已逾140亿元。投资方向有所侧重的同时，陈妙林认为，作为一个酒店集团来说，不能完全靠自己的资本去建造。因此，开元旅业集团开始做轻资产模式，现在一半是重资产，一半是轻资产，"我们计划到2020年80%以上都会是轻资产，20%是重资产，轻资产发展会比较快一点"。

资本市场是近两年来开元布局的一件大事。

"开元的三块业务将做分拆上市。其中，物管公司已在去年的新三板上市。2013年7月初，开元酒店REIT股份在香港主板挂牌上市。接下来还要布局的是酒店的单独上市。"陈妙林介绍，"酒店在2015年预计做到1个亿的利润，争取2016年达到1.3亿到1.5亿元的规模。如果按照现在A股上市公司市值计算，上市后的市盈率将达到40倍"。

2010年，开元集团发行了第一期5亿元企业债券，2014年，又成功发行了10亿元的企业中期债券，2015年又获批20亿元债券，其中5个亿已经发售完毕。企业债券的发行盘活了资金存量，还塑造了良好的社会形象和企业形象，陈妙林赞叹这是一举两得的事情。

他认为，开元已过了战略调整期，新动工的建设项目两年内虽不能全部完工，但雏形应已基本具备。"按原定的65岁退休计划，我还有宝贵的两年工作时间。"陈妙林说。

诗和远方，时时召唤着这位热爱运动和旅行的企业家。

遥远的旅行

法国海岸小镇、天山牧民家的奶茶、凯撒大帝的疆域，还有古巴比伦两河流域昔日的丰茂水草……这些天马行空的东西储存在一个男人的脑海里，顺手拈来，便是一个个绝佳的旅游目的地。

花甲之年的陈妙林，喜欢冬泳、骑自行车、桌球、高尔夫、自驾游，相比其他玩者，他又为玩耍设下了一个极其严苛的标准——目标，他说："出去玩，也要有目标，没有目标的话，玩起来就没有劲头了。"

2012年，他再一次骑行青藏高原，这一次是沿着青藏线穿行，比2009年的川藏线进藏，遭遇的困难更大。

路上20多天，9天时间在4500米以上高原。塔里木沙漠，47摄氏度，天山，又是0摄氏度以下，天空飘着雪，一两天变幻一个季节，很容易感冒。这一次，陈妙林在路上得了严重腹泻。

病情最严重的那天，他骑行在海拔5000多米的高原，"最后20公里真有点动摇，因为骑行队伍有严格的时间安排，每天在哪里吃，哪里住，都有计划。那一夜，骑友们住在高原兵站，兵站站长给我烧热水，给了六支珍贵的葡萄糖。如果没有热水、葡萄糖，也许就不能坚持到最后。最后20公里，我无论如何要扛过来……"

最后，17人的骑行队伍，只有7个人坚持到目的地，陈妙林是其中一位。

他自曝冬泳18年，一同参与的公司同仁也有三四位，但很多人都没能游过最冷的12月。"寒冬腊月跳进水里的那一刻，是痛苦的，但是游到对岸，心里很踏实，感觉一件事情又完成了，心里有说不出的舒坦。"陈妙林说。

他最近的一个目标是参赛"杭州马拉松"。为了跑"杭马"，陈妙林又给自己定下目标——早晨必须跑10公里，晚上有时间再跑5公里。

"睡懒觉也不舒服，思想上不舒服。"每天早晨六点准时起床锻炼的陈妙林如是说。

旅行中每天坚持写日志、18年如一日坚持冬泳、每天坚持六点起床锻炼……听陈妙林说旅行和运动，出现频率最高的词，竟然是"坚持""目标"这些和玩乐不相干的词汇。

"极限运动可以锻炼意志，这对做企业也有帮助"，在他看来，做企业第一要有目标，第二要有意志，"像骑车一样，最困难时支撑着你过来的不是体力，而是意志"。

"最困难的时候，冷静下来，挺一挺，咬咬牙，可能就柳暗花明了，挺不过去，可能就没有这家企业了。"工作和玩乐，两件原本截然相反的事情，在陈妙林身上，达到了和谐共振。

心的世界

境界，是个需要灵性和时间来打磨的东西，即使你拥有了一切外在条件，也不一定能够拥有。心灵的伟大格局，需要见识和时间来实现。

陈妙林的童年，几乎都在穷困中度过。"三年困难时期"，他像大多数中国人那样饿肚子，身为城里人，为了生计照样去养鸭养猪。从1986年陈妙林带领第一代开元人筹建萧山宾馆之始，到如今坐拥财富巨大的"开元帝国"，风风雨雨30个春秋。如今的陈妙林到底在思考什么？金钱和财富对他意味着什么？

在硕大无比的办公室里，这位财富帝国的掌门人，云淡风轻地表达了对金钱和财富的理解。

"2010年我有集团77%的股份，现在只有55%的股份，我说过将来要退到34%，我的律师告诉我：'企业要做大做强，股权要分散，我赞成。但是34%我不同意，应该需要绝对的控股权51%，才可以牢牢地把握这个企业。'我说：'为什么要牢牢地把握呢？如果有一天我的想法改变了，可能这个企业消失得也更快。’”他补充说，“保留公司34%的股份，是在公司董事会上承诺的，不会改变。”

酷爱阅读史书的陈妙林感慨：人的一生，在漫漫历史长河中，不过是转瞬即逝的小水珠，总有一天我们要离开这个世界。从历史的角度来讲，曾经的辉煌，留下来无非是一个故事，而不是任何物质上的东西。

在他看来，开元的故事能够继续下去并流芳百世才是最重要的。现在他做的事情，不光是为了钱，钱不过是一种工具而已。

把开元旅业集团做成百年老店，才是他心底最大的愿望。

在这种信念的支持下，陈妙林在2010年就决定，把公司股权分散给更多员工。说起分散股权的初衷，陈妙林道出了背后缘由：

他说，人在两种情况下，世界观会发生很大变化，一种是年事渐高，另一种是突遇重大打击。他感慨：“价值观的变化，对普通人而言没有多大关系，但是对企业的创始人来讲，个人改变会给公司发展带来巨大影响，企业负责人的价值观发生变化，公司的价值观往往也会发生很大变化。”

五年前，陈妙林担心随着年龄增大，因为个人原因或许会影响开元旅业集团的发展。“我的职务要慢慢退出，我的股份要慢慢减少。”今天，他依然信守着五年前的诺言。

对 话

Q：《杭州日报》

A：陈妙林

Q：你会考虑移民吗？

A：身边很多朋友都定居国外了，但我不会移民。国外环境虽然好，但是缺乏一个基本的人文环境，这个我不喜欢。现在我们家一个都没有移民，我的两个女儿高中就去英国接受教育，但她们也没有移民的想法，现在都在中国发展。

Q：您的员工怕您吗？

A：我觉得我的员工不怕我，但他们尊敬我。

Q：你是否考虑将来让孩子来接班？

A：我有两个女儿，两个孩子现在都有自己喜欢的事情在做，而且她们的能力未必比别人强，公司就是要让能者上，这样才能长久。其实做企业挺辛苦的，女孩子不一定适合。

Q：您正在阅读什么书籍？

A：1.《二十四史》：我认为有可能的话，青年人还是应该把《二十四史》通读一遍，只有这样你才能看出历史发展的深层次规律，才能看清纷乱的历史现象中的必然性，也才能从古代已发生的事情中，找到当前正在发生的一些事情的根据。

2.《罗马人的故事》：罗马史对中国当前的发展，乃至对世界历史的发展都有重大的借鉴意义。我要推荐的是一位日本女作家盐野七生写的关于罗马的一套书《罗马人的故事》，这套书讲述了罗马兴起的原因，也追问了导致罗马衰败的制度问题。

3.《弟子规》：我认为青年人都应该读读《弟子规》，这是古代的一本启蒙读物，但是却用简洁扼要的语言表述了中国传统文化的内涵——忠孝气节、礼义廉耻。

4.《当代中国社会八种思潮》：马立诚的《当代中国社会八种思潮》是我最近在读的一本政治类的书，作者对中国当代社会的各种思潮进行了分析和评论，对于青年人认清当代中国社会的各种思想流派、保持清醒的头脑是很有好处。

Q：您为两年后的退休生活做过哪些打算？

A：尽自己最大的努力，实现自己的价值，这就是我的人生格言。65岁之前，我一直会骑车。一直骑到65岁退下来，退休后，我会出去旅游，多看些书，练练书法。到时候年纪大了，就做一些不那么剧烈的运动，然后听听音乐，享受生活。

企业
名片

　　开元旅业集团是一家持续追求价值领先的旅游产业投资与运营集团，以酒店业为主导产业，房地产业为支柱产业，兼有辅助性工业等产业。自1988年创办萧山宾馆以来，在27年的创业与发展过程中，开元确立了"营造中国品质、创造快乐生活"的企业使命。截至目前，开元拥有总资产200多亿元，员工22000余名，下属企业200余家，分布在浙江、上海、北京、江苏等地。集团被列入"中国服务业企业500强""中国民营企业500强""最具规模中国饭店集团第二位""中国房地产企业100强"。

杜宏新：在这里赚不到很多钱，但依然是项成功的事业

□ 桂斌

有好几次，杜宏新差点成了创业者。

艺龙的创始人唐越是杜宏新在美国留学时的好朋友。当年他从华尔街回国创业，就曾邀请过杜宏新当他的合伙人。

2000年，有人请杜宏新回国考察经济型酒店，那时候还没有如家，国内对于经济型酒店的思路还很混乱，他觉得这会是一个好的创业方向。

最终，为了距离父母更近，回国之后，杜宏新选择应聘黄龙饭店，成了一名职业经理人。

这位杭州黄龙饭店的总经理讲起了关于人生选择的往事，也谈起了黄龙饭店在过去12年中的变化：新世纪之初，黄龙饭店就像英雄迟暮；如今，重新出发的黄龙饭店则又一次成为行业的标杆。

在接下来的十年里，杜宏新的主要任务将是提升"杭州黄龙饭店"的品牌价值：一方面，黄龙饭店会对外进行酒店管理体系的输出；另一方面，黄龙饭店也

将在面向大众消费的一些领域，衍生出一些子品牌。虽然面对着国际酒店管理公司这样的强大对手，黄龙饭店希望能通过它的本土优势，将影响力从区域扩张到全国。

"我把杭州黄龙饭店作为一个作品。对我个人来说，可能赚到的钱会比创业少，但这依然是个成功的事业。"杜宏新说。

美国经历

1998年，杜宏新去美国内华达州学酒店管理。这段留学经历被他认为收获颇丰：在课堂上学到的理论知识，用来和自己之前的管理工作经历比照，判断哪些是有效的，可以在中国运用。

他还在拉斯维加斯的米高梅、凯撒宫、广场酒店等多家酒店工作学习过。那个时期，拉斯维加斯正在经历一次重大转型，从举世闻名的赌城变成一个集赌业、会议会展和休闲旅游的目的地。这种转型，带动整个酒店业的产品结构都发生了变化，"这个过程其实和中国酒店业过去十年发生的变化非常像，从原来的高端酒店重点接待国外观光客人为主，转变为面向整个国内商务和旅游休闲市场，有了这个经验，我回国之后，就清楚地看到人们的需求在怎么变"。

杜宏新称他的财富观也在美国期间发生了巨大的变化。以前，他把做生意、赚钱当做目标，可在拉斯维加斯，他才认识到真正的生活不是对金钱的追逐。"说起来很怪，在那样一个纸醉金迷的地方，你怎么会这样看财富？但那些纸醉金迷其实是个外壳，你接触多了，慢慢地会理解生活其实是很多元的。你可以追求物质，但是这个是没有止境的；你也可以追求一些理想的东西，这更容易让人充实，让你觉得有意义。"

杜宏新在美国的那几年，正好是网络泡沫破灭前的大繁荣。那时候，他遇到的所有人都在谈网络，"就像一个大气场，你不可能绕过去"。就从那时候开始，杜宏新变成了一个技术爱好者，一个"果粉"。若干年后，当黄龙饭店开始二次创业的时候，这个爱好让杜宏新发现了一些新的可能。

重新出发

2001年6月，杜宏新应聘成功，成为黄龙饭店新一任总经理。他把这视为一种"荣耀"。

黄龙饭店是一个被深深刻入城市记忆的地方。它是改革开放以后出现的第一批现代化酒店，1988年建成的时候，就在杭州成了一个地标，因为"那时候在杭州还未出现过如此现代而又富丽堂皇的场所"。在很多人心中，黄龙饭店被当做一个巨大的"殿堂"：人们第一次知道在招待所、旅馆之外，还有星级酒店这样的事物；同时，它也被视为一种生活方式，"来到黄龙饭店，是件自豪的事。"现在有名的浙商，很多都对黄龙饭店有特殊的记忆，因为他们很多社交活动就在黄龙饭店进行——"马云还在这里有过办公室"。

不过，那些都是辉煌的历史了。杜宏新接手的时候，黄龙饭店已是"英雄迟暮"。那个时期，同行说起黄龙饭店，还存有些尊重，但已经没人把它当做对手。酒店业是个新陈代谢很快的行业，一方面，在杭州，国际管理集团管理的高星级酒店不断出现；另一方面，当年黄龙饭店引以为豪的装修和设施，已经不如一些人家里的装修水平。

2004年，机会来了，董事会授权杜宏新对黄龙饭店进行改扩建。杜宏新把这视为对于黄龙饭店团队的最好机会，可以把自己的思考与对未来的判断用进来："我们可以重新出发。"

创新酒店

黄龙饭店从确定要改造，到正式动工，中间有差不多三年时间。"我们希望黄龙饭店改造之后，能重新成为一个标杆企业。凭什么做标杆？我们内部讨论了三年。"讨论包括酒店的市场定位、改造方案的完善，几乎改造之后的酒店里的一切都已经计划好了。

2007年，黄龙饭店改造工程正式动工。这是杜宏新第一次负责基建工程，每天至少工作12个小时，在工地上盯着，每天晚上七点钟还要开会，开完会后继续盯施工："白加黑""5+2"成了那段时间里主要的工作节奏。

2009年9月，改造后的黄龙饭店正式亮相，引起了业界轰动。"几乎所有国际酒店集团总部，都先后派人来考察过；直到现在，每周仍有人来参观。"

这是一家重在实践的酒店。这些年通过整个团队的共同努力，新的酒店已能够在"现代、奢华、艺术"三个方面来充分体现杭州黄龙饭店"引领现代奢华体验"这一品牌核心。

新黄龙饭店最突出的变化就在于智能化：出了电梯，就会有电子导航提示房间在哪里；有人按门铃，门外的图像就会自动转换至电视屏幕；来自国外的客人入住后就会发现电视系统里的文字显示为入住者的母语……"尽管智能化也是我的兴趣所在，但实践者是黄龙饭店，这是时代发展的必须，因为社会已经进入到了信息时代，已经进入了信息与个人的交互时代，人的传统五感，已经通过智能手机等设备演变成人的第六感官。就好像现在很多客人进酒店第一件事，不是看环境，而是看有没有WIFI信号。"

智能化带来的新体验，引起了市场震动，同时也成了酒店最好的口碑营销，"如果量化一下这几年国内外各类媒体对黄龙饭店的报道，应该可以计算出来的价值，至少值千万元了！这就是引领潮流的价值体现"。

杭州黄龙饭店又一次成为行业发展的里程碑：由国家旅游局上报获批的国内酒店智能化的参考标准就是参照黄龙饭店制定的；同样，近几年的各种论坛中，智能化的展示和讨论，都成为一个重点。新建的高级酒店几乎都把智能化作为一个重点考虑对象，甚至出现在全球各级酒店用品博览会上。

"对于我们管理团队来说，新的黄龙其实就是我们集体创作的一件作品。"杜宏新说。

未来方向

杭州黄龙饭店的发展并不仅仅限于本店。

黄龙饭店正在加快输出管理的步伐，这让黄龙饭店的品牌具有了更大的价值。在杜宏新看来，酒店品牌发展有三个阶段：第一阶段是建设旗舰店，储备人才，积累品牌价值；第二阶段则是将品牌区域化，管理10到20家酒店，将管理模板化、标准化，黄龙饭店现在就处在这个阶段；而一旦度过这个阶段，就可以进入第三阶段，依靠资本化运作，快速扩张复制。

黄龙饭店的另一个发展方向，则在于打造一系列面向大众消费的子品牌。黄龙的自助餐、面包房、婚宴乃至洗衣服务，都将在今年开出独立的连锁品牌。"现在大众消费的要求愈来愈高，这些产品其实也可以推送到社会中去。"

对于杜宏新和杭州黄龙饭店来说，这些新的发展目标意味着，未来十年将会迎来"第三次创业"。

而在过去的十余年中，杜宏新没有像自己的朋友一样成为创业者"赚大钱"，但他依然认为自己是成功者。"杭州黄龙饭店重回大家视野，能让同事们自豪，能让同行们尊重，能让社会接受，这同样是成果。"

对 话

Q：《杭州日报》

A：杜宏新

Q：如果现在的杜宏新遇到刚刚担任黄龙饭店总经理的杜宏新，会对他说什么？

A：我会告诉他，这是一个好的时代，这里有一个好的团队，这是一个好的平台，你可以为它奋斗。

Q：做了这么多年职业经理人，你可能放弃了很多创业的机会，是否会觉得遗憾？

A：有朋友和我说过，你放弃了做这个或那个的机会，是否觉得可惜，但我不懊悔。那些创业成功的人，可能拥有更多财富，同样他们也有他们的付出和代价，开句玩笑话，他们的白发也会比我多些。对于我来说，赚多少钱不会让我动心，这个事业是不是我想做的，这才是最重要的。

Q：现在杭州也有很多国际著名的酒店品牌进入，黄龙饭店如何保证自己的市场地位呢？

A：我们希望这个地位不靠拼价格，而是力争把服务做好，通过提供独特的个性化服务来树立起自己的品牌形象并发展好这个品牌。我们现在在做的是积累，品牌是靠时间、管理风格、企业文化沉淀出来的。而且目前也是紧紧依靠三个特点，这三点也是我们品牌的组成基因。现代，就是用新的科技提升我们的服务，给人带来更多新的体验；品质，强化对硬件和软件的建设来满足社会对品质的追求；艺术，通过各种艺术的内容和形式提升我们的服务，让我们的服务更优雅。

Q：听说你是个科技迷，你现在关心些什么样的技术？

A：针对酒店而言，我主要关心三大类技术。一是能给客户带来新体验的技术与产品。现在是体验经济当道，没有给客户新的体验，就不会吸引来常客。就像我们当时用IPAD做菜单IMENU，媒体觉得这很有趣，就报道，很多人也来体验。二是能提高管理效率的技术和产品，酒店说到底是劳动力密集型企业，让管理扁平化、精简化、集约化，就会大大提高效率。第三就是引入并使用节能环保方面的技术和产品。能耗是酒店运营三大成本之一，现在黄龙饭店的能耗大概占到酒店运营成本的5.8%，大大低于行业的平均水平，这后面代表着价值。

Q：在黄龙饭店任总经理接近12年，你觉得遇到过的最大困难是什么？

A：这12年中因为获得了很多领导、同事和朋友们的理解和支持，感觉还没有碰到最大的困难，如果一定要说的话，可能是做基建那段时间。酒店业是个讲规矩、讲细节、讲品质的行业，但是目前国内建筑和装修行业却恰恰还不是。要将新酒店打造成一个理想中的作品，难度不是一般的大，各种困难和纠结层出不穷，感觉你是天天在打仗，还好，我们的团队挺过来了！

Q：听说黄龙饭店员工很少跳槽。

A：黄龙饭店的团队，是我最自豪的。媒体上报道香港的半岛酒店员工忠诚度高，其实黄龙饭店一点也不差，在黄龙饭店工作超过20年的，就有140多个员工，这个数据很惊人。我们的管理团队流失率也非常低。我们的核心团队基本都是自己培养的，专业化程度很高，而且很年轻，非常稳定，这些都是非常有利于酒店的稳步发展。

Q：我看到你在一个论坛中说过，本土酒店管理团队在某些地方，比国际酒店管理团队更有优势。

A：其实是各有优势。国际管理团队也有好多方面的优势，值得学习，但我们管理团队的创新能力更强，会跳出很多已经落伍的条条框框。我们管理团队对本地市场的理解能力更强，能够及时修改和调整相关政策去适应市场；我们的管理团队忠诚度和稳定性更高，能够帮助酒店执行一个中长线的发展战略。

Q：从去年开始，中央要求削减三公经费，对酒店业影响比较大，黄龙饭店是如何应对的？

A：政策环境是对黄龙的经营有影响，但影响不大。我觉得政府转型也促使了酒店的转型，从长远来讲是件好事。如今我们团队重点在做酒店业务的深度开发和成本控制流程的改造，并在黄龙自身品牌的拓展和黄龙子项目品牌的开发上做出努力。相信未来会迎来一个新的发展。

企业名片

黄龙饭店建成于1988年，是杭州第一批现代化酒店。2009年，杭州旅游集团有限公司投资10亿元，将杭州黄龙饭店改造成为全球第一家智慧酒店。其后获得酒店业多项大奖：美国优质服务科学学会颁发的国际"五星钻石奖"，连续四年获得"中国酒店金枕头奖"中国十大最受欢迎商务酒店、《NATIONAL GEOGRAPHIC时尚旅游》最佳商务酒店、《TRAVEL+LEISURE私家地理》杂志城市商务酒店、《Voyage新旅行》杂志高端酒店评选最佳商务酒店、星光奖十大最具魅力酒店、第二届中国饭店金星奖、《美食与美酒》杂志龙吟阁Best50中国最佳餐厅等。总经理杜宏新也连续两年获得"中国酒店金枕头奖"最佳酒店经理人大奖、第七届星光奖中国酒店业最佳总经理大奖等。

邓志平：楼外楼的坚守与创新

□ 柯静

阳春四月，杭州最美好时光。

慢跑爱好者李珩结束了清晨环湖跑，熟门熟路拐进楼外楼东楼，叫了一碗片儿川，这顿看得到风景的早餐，只需10元。

上海人战宾，每年来一次杭州，继续选择在孤山路二楼露台和朋友吃饭聊天，西湖醋鱼是必点的，他说："别处没这个味儿。"

杭州人王秋英下班有点晚，径直进了菜场对面的外卖店，一盒糖醋排骨、一盒杭三鲜。10分钟就能操持出一家三口的晚餐。

……

把杭州人的生活细节、外地人的旅游习惯、海外华人的味蕾记忆，一一串联起来的，是楼外楼。

山外青山楼外楼。作为一家创立于清道光年间的百年菜馆，楼外楼盛名在外。

这家老牌企业所创造出的多项第一、多次创举，都将镌刻于杭州餐饮发展的历史长卷中。

那么，在新餐饮形势下，这家中华老字号坚守与创新的选择，足以让人思索再三。老字号守的是什么？如何创新？这一系列问题，切切实实摆在了楼外楼董事长邓志平面前。

邓志平打开这个话题，从开头那碗面说起。

用生态学理论读懂老字号

在楼外楼的东面裙楼，从早上七点到八点半，都有面条供应。

品类不多，只有青菜肉丝面和片儿川，价格也亲民，10元一碗，但这碗面在吃客心中，依旧有杭州第一面条的美誉。无他，因为出了餐厅，就是碧波潋滟的西湖，直线距离不超过10米。

这碗面，楼外楼卖了20多年，只涨过一次价，多年一个味。

2009年，邓志平从杭州市园文局调至楼外楼，担任总经理。

那是他第一次以工作人员的身份，迈进楼外楼。他惊叹的是这家占据杭州最寸土寸金位置的老字号，对于这碗面条的坚持。随即，他也明白了，老字号需要用不同的方式去读懂。

和老一辈的餐饮人不一样，邓志平不是厨师出身。他本科和研究生专业是生态学，学术研究方向是用良性发展的手段，保持环境的生态平衡。

"生态平衡这个词，用在楼外楼的发展上再适合不过。百年老字号要保护好，并不容易，在我们看来，要做的首先是传承，然后是创新。"邓志平说。

所以，当他真正埋头于楼外楼的具体工作，触及老字号餐馆的肌理之后，他更为坚信：以保护为第一位，百年一个味，才是老字号的担当。

工作日的午饭时间，邓志平带着记者，走到二楼的湖景露台。此时，微风阵阵，春光灿烂，就餐客人络绎不绝，有的是杭州人请客做东，有的是外地游客慕名而来，但无一例外的是，每张桌子上基本少不了这几道菜：西湖醋鱼、东坡焖肉、龙井虾仁、叫化童鸡。

1956年，浙江省认定了36道杭州名菜。时至今日，西湖醋鱼、东坡焖肉、龙井虾仁、叫化童鸡，依旧是点击率最高的杭州菜肴。

"只要到楼外楼，不点这几道名菜，就好像是没有来过楼外楼。这几道菜，就像是楼外楼的脸面，那么，我们有什么理由不去做好这几道菜呢？"邓志平说。

以西湖醋鱼的改刀来说，从1956年西湖醋鱼成为杭州36道名菜以来，楼外楼的西湖醋鱼都是以七刀半亮相。从尾部入刀，剖劈成雌、雄两片，斩去鱼牙，共切七刀半，一刀不能多，一刀也不能少，因为只有这样的改刀，才能保证醋鱼浇汁的入味，即便是醋鱼上的姜末，也都是保持芝麻粒那么大，丝毫马虎不得。

这样的精益求精，何愁做不出让人称赞的杭帮菜。厨师团队每个季度进行的技能比武、创新菜厨艺比赛，都是站在尊重传统的前提下，求新求变。因此，消费者每隔几个月总能在楼外楼的餐牌上看到一些推荐新菜。

其实，从1848年到2015年，这160多年里，继承与创新一直是这家老字号企业的永恒话题，而寻求到最合适的结合方式才会让老字号历久弥新。

邓志平并不擅长厨艺，但作为管理者，他深谙根和魂的意义。在他看来，一道西湖醋鱼，以前是采用西湖里的饿养草鱼为主料，而随着生活条件的提高，鱼类资源的丰富，笋壳鱼、鳜鱼也可以作为西湖醋鱼的主料，只不过醋势必要玫瑰米醋，酱油还是湖羊牌，鱼还是得七刀半来切。这是一条杭帮菜味道的守护之路。

看盘子下菜盘活门店

杭帮菜变化万千的菜肴，西湖得天独厚的风景条件，杭州兼容并包的城市底蕴，杭州政府大打休闲美食牌的城市品牌定位战略，赋予了楼外楼这家老字号企业蓬勃的生命力。但企业要发展，向外拓展，延续品牌的影响力，一定要走出去。那么，去哪里好？

在邓志平的脑海里，楼外楼映衬着咫尺之外的西湖山水，那种"灵山多秀色，空水共氤氲"的意境，实在令人印象深刻。杭州哪来另一处如此绝妙的地段呢？这时候，机遇与风险一起来了。

2014年1月，杭州西湖景区关停转型了30多家高档经营场所。

2014年6月，楼外楼拿下花港观鱼南门入口的莲庄会所地块。这里既不能起油灶，也不能做宴席，那么做惯杭帮菜的楼外楼会卖什么？

当众人不解之时，邓志平已经带着厨房技术团队，南下广州，将肠粉、靓粥等粤点，一一请进茶楼。偌大的一个厨房，有条不紊，合理规划，回头客不少。慢慢地，会议包场的预订也纷至沓来，愣是将这个地块盘活了。

有人说，楼外楼每次运气都不错。邓志平不以为然，开店做生意，地理位置很重要，但斡旋于餐饮江湖，还有一门必备的技能就是看盘子下菜。

2014年8月，天外天场地由楼外楼负责经营接收。灵隐名店天外天是西湖被关停的30多家高档会所中，唯一确定为经营餐饮的场所。

接手之后，这里做什么？卖些什么菜？这成了楼外楼经营班子思考的第一桩事。

一家是以经营杭州传统名菜著称的老字号餐馆，一家是老杭州人心目中以素菜素点闻名的代表餐馆，邓志平把棋子落在了"亲民平价"上。

2015年1月1日，楼外楼天外天开业是这般景象——大厅可以放30桌，包厢只留了7个，万只祈福素包免费送，菜肴打6折。这套组合拳一打，就迅速打开局面，不少老杭州都知道楼外楼开了天外天分店，会专门穿越一个杭州城，就为来吃一顿饭。

祈福素包几乎是每个客人的必买单品。掰开一个祈福素包，青菜、榨菜、笋丁、香干、香菇，料还挺足。"因为紧邻灵隐寺，所以素包素食是这里的主打产品。"虽然邓志平说得稀松平常，但要知道，推出祈福素包，光是调味、尝试，就耗时颇长，他笑道："那段时间，每天不试几个包子的味道，还真不习惯。"

老杭州们都知道20世纪八九十年代，天外天店门口每天六七千只素馒头都不够卖的。那时的素馒头是用香菇和油冬菜，而如今，经过楼外楼团队反复地尝试和改良，还请来了天外天素菜老师傅来调试口味，终于还原出了天外天当年的素包口味，还给素包起了一个好彩头的名字——祈福素包。

同时，邓志平以素包为切入点，推出了一系列符合现代人健康理念的怀旧素菜，比如用香菇做的脆鳝、用冬瓜烹饪的素东坡肉……擅长缜密思考的邓志平深谙餐饮市场的受众需要，精准定位之后有的放矢。他与团队针对天外天客群做过广泛的市场调查，健康和保健成为天外天素菜的标准，他甚至试图打造"吃素食，到天外天"的金字招牌。

与楼外楼毗邻西湖的地理位置不同，天外天的素包定价2元，那么势必也决定这里的菜肴定价要更加亲民，一席价格更接地气的老味道杭帮菜，颇受杭州人和外地游客的交口称赞：滋味浓郁的醋鱼块15元，有着金色漂亮裙边的香炸带鱼15元，考验杭帮厨师技巧的香干肉丝8元，最对江南人胃口的尖椒墨鱼头10元……邓志平业务熟练，随口报出价格："这样随便点上四个菜三碗饭，100元以内，吃得舒心又落胃。"

百年老店历久弥新

在这么多餐饮人中，邓志平穿得并不洋气，不少重要场合，他喜欢穿改良式中山装，精气神十足，也符合百年餐饮老店掌门人的角色。

眼下，邓志平却准备做一件时髦的事情。"我要做一个企业微网站，用现代传媒手段，来提升老字号的文化品牌建设。"邓志平说。

他考虑的是楼外楼的品牌文化价值。有别于其他企业网站，邓志平想用全楼覆盖的无线网络，打造一张餐饮微网络，给中外游客介绍各道菜肴：如何烹饪，如何品尝，菜肴的精妙之处在哪里。他的功课做得挺细，翻出微信公众号"一人食"此类的小清新文艺范儿视频，谈到剪辑和画面感，完全不像外行人。

邓志平是江西人，喜咸喜辣，而到了楼外楼工作后，他的口味明显发生变化，他学习着享受食物的本味。"做微网站，更想引导一种健康的生活方式，许多名菜传承百年，那必定有过人之处，经得起历史的考验。所以我想换种方式，讲讲食物的故事，会更具备传播价值。"邓志平说。

对于一家中华老字号餐饮企业来说，楼外楼的每一次锐意创新，都引领了全国的潮流。

2006年，楼外楼将外卖门店开到杭州各大社区门口时，有人反对："连锁复制的老字号会降低水准！"10年过去了，楼外楼告诉世人：连锁复制的老字号并不一定会降低标准，以更先进的后厨管理模式、正确的继承与创新态度，将获得更多的扩张机会，这是老字号的一条生存之道。

2014年，全国餐饮企业纷纷转型升级，有的餐饮品牌做起了盒饭生意，有的做起了外卖，但楼外楼按兵不动，因为长达多年的布点，那些分布在杭州城里30多家菜场里弄的小门店，做的都是出售半成品菜肴的居民生意。2014年楼外楼的企业营业额里，小门店帮了大忙。

每天，邓志平最关心两个数据：一是楼外楼总店的营业额，二是楼外楼食品厂的生产进度。

清明团子的生产热浪才刚刚过去，容不得松一口气，一年一度的旅游旺季又来了。各地催货的短消息，一条又一条发到楼外楼食品厂厂长手机上。真空包装叫花鸡、东坡肉等杭州传统菜肴，销售势头大好，不少要货电话甚至打到了邓志平这里，甚至有的超市旗下40多家门店，都要进楼外楼的货。

最让邓志平印象深刻的是2015年春节，楼外楼的年货礼盒全线断货，尤其是百元价位的礼盒，每每一到门店就迅速卖断货。在天猫的楼外楼旗舰店，百元礼盒更是遭遇秒杀。

这是邓志平推出百元年货礼盒的第二年，就像他当初说："可不要小看这30多元的差距，市场反应是明显的。老字号，薄利多销，用味蕾上跳跃的美食指数，提升百姓的幸福指数，不正是楼外楼扎根民生的美食名片吗？"

对 话

Q：《杭州日报》

A：邓志平

Q：吸引你的好餐厅应该是什么样子？

A：如果要我评分，菜品永远是放在第一的。如果没有菜品，一切都是空谈。

Q：国庆长假一天，楼外楼需要卖西湖醋鱼1100多条，那么楼外楼是如何保证这些名菜的质量？

A：在悠远的杭菜发展历史中，"湖上帮"是重要的一支。作为"湖上帮"的典型代表，楼外楼在烹饪技艺上逐渐形成了鲜明的传统风格，即注重原料的鲜、活、嫩，以鱼虾、时鲜蔬菜为主，突出本味，清口怡人。楼外楼上上下下有8个厨房，百名厨师，分工很明确。专业的人，做专业的菜。其中，烹饪厨师中的技术中坚力量，组成了特定的小组——西湖醋鱼组、龙井虾仁组、东坡焖肉组、宋嫂鱼羹组。比如西湖醋鱼组，厨师们配合紧密，片鱼、汆水、调汁、勾芡、装盘……行云流水，不到8分钟，一盘滋味浓郁的西湖醋鱼出炉了。所以就算节假日再忙，我们专业的名菜烹饪组，也能保证菜品质量的统一。

Q：楼外楼接待过很多名人，服务的秘诀是什么？

A：其实不管是名人还是普通客人，楼外楼的一套"三转理论"，能适应任何客人的需求。二线围绕一线转，厨房围绕餐厅转，餐厅围绕顾客转。楼外楼的客人来自大江南北，有各自不同的口味喜好，还有赶路与否等诸多因素，好的服务团队能兼顾到不同客人的需求，那就是服务的秘诀。

Q：楼外楼开了天外天分店，接地气的动作不少，说说别的动作吧。

A：在楼外楼天外天分店一侧，之前是休闲吧装修，我们专门开了一个小食餐厅，客人们可以坐在敞亮的店堂里，坦悠悠吃素包。还有牛肉粉丝、粽子、赤豆汤、八宝饭、茶叶蛋，可供选择的小食还挺多的，基本10元搞定。

Q：说说眼下最想做成功的一件事？

A：近期将组建团队，进一步挖掘楼外楼丰富的文化，做好企业首先要做好文化传承人。服务员的着装、楼外楼的装修，折射出的时代变迁和餐饮发展历史，每一帧图片和影像都要能记录下楼外楼曾经迷茫曾经激荡的流金岁月。

Q：食品生产无疑是老字号拓展更广阔市场的渠道之一，楼外楼是怎样打算的？

A：楼外楼食品厂的产品线跨越各个季节，从真空包装食品，到宋嫂系列冷冻冷藏食品，再到酱腌腊食品，直至杭州糕点系列。凭借中华老字号的响亮名头和专业的制造精神，楼外楼的八宝饭、粽子，甚至卖到了成都各大超市。目前，最想把食品厂再拓展，需要有更充裕的生产线。国内乃至海外市场，潜力巨大。

企业名片

楼外楼创建于1848年，距今已有166年的悠久历史，以经营西湖醋鱼、东坡焖肉等杭州传统名菜而享誉中外，其间接待过无数的闻名中外的政治家、艺术家、文学家。

"以文兴楼，以菜名楼"是楼外楼企业文化建设的重点所在，也是楼外楼160多年来长盛不衰的直接缘由。

楼外楼在经营发展中注重用现代企业管理制度与科学创新理念进行观念、机制、科技、管理等方面的创新，保持了老字号永久的活力。2006年率先在全省餐饮业中导入国际标准管理体系ISO 22000，使品牌注入了全新的管理理念，体现了老字号品牌的科学发展观念。

本着做精、做强、做大的品牌战略，楼外楼已发展成为集工、商、贸为一体的楼外楼实业有限公司，实现了食品工业化生产，使楼外楼品牌不断发扬光大，美味佳肴盛传天下。

马其华：生动于己，有益于人

□ 于洁婧

法鑫 摄

与马其华见面之前，我们对这位杭州百货圈传奇人物的认知，还停留在那些记录着他过往亮眼经验的抬头和标签上。他是人们口中的"杭州商场历史活标本""杭州百货业的神秘男神"，同时，他也曾是杭城里人们最熟悉的那些商业机构的职业经理人、首席运营官、副总裁……这一次他的出现，又肩负了一个新的使命——打造一个为现代人提供"趣味"的商业综合体。

眼前的马其华，温文尔雅，低调谦逊，身着设计简约的麻质衬衫，随意又妥帖；烧水、沏茶，一起一落间流露出细节处的精致和仪式般的美感；张口将当下的流行词汇和热点话题娓娓道来，生动而有趣。

"生活的本意是什么？我觉得是让自己和周边的人能够享受你带来的愉悦。所以我常说，生动于己，有益于人。我们要生动地工作和生活，有血有肉、有喜有怒，做有益于身边人的人，而不是刻板守旧冷冰冰。"

积累：做跑在时间前面的那个人

如果不是那一次的"主动请缨"，也许就没有了以后的故事。

1988年，25岁的马其华已是党政干部，在国企机关从事党群工作。"当时上级有要求，于是我打报告要求到生产经营第一线去，层层筛选之后，组织部最后一个找我谈话。就这样，我脱离了机关，开始学起了做生意。"马其华回忆道，"走上这条路，的确也是机缘巧合。那时只觉得20多岁就在办公室坐着，太无聊。但现在回想起来觉得很有意思，因为个性、行为、思维都因为从事的行业不同而改变了。"

这一次的改变，也开启了马其华在杭州零售业20余年的职业生涯。杭州大厦、湖滨国际名品街、银泰百货……他经历、见证着杭州商业的发展和精彩。

"那时候，我刚到杭州大厦，第一个部门是纺织部，陆续做过餐饮、女装、化妆品等等。后来证明，做过的每件事情都是有用的。"马其华说。然而，从百货界的新鲜人到受人推崇的行业引领者，这与他20年间的努力和勤奋是离不开的。用马其华的话说，他就是"脸皮厚"，遇到专业的人就不停问，有机会就跟台湾地区和日本发达的零售业同行学习。慢慢地，就什么都学到了。马其华笑道："当然，做商业的人就是什么都要懂一点，要懂点审美，懂点艺术，还要懂一点设计，懂一点工程，还要懂一点财务。"

谈到商业运营理念，马其华的总结是"赶在时间前面"。"我们这个行业，就是追着时间走。我们常常说，超市里卖的是必需品，是为了今天的生活。而百货公司经营的是人们明天的生活，所以百货公司的商品也是为明天准备的。我们要做的是发现美的东西，发现顾客明天的需求。"

于是，百货公司不是在换季，就在准备下一季，前面做得越好，也意味着后面的增长压力更大。"所以，我们在不停跨越自己制造的门槛，能越过去就是非常开心的事情。"

马其华感慨道："抢时间是很苦的。我们开完一家新店往往会抱头痛哭，特别是在没人相信你，你却偏偏开出来了的时候。那段时间，没日没夜、吃喝都在工地。商人要考虑和协调的事情巨细靡遗，比如工程上要精确楼层高度，综合管线布线，旁观者无法想象，这份光鲜亮丽的工作也有复杂艰深的一面。一切只为了让顾客有更好的感受，让开店之后能呈现一个音乐悠扬、美轮美奂的商场。"

"白天是商场，晚上是工场"，是马其华对商业人工作环境的生动表达，这也反映了他对完美和细节的执着追求。"两个店铺尺寸不一样，拼接处高低不平，或者是镜面有一点手印，这些都是我不能接受的，我在现场的时候就必须解决这些问题。我要保证一切的设计缺陷、尺寸问题、灯光问题都能在晚上解决，第二天开门就是崭新无缺憾的商场。"

远见：永远比别人领先0.5步

"任何行业都一样，跑得太慢，会被淘汰；跑得太快，就是先烈。所以，要永远比别人领先0.5步。"马其华说。

在以前供应不足的时代，购物主要是为了改善生活。而现在，人们已不再是为了买而买，精神生活和心理需求体现在购物行为中。"随着经济生活的改善，城市化向纵深推进，商圈的转移，人们生活方式的改变，科学技术的不断进步，零售市场在发生深刻改变，人们的需求和购物行为也在变化，作为商业人，你必须深刻理解和感知市场变化。"

20多年职业生涯经验的积累，马其华无疑是对这个市场最熟悉的人之一。

"许多人都说现在我们行业生意不好做，是因为电商的冲击和分流。找客观原因容易，从自身找原因难。现在是泛渠道，可以买东西的地方越来越多，但本质还是买卖关系。可以把互联网看成在线销售的工具，但它一定不是对实体商业的致命打击。"马其华说，"关键还是我们自己的问题。与此同时，互联网制造了强大的舆论攻势，在他们主导的宣传语境中，人们会以为互联网正在完胜实体零售行业。"而在马其华看来，网商和实体零售谁能消灭谁这样的问题，根本就是一个伪命题，大家都有自由发展的空间，也必将走向完全融合。

追溯到20年前，国内百货业为了缩短流通渠道、降低成本而实行引厂进店的联营模式，延续至今就成了现在的专柜联营制。"这种模式让实体店变成了'二房东'，出租柜台赚取抽成，商场不太需要学习选货、培养买手。而国外百货一般有30%—50%左右的销售来自自营，他们的买手团队在各大秀场下订单，因为采买的审美、标准，服务的客群不同，最终的商品呈现参差多态。但我们的百货业，彼此的差别看起来已经越来越小了。"

"以前人均商业面积是0.47平方米，现在杭州已经到了1.2—1.3平方米，人们的消费观念越来越成熟，所以行业竞争是很正常的。谁不理解市场、不了解顾客，自然会被淘汰。"马其华笑道，"我崇拜达尔文，相信适者生存。"

说到市场竞争，向来谦和的马其华提到了"友商"的概念。"即便是竞争，也要有柔软的部分。友商是一种竞合关系，既竞争又合作。现阶段的商业领袖尤其需要这样的胸怀和气度，我们需要的不仅是一个企业的成长，更是区域、商圈、行业的共同成长。"

而现在，"永远领先0.5步"的马其华正在通过研究"80后""90后"的消费心理来保持自己的"领先性"。"因为他们就是我目前定位的受众，我是在为心态年轻的人们准备东西，所以，我关注前沿的思潮、技术，坚持阅读，多跟年轻人交流，试图让自己不落后，从而能更理解这一个群体。"

复出：最好的作品是下一个

2013年，马其华选择退出公众视野，休息一段时间。两年"闲云野鹤"的生活之后，他与国大城市广场一起出现了。他的解释是："就像是一个执着于作品的匠人，总期待完成下一个更好的作品。"

这"下一个作品"，就是位于武林商圈黄金交汇点的国大城市广场。这个曾承载杭州人无数回忆的商业体，又将再度重生。这一次马其华带领团队，带来的是"现代人的趣味主义"。

根据马斯洛需求理论，人们在满足了生理、安全、社会等基本需求之后，往往会追求更高的自我实现。"在生活的重压下，现代人特别浮躁、无所适从，人们活得太无趣了，主流的价值观一直鼓励大家去工作、去奋斗、去赚钱，而不是鼓励人怎样过生动、有趣的生活。所以我们在建一个精神堡垒，一个可以轻松有趣的地方，一个激发想象力的商业体。"

马其华笑道，要让这个商圈变得更好玩。他更坦白地说，武林商圈商业销售规模超过百亿，全国排名第五，对于一个城市的品质和品位的提升，它的作用是巨大的。面对这个项目，他压力很大，动力也更大。

国大城市广场将在2016年上半年开业，这个既新鲜又有个性的新兴商业综合体，将以更清晰的场景化和更强的情感诉求，来加强与顾客的互动与黏性。"我们想做一个小而美的购物中心，来承载我们的情怀。让人能够安静下来，来到一个商业场所得到不同的生活感悟、体验。所以我们会放花、茶、香，也可能会有琴、棋、书、画，而如何呈现，则在我们反复的推敲之中。"

"我们现在都在谈场景，将场景落脚于情感，最终能跟顾客产生互动的还是一种情感交流。就像我们的slogan，'我们爱着你的爱'，场景是跟人产生情绪的互动表达，可以提供不同社交距离的种种空间。"马其华说。

"我觉得人与人之间的距离应该是柔软、亲近、让人容易接受的，所以我们最终呈现的，一定是顾客愿意轻松愉悦去享受的东西。我们的风格也是如此，不会张扬、夸大事实，往往做的比说的多，用高标准来达成目标。若达不到，也是八九不离十。"

马其华认为，产品是可以被复制的，真正的核心理念在于人。聚合它，呈现它，表达它的都是团队。"我们的优势在于个性和独特的经营理念，用产品本身说话，让人能感受到它是属于国大的作品。认同我们的理念和价值的顾客，也会认同我们的产品。"

纳新：仪式感通往的是澄明心境

马其华的办公室里，放着一张线条流畅、轮廓简练的原木色明式案几，是他从古董店淘来的明朝残器，但这并不妨碍他也爱用爱马仕的咖啡杯。对于艺术文化的审美，他总是采取兼容并包的心态。

他认为，古代中国士人的生活有非常雅致的一面。"生活小事也有仪式感，闻香前要沐手更衣，抚琴前要正冠。"马其华并不执着于形式感本身，通过仪式达到心境的自在澄明，才是他向往寻求的。"最为关键的是如何具备此种情怀和心境。"

"抚琴时为什么要放琴炉？茶席上为什么要有插花？这些本来都不是必备，但一点缀，生活中的生动就出来了。"马其华从身后书柜取出一只出自龙泉窑的小香炉，釉色已斑驳，"你看，并非出自官窑，这么简单的一个小香炉还做了鼓钉，这就是那个时代百姓的生活趣味。"

"工业化的精致和流水线的产品，千篇一律，缺乏温度，而手作的东西却是唯一的。同一张图纸，每个人做的方式会不同，可以慢慢寻找每一个不同的我，以及不同的需求。"

说到匠人，马其华回忆起当时湖滨名品街爱马仕店铺装修时，它的楼梯扶手是皮革制成的，而且都是采用手工缝线。"当时我看到手工缝，就想可能会有歪歪斜斜的针脚，而我一看，手工的针脚跟机器踩出来一样均匀笔直。所以，它的贵是有道理的，这是真正奢侈的工匠精神。"

"上周我去了和创园，那里有一些杭州本土设计师手作的家具、器物、民宿和餐厅等。在与他们的沟通中我感觉到，支持他们更多的是一种情怀。每个人都想有所创造、有所呈现，希望被接受被认同。"马其华说，"其实，商业也可以跟这些手作产品结合。通过一定的成本控制，我希望能推广这样的东西。"

在国大城市广场里，马其华也注入了类似的元素。以一个现代购物中心为蓝本，在反复研究推敲，采用大量最新技术，提升和满足现代人消费对舒适和便捷需求的同时，也融入匠人的精神、手作的工艺、细微的手法，应和、满足甚至安慰在这个高速发展的社会中顾客们期待被发掘的深层心理诉求。

"这是这个购物中心的特性，我们强调的是一种仪式感，让这种审美的体验慢慢地进入人们的生活。"马其华说，"涸泽而渔不是我们想要的，相比追求效益的最大化，更偏向效益的最优化。我们希望能培养客户，形成一种品牌喜好的意向，而这种意向度是品牌可持续发展的根本。"

对 话

Q：《杭州日报》

A：马其华

Q：最近在看什么书？

A：《场景革命》和《南华录》，一本很前卫，讲述最新的商业模式，另一本则是晚明士人的人生境遇写照，也可用来观照中国的传统审美趣味。两本书看似矛盾，但在我看来"毫无违和感"，因为我本身也是这样的一个矛盾体。

Q：你平时会锻炼身体吗？

A：我平时会练练拳，另外我会每天走路上班。

Q：在组建团队的时候，员工什么样的特质是你最看重的？

A：我们的前途在于团队的深度和质量。缘分很重要，我们的团队都是气味相投、价值观一致，和对事情判断基本一致的人在一起，说话、做事就不累。所以我们平时的工作氛围都很轻松。

Q：你觉得你的穿衣风格是什么？

A：整洁、干净、协调是最重要的。我现在常穿棉、麻织物的服装，只是要求衬衣不能皱，家人每天都会帮我熨好。

Q：对十年后自己的期许和想象是什么样的？

A：我希望，十年后在带着孙子游玩时，能吹吹牛，告诉他这是爷爷曾经工作过的地方。

企业名片

位于杭州体育场路和延安路交叉西南角的老国大百货是很多杭州人的回忆，在此基础上重建的国大城市广场项目（暨杭州国际大厦改造项目）已于2015年年中竣工。整个国大城市广场总面积达15万平方米，容纳6万平方米购物中心、3万平方米精品写字楼、4万平方米雷迪森五星级酒店。

其中购物中心部分从地下2层到11层，面积为6万多平方米。国大城市广场将是武林商圈功能特别齐全的商业综合体之一，也将成为杭城最高、楼层最多的购物中心。

在业内，国大城市广场创造性地提出了"现代人的趣味主义"的定位。精心汇聚购物、艺术、娱乐、人文、餐饮、休闲等业态品质，将原本仪式化、参观式的购物体验，用更贴近、更具参与感的、融合线上和线下的场景体验互动取代。用场景体验唤醒、响应现代消费者的情绪和情感，产生深层黏性，增加消费频次。

余学兵：乡村度假品牌引领者

□ 杜悦

17世纪英国经济学家威廉·佩蒂认为，土地是财富之母，劳动是财富之父。而当工业化、城市化对农业现代化的影响日益加深时，如果没有资本和科技的投入，在劳动和土地的婚床上，财富的诞生仅仅只是一个梦。

余学兵很早就认定了这个道理。出身浙西农家的他，经历过家庭从富足到贫穷的变化，这些经历让他很早就开始思考农家如何致富的问题，而当他因为读书、工作的缘故在很多城市晃荡过一圈后，发现农村依然是块处女地，潜藏了很多致富的机会。

于是他以杭州为圆心，在周边的农村画了一个圈，创立了联众这个乡村度假品牌。十多年的发展，使联众成为国内乡村度假领域的先行者，也是目前该领域中的第一。

创业：从农村走出来，干过很多行业，又回到农村

开化县，位于浙江西部边境，地属浙江省衢州市，是浙皖赣三省七县交界处，浙江省母亲河——钱塘江的源头，与常山县、淳安县，江西省婺源县、德兴市、玉山县以及安徽省休宁县接壤，森林覆盖率80.4%。

看到这组数据，结合该地的地形地貌，有点常识的人立刻就可以判断出开化的经济状况。国家级贫困县，这个帽子戴上，一般很难摘得下来。余学兵就出生在那儿。

"我们也有过一段好日子，农民么，都有山，砍点树，卖点钱，村里每人每年能分个几千元钱，我们家人多，很早就是万元户了。20世纪80年代，这个收入水平已经很不错了，再加上农村都是自给自足，也没什么消费，日子过得还算富足。"余学兵说，"但是好景不长，后来马上就提出保护钱江源头，把开化的污染企业都关停，树也不能砍了，没有其他来源，我们就穷了。靠山不能吃山，农村怎么致富？"

也就是从那时开始，农村要靠什么致富的问题就烙在了余学兵的脑子里。他说，每一个开化人都想到外面去。那时候没有创业的概念，只是很想出去，觉得出去才能过上好日子。

出去的最好办法就是读书。余学兵上了三年农业技校，毕业分配到江西金溪县做技术干部。他做得不错，还能写文章写总结，很快脱颖而出，但在晋升的道路上受阻，被别人顶替了位置。当时他年轻气盛，索性辞职，看到当地龙须糖销量大，与三个同学一起回老家办起了龙须糖加工厂。

但是，仅仅一年之后，余学兵投进去的几万元钱就打了水漂，还欠了人一笔钱。为了还钱，他去了厦门的一家电子厂，每天在流水线上做同样的一个动作：把电器主板浸到锡水里，取出就好，即所谓的"浸焊"。

手上的动作是机械的，但是脑子时时刻刻转不停。余学兵说，他每天都在想，自己为什么会失败，总结下来不外乎不了解市场、不了解消费需求。当时农村送礼，都要求礼盒大，看着体面，但他的产品光在包装精致上下功夫，成本弄得很大，却没有体面的感觉，没有符合农村人的心理，所以卖不动。

在通过打工还掉所有欠款后，余学兵也就毅然告别了这段枯燥的生活，来到杭

州。在杭州，他先后在中大、国大、养生堂等单位待过，他把每一份工作都当成了一次学习机会，同时也在不断寻找新的机会。这其中，他还和朋友一起办了桶装水厂，做起了当时还是稀罕物的桶装水的生意，赚过也亏过。直到一次偶然的机会，余学兵进入刚创办的今日早报社，并在之后的数年时间里依次经历了采编、广告、发行三大板块工作后，在报社组织的一次公益活动中，他发现了城里人对乡村生活的渴望和憧憬。2004年，他跟朋友合伙创办了联众公司，并租下了建德的200亩果园，分割成小块租给城里人做私家农场。一边是农村人看不上的荒废空地，一边却是城里人的乡村田园梦，在媒体的渲染下，荒地被赋予了情感价值，也让余学兵初尝农村开发的甜头——200亩地租金收入200多万元，让他真正认识到了乡村生活的市场价值。

发展：让城里人实现了田园梦，又让农民不投钱赚了钱

2005年，联众公司开始开发乡村度假公寓，余学兵选的第一个地方，是杭州郊区临安天目山的九思村。

这是他原先公益活动的一个据点。穷，跟余学兵老家开化一样，靠山不能吃山，村主任家都是毛坯房。余学兵和他的朋友敢想敢做，第一次谈了三幢农民房，由联众出资重建。双方协议规定，底层使用权仍归房主，由农民自己居住，其他几层由联众统一对外经营30年，冠名"城仙居"。到期后，所有使用权物归原主，等于30年后农民白捡一栋楼房。

投入几十万元建好楼后，联众获得了农居使用权。余学兵就在报纸上登广告，介绍在临安天目山脚下，花5万元就能拥有一套自己的房子。虽然房子的使用权只有30年，但对一般老年客户来说，这个时间足够了。

广告登出后反馈异常火爆，余学兵说，两天接了几千个电话，现场去了两千多人。一个月功夫，第一批3幢楼45间房销售一空，第二个月他再去找农家谈判签约。

"当时九思村的农民感谢我啊，逢年过节都给我送腊肉土鸡。对他们来说，当时没有限高，一般造一栋四五层的房子，不包括装修也要50多万元，很多人一辈子都造不起。现在一楼自己免费住，30年后还全部归自己。不仅如此，城里人买下30年的使用权后，每年还要交管理费，每个农户看管下自己家房子，搞下公共楼道卫

生，每个月联众还会发600元的工资。另外，他们还可以在家里经营餐饮，这个收入不一，毛估估，除了免费住新房外，一家农户平均一年2万元收入。"余学兵说，而城里人对5万元的价格也不敏感，很多退休老人夏天在天目山一住就是两个月，春秋天也时常会去，加上管理费，平摊下来每年只需2000来元，一个月退休工资就足以支付。

"让城里人实现田园梦，又让农民不投钱也能赚钱。"联众获得了双赢的效果，余学兵做得风生水起。光是天目山脚下就陆续和六个村的农户有了合作，还有柳溪江和千岛湖的一个村落也纳入开发。八个村，平均每个村合作20幢农居，每幢楼至少有12个房间可用。"每年两三千万元的收入，不多，但很踏实很稳定。"余学兵说。

但问题随之而来。对联众模式的质疑，从一开始就没间断。在我国，农村土地属于集体所有，《土地管理法》明确规定："农民集体所有土地的使用权不得出让、转让或者出租用于非农业建设。"国务院《关于深化改革严格土地管理的决定》和《物权法》也都禁止城镇居民在农村购置宅基地。为此，联众一直在不停地修正自己的行为，并形成了一套比较成熟的解释。首先，建房的主体是村民，而不是联众公司；其次，农居的所有权并没有改变，仍然是农民的；最后，联众向城里人出售的，也并非农村的宅基地，而是农居30年的使用权。而有关部门在调研后也得出结论：联众模式是适合新农村建设的一种创新模式。

政策壁垒清除后，还有风险问题。因为签的是30年的合约，有客户担心联众万一倒闭了，后期维护该找谁。余学兵想了一个办法，让房子产权方，也就是农户做担保。如果公司不存在，农户代替公司维护客户30年的使用权。万一农户反悔，则要承担高额赔偿。

解决了这两个问题，也并不代表一帆风顺。余学兵说，随着经营时间的变化，农户的心态也发生了改变，觉得联众赚取了大部分利润，农户和联众的矛盾加深，直接导致购房客户的投诉不断增多。投诉增多，信誉下降，联众转型，迫在眉睫。

转型：未来的乡村度假，一定是以家庭为中心

如果说"城仙居"是乡村旅游中的快捷酒店，那么余学兵现在要朝着更高层

次迈进。2011年，他创立"欢庭"品牌，要做快捷酒店的升级版。之所以取名"欢庭"，是因为他觉得，未来的乡村度假一定是以家庭为中心的，而不是个人。

"欢庭"的目标，是打造一个乡村旅游度假体，不仅有房，还有丰富的乡村休闲生活。

首个"欢庭"项目选在临近杭州的安吉县乡村旅游最活跃的报福镇，依山傍水，环境优美。余学兵不再向农户个人租地，而是与村集体签订了协议，租用村集体闲置的小学校舍，以村集体的名义审批建设度假项目，而联众公司则以全部投入获得该物业的40年使用权。"欢庭"内有以星级酒店要求配备的硬件设施，同时安排了很多娱乐项目：爬山、钓鱼、喝茶、种菜。在管理上，他也不再雇用当地农民做服务，而是用专业的酒店管理公司，让人既能接触到乡野自然，又能享受到高品质服务。

在余学兵看来，他们通过改建原有的废弃老建筑建成的乡村度假综合体，不但能成为周边城市居民旅游休闲目的地，也将吸引更多走出去的年轻农民回归乡里，让乡村更富有生机。而对于联众而言，这样也能摆脱单纯卖房的形象，让公司有了持续发展的可能性，也会更受投资者青睐。

转型的道路千万条，余学兵依然是敢想敢试的身手。十多年深耕在农村，联众的体量已经成为乡村度假领域中第一，吉林、四川、江苏……不断有全国各地想开发乡村旅游的企业和政府来参观。"很多人说，浙江政府很开明，允许新生事物去尝试，要是放在他们那儿，还没出来就掐死了。"

参观者多了，余学兵的思路也开阔起来，既然大家都要来学习，不如输出管理经验。"尽管跟别的行业相比，联众的体量还是太小，但我们十多年的农村开发经验，是别人没有的。换句话说，我有充分的和农民打交道、在农村发展的经验。如何选址、如何建设、怎样协调农民，怎样吸引客户……实战的经验和教训，我这里最齐备。"

于是，联众除了自有产业开发外，还成立了乡村酒店管理公司，第一家打理的光明集团下属农场内的知青酒店，已经进入运营阶段。新加坡最大的城市规划与建筑设计公司盛邦国际咨询有限公司也在与其洽谈合作，想要通过联众介入国内乡村旅游规划。

"望得见山，看得见水，记得住乡愁。"2013年年底的中央城镇化工作会议和中央农村工作会议对乡村旅游提出了更高要求。而余学兵的联众集团，也从以住宿为核心的养老地产，慢慢转变为以娱乐、度假为主要功能的乡村度假综合体，他还办老年大学，发联名银行卡，就像是在乡村营造城市人的另一座城。2014年，联众老年大学筹办，免费课程引来火爆报名；2015年，联众乡村生活体验馆也在筹建中，一年内准备在杭州、上海社区里开出几十家，让老年人很方便地就能接触到联众，并且相信联众。余学兵说自己出生在农村，读了农业技校，后来又在中国农业大学深造，现在做的又是乡村度假，这一辈子他都不会离开农村了。

对 话

Q：《杭州日报》

A：余学兵

Q：在创办联众之前你做过很多行业，这些对你后来的创业有影响吗？

A：我在乡政府待过，办过龙须糖加工厂，失败后打过工，后来又做过桶装水的生意，还在报社待过，每一份工作都会有经验和教训的积累，而报社的工作更让我深入了农村生活，并且学会了宣传和推介。这是联众成功的关键。

Q：现在除了自有产业外，你们还做了很多延伸服务，比如也卖度假产品，这和以往的分时度假相类似，如何减小风险？

A：我们把这个服务叫做分享度假，就是会员交了5万元钱后，不仅能入住欢庭度假酒店，还能和其他酒店换房。这和以往的分时度假有些类似，但可靠程度更高。原因有两个：第一，我们欢庭的度假房是实物，一直在那里；第二，为了保证服务，我们跟银行合作，由广发银行发放联名度假卡，解决信用问题。客户办理的时候也可以按揭分期付款，手续费利息全都免费。

Q：为什么会想到办老年大学？未来有什么打算？

A：2004年联众成立，第一批客户就是中老年人，他们是联众的基石，而且目前这个市场是非常紧缺的。把这部分人吸引起来，办免费的老年大学，可以增加客户信誉和好感。未来老年大学准备独立出来，以后所有卖老年产品都会想到通过这个平台销售，老年大学是我们延伸的一块。

Q：物业租金那么贵，为什么还要到社区开乡村生活体验馆？

A：吸引老年人客群，线下体验是最好的，当然我们老年大学现在也推微信教学课，两相结合。未来这个体验馆，不仅体验乡村度假生活，也会卖特色农产品，是联众伸向社区的触角。物业租金是贵，但我们大部分会采取加盟的方式，很多联众的首批会员已经非常感兴趣，想要加入，他们在社区中都有一定的威信，由他们开办，事半功倍。

Q：联众吸取过赛伯乐投资集团和杭州市政府的创业投资引导基金，现在有没有新的投资加入？

A：跟别的行业相比，联众虽然做到了乡村度假领域老大，但仍然是小规模的，估值只有几个亿。有人想投资，但我不想马上吸入。因为以前有人说，联众就是个卖农民房的，现在联众更想做乡村度假品牌输出方，我要做得更大一些，更成熟一些，才更有条件和投资方合作。

企业名片

联众集团，创立于2004年，是由赛伯乐投资集团、杭州市政府及上城区政府创业基金、上海飞马旅创业支持机构以及自然人共同持有。成立以来，先后建成了和农民直接合作的"乡村度假公寓"、以对村级以上集体闲置资产进行包装开发为模式的"乡村度假综合体"项目，还已经与富阳等地签订了"古村落度假村""养生度假小镇"等开发协议，部分项目已经启动。目前，公司自建12家度假村和乡村酒店，同时在全球有10000多家合作度假酒店，并与"旅游百事通"合作开辟了遍布全球的旅游线路，和广发银行合作发行联名度假卡，以出售"分享度假权益"的方式为会员提供更专业、更舒适、更完善的旅游、度假服务。未来，联众将形成以乡村休闲度假为主线的多业态共同发展新格局。

宋为民：用科技颠覆医疗美容产业

□ 毛晔

比尔·盖茨说，下一个超越我的人出在健康产业，医疗健康产业将造就一个万亿级市场。

然而，谁能找到打开这个万亿级市场的钥匙？

站在"互联网+"的风口上，每一个闯入者都深知互联网是颠覆这个世界的武器，然而"互联网+"时代该+谁、该怎么+，并没有想象中那般简单易行。愈来愈多的闯入者深陷迷茫，被困于追梦的路上。

宋为民，主任医师，硕士生导师，原杭州市某公立医院著名皮肤科的副主任和美容激光科主任，国内最早提出和开展整合美肤治疗的专家之一。2011年，从医20年的他辞职创业，创立影响力辐射全国的医美品牌——"颜术"，引入国际"光美容"诊疗理念，经过近四年的耕耘，已拥有杭州、上海、丽水、义乌、宁波等地七家连锁医疗美容机构和两家科技公司。在实现"非整形的医疗美容"单店复制的同时，他启动云科技护肤的解决方案系统，将"互联网+"深植于医美行业。

当很多人还在窥探甚至质疑出自传统医疗领域的宋为民如何驾驭瞬息万变的互

联网时代时，宋为民为自己编织的梦想已触手可及。2015年6月27日，"爬山虎·企明星成长计划"年度总决赛在杭州高新区海外高层次人才创新创业基地上演。宋为民面对汪力成、宗佩民、陈斌、熊向东、庞小伟五位风投机构大咖以及台下数百位观赛者，清晰阐述自己构建的"小而美"的金字塔式医美体系以及"互联网+医美行业"的发展计划和落地思维。这一日，宋为民捧走了万众瞩目且最具含金量的"企明星"年度金奖。

20年磨砺成就名医，"JUST TRY"是必修课

宋为民，祖籍浙江宁波宁海，出生于高级知识分子家庭。1986年，他考进浙江中医学院（现浙江中医药大学）。

进入大学的宋为民，显露出各种不"安分"，而他的不"安分"源自戴尔·卡耐基的教育理论影响。"我爱读卡耐基的《人性的弱点》，他在书中说，社会的适应性和人际交往也是一种教育，而教育的本质就是告诉人们如何在陌生的环境下主动地去适应它，在困难和挫折面前找到解决的办法。"

为此，宋为民积极参与各种社会实践，从不间断的试错中获取经验值与成长值。大一暑假，宋为民获得大学生社会实践的全省先进个人；大二，他用父亲给他买的"中华学习机"（苹果2电脑兼容机），尝试着把医学数据编写成电脑程序；大四，参与学校学生会竞职演讲，被推选为全院学生会主席……基于"JUST TRY"（试试看）思维的丰富实践，让宋为民拥有优于其他同龄学生的成熟与稳重。

1991年五年制本科毕业时，宋为民获得了杭州两家大医院的青睐，并被杭州一家以皮肤科见长的医院"抢"走，成为一名皮肤科医生。"当时的医科大学毕业生都非常渴望去看似更正统的内科或外科，皮肤科并不是最佳选择。"宋为民说，但真正接触到这个新领域后，他感到大有作为。首先，这家医院皮肤科当时在杭州颇有名气，一年有十几万人的科门诊量，从这个体量上看，它并不是传统意义上的小科室；其次，皮肤疾病治疗一直以西医治疗方案为主，但那几年遇到了难以突破的瓶颈，中西医结合治疗由此获得了更大的应用空间。

看到前景的宋为民，开始潜心于皮肤科学研究，并于1995年至1998年在浙江医科大学（现浙江大学医学院）读取了在职硕士，致力于中西医结合诊疗皮肤病的研

究，此外在杭州市科委的科研经费支持下，探索搭建新型的无创皮肤诊疗体系，为传统皮肤业务注入新活力。1996年，医院引入了医学激光美容技术，在医院"强强联合"的发展模式下，宋为民和同事们共同努力，使得医院皮肤美容专科在学术领域及同行业逐渐占据省内领先地位，其激光和美容科成为当时浙江省名气最大、门诊量最大、设备最齐全最先进的公立医疗机构。

与此同时，宋为民在数年的磨砺中，成长为国内知名的皮肤科专家。"非常感谢我的老东家、老领导，让我在那些年里树立了个人口碑、信用和知名度。"

辞职那年他43岁，跳出体制遇见不一样的风景

"每个人心里都有编制情结。然而我在事业最稳定的时候，想跳出这个体制。"2011年，宋为民决定辞职创业。那一年，他43周岁。

辞职缘于2009年的一次出国进修。当时，作为杭州市政府"131"新世纪人才的宋为民，赴美国一家知名医院学习。这个2000平方米的诊所，拥有近70个工作人员、36台国际先进设备。不同于国内医生的坐诊模式，他们采用体恤式看病方式，患者换上一次性衣服，在不同的诊室等候，医生带着平板电脑逐一来到诊室为病人看病，整个过程在高度私密的空间内完成。"这种技术娴熟、诊疗高效有序的私人皮肤专科就诊模式，体现了崇尚科学的风气和人文关怀，或许是中国皮肤美容诊疗的未来发展趋势。"宋为民说，在那一刻，创业的激情在他的血液中翻滚。

辞职的想法，遭到了其父母的强烈反对。宋为民内心激烈斗争着，一边是积淀20年的稳定工作，一边是前景无限的医美产业，如何取舍？

"我已经43岁了，如果再等几年，怕是没有激情与闯劲了。"2011年初，宋为民向医院递交了辞职报告。他说，迈出最后一步的勇气来自于两个人：一个是她的太太，她非常支持他内心的选择；另一个是苹果之父乔布斯，他曾说过"活着就是为了改变世界，你的时间有限，不能为别人而活"。

2011年，浙江颜术科技有限公司成立。旗下第一家"杭州颜术时尚医疗美容中心"就坐落于杭州大厦坤和中心的29楼。这是一个定位"小而精"的皮肤专科诊所，宋为民为自己设计了一个非常低的预期——做好2—3年不盈利的准备。

2013年，"杭州颜术悦容医疗美容中心"应运而生；2014年，颜术医美连锁入

驻浙江丽水市；2015年3月，颜术与欧莱雅旗下最高端精华药妆美国修丽可品牌合作的"颜术修丽可专业医学美容中心"在上海开业，"上海颜术医疗美容门诊部"和义乌颜术也于11月落成迎宾，颜术西城店、颜术宁波店将于2016年年初开业，迈出的每一步都勇敢而扎实。

"比预期的好。"宋为民说，他们比计划提早实现了财务平衡。

赚钱不是唯一目标，要做医美行业的纠错者

"事实上，我并不特别在意赚了多少钱。"宋为民说，他很喜欢星巴克连锁创始人、CEO舒尔茨先生的一句话——"为钱创业，是很肤浅的目标，这些创业者往往不会取得成功。一个创业者最大的成功，是使人们可以分享他的理念和价值观。"

"而我渴望展现的价值，就是用颜术的科技力量为医美行业带来改变。"宋为民说，说到医美行业，很多人的共识是——暴利、风险大，这甚至成为医美行业一贯以来难以摘掉的"帽子"，而颜术不会走那种老路子。

"我们专注于皮肤的科技美容，做更为安全的非整形技术。这是高安全性的医美项目。"宋为民说，传统美容多是以化学性产品为媒介的生活美容，即利用化学药物或者化妆品解决皮肤的健康和保养问题，但某些化学品或化妆品中的一些成分对皮肤而言是不兼容的，易引发不耐受，甚至引起激素依赖性皮炎等。而颜术倡导的科技"光美容"，这是一种物理美容，利用阳光中某个特殊的波段治疗来解决皮肤问题，比如敏感肌肤用红光波段，色素皮肤用黄光和红光波段，长痘痘用蓝光和红光波段等。皮肤的绝大部分亚健康问题都可以通过"光美容"来解决。在国外，"光美容"研究较为成熟，而在中国正处于萌芽阶段，但可以肯定的是，它有一个非常惊人的未来。此外，颜术还建立了两道安全保障体系：一是采用国际最前沿的百分百纯进口大品牌的设备及产品，以达到最高安全值；二是拥有临床经验丰富的专业技术队伍。

"同样，我们还希望以信任和帮助的理念来给行业带来清新之风。"宋为民说，市面上很多医美机构，广告营销成本较高，给消费者造成了医学美容价格高昂的不良印象。颜术独辟蹊径，不做商业广告，参照公立医院的收费标准，部分项目

甚至比公立医院更低，以合理的价格、专业的服务帮助客户从内而外地改善肌肤。"目前来看，颜术的平和的价格体系收获了大批的忠实客户。专业、诚信，这是企业良性运转的根基。"

开启"图像诊疗"时代，"疯狂的人才能改变世界"

布局连锁实体单店，并不是宋为民的终极期望，他还想做一件更疯狂的事情。

"马云说过一句话，30年后让医生找不到工作。而我，计划在15年里让问题皮肤的门诊量减半。"宋为民说，他们正在做一个"互联网+医美行业"的新硬件，这个新硬件可以与电脑、手机等设备实现APP互联，可以通过更全面的循证医学皮肤云计算系统，制订出常见皮肤问题的分析和解决方案。

宋为民描述了这样一个场景——用户把脸套进可移动设备之中，设备会拍摄多张皮肤照片，并即时通过云计算进行分析，五分钟后，生成详细的皮肤健康状态诊断及建议报告，用户可通过手机查阅。

"八年前，我带领几位硕士研究生就开展过一系列的'皮肤无创检测分析'课题研究。但那时只是个雏形，没有真正的落地产品。"宋为民说，但现在不一样了，最好的时代来了，网络达到4G、5G，电脑速度非常快，还有大数据、云计算，离梦想仅一步之遥。

对于系统图像系统诊断的可行性，宋为民特地给出了解释——与内外科不同，皮肤科的诊断方式主要靠经验（学术上叫大体形态学），有经验的皮肤医生根据皮疹的红斑、色斑或丘疹的颜色、大小、形态等，即能快速诊断常见疾病，准确率可达80%—90%。而且，皮肤科常见病有国际和国内标准化的诊疗流程和诊疗共识，可以实现标准化与个性化相结合的科技诊疗。

"这个新硬件模式实现后，我们还将研发配套的APP，实现医生在线问诊、配药、送药等一站式的互联网+医美服务体系。"宋为民自信满满。

"很疯狂吗？我觉得它触手可及。"宋为民说，只有疯狂的人才有可能改变世界。

对 话

Q：《杭州日报》

A：宋为民

Q：在公司运营体系中，营销处于怎样的位置？

A：不同于很多医美机构以营销为重头的模式（营销成本占到50%甚至更高），我们公司把营销放在运营体系的最末端。公司成立四年，几乎未在媒体投放过广告，我们的品牌传播主要靠客户口口相传，此外就是轻量级的微信传播。医疗技术是运营体系的重中之重，医生在公司的地位非常高，对于专家型医生，我们甚至会出让股份，以此点燃他们成就事业的激情。

Q：刚才您说到颜术不依赖于营销，但是面对市场上大体量的营销轰炸，是否有一天也会屈服并沦陷？

A：我一直认为，善良是一个人最大的财富，并且是最不会失败的投资。做医生首先要有医德，如果过分夸大地去营销甚至买卖顾客，对我而言过不了心里那一关。人接受教育的目标就是抑恶扬善，家庭教育、大学生教育、研究生教育等都是向善的引导。一个健康的人，不只是身体没有疾病，还需要心理健康以及良好的社会适应力。在我看来，一个努力、正直、自信的人，是不可能失败的，更不可能轻易屈服于现实。

Q：作为《杭州日报》"企明星"栏目的首个"月明星"，当时专家评委在实地走访你们公司时曾表示，单店模式在推广复制上存有一定难度，对此你怎么看？

A：难度肯定有，但并没有想象的那么难。单店模式推广复制的难度在于，任何一个医疗机构都会遇到头三年亏本的艰难期，基于这个原因难以找到目光长远的志同道合者。但是我们的优势在于，定位"小而美"，以先进的仪器和稳定的技术作支撑，并具有一定的标准化流程，克隆复制的难度会小一些。

Q：如果想实现"互联网+医美行业"的架构，现在最需要的是什么？

A：现阶段最缺的是技术，如果有互联网+医学方面的技术人才或公司，我们非常欢迎合作。现在中国的技术日新月异，并不逊色于国际水平，比如说华为手机，很多方面都有高水平突破。我希望我们的合作者是优秀的有国际范儿的团队。

> **企业
> 名片**

浙江颜术科技有限公司成立于2011年，"颜术"品牌致力于高科技安全有效的无创和微创医学美容连锁诊所的建立，目前已有杭州（两家）、丽水、上海、义乌、宁波等地共七家旗舰诊所。颜术将国际领先科技和国内精英皮肤科医生资源完美结合，致力于做中国口碑最佳的医疗美容专科品牌，为都市白领精英提供专业安全有效的美容服务。

梁铭：做有情怀的服装

□ 阮妍妍　孙宇霆

白色的麻布衬衣、黑色的裤子、黑色的布鞋……

虽然从事的是时尚行业，梁铭的打扮却简单低调，而其中又处处透着股范儿——一股"文青"（"文艺青年"简称）范儿。

"我叫梁铭，谐音'良民'，老外一般喊我Goodman，翻译成中文是古德曼。"

就是这么巧合，在纽约第五大道上，也有一个"古德曼"。不过，这是一家知名精品百货商店，全称是波道夫·古德曼（Bergdorf Goodman）。

据说，在欧美时尚界流传着这样一句话：只要被古德曼家的买手看中，这个设计师就不用愁后半生了。

"呵呵，这纯粹是个巧合。"提及此，梁铭笑了。

作为海明控股有限公司的董事长、杭派女装知名品牌"古木夕羊"创始人，梁铭看起来不像是一名企业领导者，倒更像是一位"文艺人"。

事实上，他的确是。在大学时组建过乐队，跑过酒吧驻过唱；后来创业时，连品牌的名字都充斥着一个个的寓意，"充满了对人生的理解和感悟"。

"我并不觉得艺术和商业是对立的。反而是在未来的企业里，如果没有艺术家的气质，其生产的产品很难打动人。所以，做企业，应该把艺术创造和经营管理完美地结合在一起，尤其是在时尚行业。"梁铭说，海明控股的发展历经四个阶段，每个阶段的管理理念又有所不同，但是要做一件与众不同、有情怀的服装的初心永远未变。

创业：起于凤起路上一家想做不一样衣服的服装店

在媒体对梁铭早期的采访中，有这样的描述：1996年，已经在全国声名鹊起的四季青服装市场，成立了中国·四季青服装集团，业务涉及服装、纺织、商业地产、物流等多个领域。同样是1996年，梁铭步入而立之年。这一年，他和女朋友在凤起路开了家服装店——古木夕羊。

作为那个年代的标准文青，他们想做不一样的衣裳，就连品牌的名字都显得与众不同。

"'古木夕羊'是当年我们四个好朋友各取名字中一个部分组合而成的。我是那个'夕'。"梁铭说。

近20年过去，当初的四位年轻人都发展得不错，梁铭任掌门的海明控股有限公司旗下拥有了多个品牌。其中，包括中国一线女装设计品牌OTT、男装设计品牌VOL.3，定位简单文艺的古木夕羊、森所，定位自由浪漫的飞鸟和新酒以及健康生活品牌Chapter7（7章）、义远有机生态农业等。

"这些品牌代表了我们公司发展的不同阶段。"梁铭解释道。第一个阶段当然是刚创业的1996年，他和女朋友创建了第一个品牌"古木夕羊"。

文艺清新的设计，简单舒适的穿着体验，再加上相对比较平和的价格，"古木夕羊"很快就打响了名气。

"那时候的服装业竞争不是很激烈，也没太多时尚的服装，更缺少品牌化的运营，所以我们的产品一经推出，就被市场接受。"

产品受追捧虽然是好事，但是因为供不应求总是断货，或者尺码不全，也是一件令商家伤脑筋的事情。

梁铭说，这时美国管理学家弗雷德里克·温斯洛·泰勒所著的《科学管理原理》一书对他有很大的帮助。因为在泰勒看来，要达到最佳工作效率的重要手段是用科学化、标准化的管理方法代替经验管理。

基于泰勒的科学管理，梁铭决定对当时行业内流行的由老师傅来做整件衣服的方式进行变革：他们首先创办了一家工厂，然后把招聘的工人培养成熟练工，分派到一道道工序中去。

"这样一下子就提高了生产效率，提高了产能。"

发展：运用现代管理学来提高整个组织的领导力

"古木夕羊"初创建时，以"简单、文艺"著称，但随着企业产能扩大，梁铭人生阅历的增长，他们对企业经营乃至对品牌的理解都在不断变化，成就了后来的OTT、VOL.3等一系列品牌。

"OTT的意思就是'On The Travel（人在旅途）'。因为，随着企业和团队的成熟，我们发现风花雪月的日子已经回不去了，更多的反而是人在旅途中的感触，所以就创建了OTT的品牌。四年后，又是一个新的阶段，VOL.3应运而生。"

如果说从"古木夕羊"到"OTT"再到"VOL.3"只是一个个服装品牌的创建，那么2008年，女儿的诞生则给了梁铭一个全新的灵感。

"那就是，我们想要给她一个全新的、健康的生活方式，所以创办了7章概念店。"

这个"概念店"，不仅提供精致的服装，甚至还有咖啡和茶，植物和蔬菜，书籍和一些日常用品等，向顾客传递一种循环有机、简单美好的生活理念。

梁铭这样解释这种变化："有了孩子以后，许多想法可能都会发生改变，甚至会考虑到生命的延续和自然的生生不息等。"

在整个采访过程中，梁铭说话的声音都比较低沉，但是提及自己的女儿，声调明显提高，毫不掩饰对她的爱。

梁铭说，随着孩子的诞生，企业的发展也进入了第二个阶段，也就是产品品牌、主营业务扩大的阶段。

"这个时候，我们认识到在一个企业里，应该是什么样的人做什么样的事，而不应该浪费人才。"

彼得·德鲁克的《现代管理学》引起了他的注意。在德鲁克的理论里，管理和组织，就像人体与器官一样紧密。具体来说，如果企业是社会的一个"功能组织"或一个"器官"，那么，管理就是企业或一个组织机构的"器官"，即通过管理来使整个组织的领导力和有效性大幅提升。

"按照德鲁克的理论，我们把企业的业务实现途径分成了几大环节。其中，第一个环节的人才是创新人才，是创造价值的；第二个是营销人才，是传播价值的；第三个是销售人才，是实现价值的；第四个是管理人才，用来提高效率，减少价值蒸发的。"梁铭说，当企业有了这些环节后，为了减少浪费，势必又会引进总经理来管理公司无形的资产和客户，"在这个过程中，企业可能又会增加更多的品牌"。

变革：两年多的沉淀，成就了多个品牌强势回归和新品牌创建

如果说"古木夕羊"成功的原因之一，是当时的市场竞争相对比较平和，那么随着"80后""90后"消费者的快速成长，消费者的消费习惯、消费需求、审美情趣都发生了很大的变化，相应地，新的环境势必会带来新的问题。

例如，渠道拓展，是深耕还是开辟新的市场？品牌推广，是专精还是走多品牌的发展战略？O2O电商模式，做还是不做？在大数据时代，企业如何实现变革……

如同没有万能的模板一样，这些问题也都没有标准答案，所谓"甲之蜜糖，乙之砒霜"。只是对于做企业的人来说，他们必须要给出答案。

"前两年面对市场激烈的竞争，我们公司的发展步伐确实也放慢了一些，进入了重新定位阶段，即对企业文化的重新定位，对产品品牌的重新定位，争取做到每个品牌都与众不同，实现差异化销售。"

经过这两年多的不断重组和定位，梁铭所主导的公司已经实现了预期的目标。

"OTT重组了，古木夕羊也重新定位了，今后将有更多门店强势回归，甚至我们创建不久的mitti童装也有了不错的市场反响。"

在全行业不景气的背景下，海明控股是如何做到转危为机的？

梁铭以为，主要原因就是"变革"。

"在我看来，变革有三种情况。第一种是面对挑战，两只脚仍踏在'旧船'（不变化）上，以不变应万变，这样的企业活下来的很少；第二种是一只脚踏在'旧船'上，另一只脚却踏在'新船'（变革）上，可是'新船'是往未来行驶的，而'旧船'是沿袭过去的，企业肯定发展不好；最后一种是两只脚都踏在'新船'上，企业在变革中得到成长和发展。我们公司就是第三种。"

梁铭以后期创建的"飞鸟和新酒"女装品牌为例，称该品牌创立的背景是感受到如今的社会发展节奏越来越快，人们渴望放松，渴望暂时忘却城市的喧嚣，因此就创建了这样一个回归自然、颇有浪漫情怀的品牌。

"生活不只是眼前的苟且，还有诗和远方。"梁铭说，"飞鸟和新酒"的创作灵感就来自于对"浪漫旅程"的向往和对"远方"的联想，甚至品牌的名字也充满了想象力。"取自于《圣经》里的一段话。"他补充道。

求新："互联网+"时代来了，服装品牌与消费者沟通模式发生颠覆性变化

"穷则变，变则通"，要变革就要创新，否则发展就成了一句空话。

事实上，从2010年至今，服装企业不断在求新、求变，试图以发展电商来摆脱日益严重的库存压力。于是，很多服装企业采取了"实体+网销"的模式，并迅速显示了其在用户、推广和售后等方面的优势，但是也面临着线上线下价格平衡如何实现、销售渠道如何统一等问题。

"因为，相较于其他商品，服装比较特殊，在人类社会活动中，也许没有比选择穿着更能鲜明地反映人们的价值观和生活方式。所以，我个人认为，对于新时期的服装零售商而言，要想做到与消费者的真正连接，仅仅依靠电商是不够的。因为，消费者买的不仅是一件衣服，而是一种能体现自己品位、生活态度的媒介。简单来说，服装是一种生活方式、一种'情怀'的表达。"

梁铭说，在互联网时代，服装企业与消费者的沟通模式已经发生了颠覆性变化。"以往，企业若想提高品牌的知名度，就先让顾客体验，等体验之后有了满意度，就会产生对品牌的忠诚度。而现在是先有品牌的忠诚度，再有满意度，最后才是知名度，就像粉丝经济一样。"

那么，海明控股又是如何来营造自己的"粉丝经济"的呢？

梁铭称当前的互联网时代被公司视为第四个阶段，企业的商业模式已经比较清晰，"我们的产品肯定要以生活方式为引导，并通过强大的生活体验来实现顾客对品牌精神的充分认同感"。

对 话

Q：《杭州日报》

A：梁铭

Q：如果碰到10年后的你，你能想象一下是什么样的吗？

A：我想我只会更年轻吧（笑）。目前，在我们公司1988年到1992年出生的员工占了56%，马上会有1993年出生的员工来报到。和他们长期在一起，我自己的心理年龄也变得很年轻。所以，我认为10年后的我，应该更年轻吧。

当然，那个时候，我们公司的经营模式已经完全实现互联网化，更符合信息时代的特征。

Q：在产品设计方面，公司投入大吗？

A：每个品牌都不太一样。例如，一些上了销售规模的服装品牌投入就会少一些，但是刚刚开发的品牌会占用较大的资金。

Q：你平常的放松方式是什么？

A：听音乐。去农场。

Q：你第一份工作是什么？

A：我从小就喜欢花花草草，喜欢亲近大自然，所以，我读大学时候学的是农业工程专业。第一份工作是在农业机械培训中心当老师，虽然比较清闲，但是不感兴趣，就辞职了。

Q：当下，风投、天使投资都比较热门，今后公司会不会也涉及这些领域？

A：目前我们公司还处于内部转型阶段，不会投资房地产之类，不过以后可能会自己做风投。

Q：作为一位创业导师，对初创者有什么话说？或者有什么书推荐？

A：对于初创者当然是鼓励！目前，我在看一本名为《创新者的窘境》的书。在这本书中，作者向我们展示了多个成功运用新技术取得竞争优势的公司。该书涉及多个产业，建议创业者去看看。

企业
名片

海明控股有限公司创建于1996年，是一家以经营时尚产业为主的公司。公司目前拥有多个不同风格和定位的品牌，同时致力于成为引领多元化生活方式与生活理念的开拓者。

祝愉勤：做大健康关怀家

□ 孟煜前

"我从事美容行业12年，之前做了13年的财经记者。在创业的过程中，我一直是两种身份，一个是从业者，一个是观察者。今天所有的观点，你可以选择听或者不听，既然是论坛，就要有鲜明的观点才会精彩。"

在上海召开的2015中国Medical SPA上海峰会上，针对"互联网的美业颠覆论"，静博士董事长祝愉勤给予了犀利的回应。论坛上，祝愉勤像一位睿智的斗士，向美业界的O2O模式提出若干质疑，提出了"专业主义精神+互联网行动"的大健康关怀家理念。

"理性""善辩""敏锐""斗志""务实""坚持"，女性的坚韧和男性的勇敢，就像两条奔流不息的大河，与她交融汇合。胜于男性的果敢和魄力，胜于女性的坚持和信守，如明珠一般，光彩夺目、熠熠生辉。

创业初心：源于对生命的尊重与关怀

2003年在延安路狮虎桥路口开出人生第一家小美容院，直至拥有今天的"静博士养生美容、静港医美、静元堂国医馆、静娴产品公司、静博士养生美容学校和企业大学"的大健康美业集团，12年来，祝愉勤就像上足发条的时钟，分秒必争地走在创业的路上。

人类欲望自苹果始，正如微博上"三个苹果"的著名段子所言，它诱惑了夏娃，砸醒了牛顿，又被乔布斯握在手中。苹果的力量激发了更多的探索、创新、冒险精神，有趣的是，祝愉勤的创业初心也来自一位卖苹果的老太太。

11年前，她去水果摊买水果，说了一句"这苹果怎么斑斑点点的？"大妈回应："就许你脸上长痘痘，不许我的苹果长痘痘吗？"大妈的这句话，让她暗下决心：一定要把皮肤料理好。于是，曾经做过护士，又当了13年财经记者的祝愉勤从媒体辞职，开了人生第一家美容院。

市场上美容店不少，如何做出自己的特色？她和妹妹寻找、尝试了多种养生美容项目和技术，训练员工如何给会员"排通补调"，让会员"形色气相"都得到改善。

林蛙轻乐和哈尼药浴是静博士王牌产品，十多年来口碑甚好。

2003年，静博士引进著名仿生学家张东志用7年时间研究成功的轻体成果，这套自然仿生减肥项目源于对林蛙的深入研究——在寒冷的冬天开始前，林蛙会把自己吃得圆滚滚，依靠独特的呼吸法，次年春天，轻轻松松地以妖娆的体态重出江湖。这个项目在静博士一直火爆，经过十余年升级创新，为众多爱美人士找到了通向轻盈体态的捷径。

每引进一个新服务项目，祝愉勤必须亲自体验效果，从安全性、舒适度、效果等方面全面考量。

哈尼药浴来自一次云南之旅。云南哀牢山中神秘而古老的哈尼族在阴冷潮湿的山区中，以泡浴、服用天然药草等方式来强健身体、消除疲劳、抵御风寒，从而免受风湿、皮肤、妇科、乳腺等疾病的侵扰。这些天然药材被静博士引入杭州后，大受欢迎，经过改良的药浴方式也更适合都市人。

2014年，祝愉勤创办的新品牌——静元堂问世了，虽然姗姗来迟，却来自她创业之始的那份初心，来自她大健康关怀家的梦想。

"20多年前，我在医院重症监护室工作，那是一个最能让年轻人迅速读懂生命的地方。直到现在，我还会偶尔在梦中回忆起病人被疾病困扰的痛苦呻吟，看到病人顽强求生时的那种眼光，依然忘不了在仪器冷静的'滴滴'声中，和同事一起为抢救生命争分夺秒的时光。"

静元堂的背后，有着祝愉勤对于生命尊重与关怀的情结。

这是一个中西结合、专注于为大家治疗肩颈腰腿痛的健康品牌。对健康产业的痴迷，驱使着祝愉勤"满世界跑"地四处寻访名医大师，邀请他们加入静元堂大家庭，从北京的空军总院到深圳正骨医院，从台湾最大的药局连锁店到日本、韩国生态健康产品的生产线。如今，静元堂独创的"筋骨并重、运动康复、多点改善"的治疗体系，已邀请到全国各地最出色的中医轮流坐诊，为不少会员解除了痛苦。

一个走了12年的企业，为什么选择重新出发？

祝愉勤用"情怀"和"使命感"来形容自己，"对于一个内心有使命感的人，这样的忙碌是多么充实，这是一种关于健康的情怀，一种发自初心的情怀"。

面对困境：这是一份关于坚持和爱的事业

创业者不仅要给自己一个梦想、一个承诺，还要给自己一份坚持，静博士12年创业路印证了这一点。

"12年前，只是为了解决自己的皮肤问题，为了赚点小钱，开出一家店，通过这些年的努力，我们拥有了静博士健康团队，团队有800人，会员有4万多人……这是我和创业之初就在一起的妹妹晓晴始料未及的，我们的内心充满着感恩。"祝愉勤说。

面对员工，面对来自全国各地单纯率真的年轻姑娘、追随多年的骨干，还有从其他企业投奔静博士的人才，她不断在内心鞭策自己——千万不能耽误了这群年轻人。十多年来，勇气、坚持和爱，让祝愉勤带领着自己的团队，战胜一个个困难，走到了今天。

2003年，小店开业一个月，即遭遇"非典"，门可罗雀，小店像汪洋中的一条船，随时倾覆。没有人为她保驾护航，她必须沉着冷静，找到自己的方向。

　　"非典"三个月的煎熬，祝愉勤重新审视小店的经营状况，并给出了积极应对——调整市场定位、请上海专业美容师给员工培训、规范服务体系、推出新产品。风雨过后是彩虹，"非典"结束后，祝愉勤积极应对市场的策略得到回报，小店营业额日日攀升，顾客排着队来做林蛙瘦身，店里技师忙不过来，祝愉勤不得不从医院里请来推拿医生，对其他员工进行紧急培训，为会员服务。

　　2009年，静博士遭遇了又一场风暴，大环境不好：金融危机导致消费低迷；而公司内部管理混乱、人心思变。祝愉勤回忆，这是一场惊心动魄的改革，每一个决定都生死攸关，关系到企业未来的生死存亡——绩效改革，流失了近1/3的老员工，引起了团队不满；高新聘请的职业经理人又和企业价值观产生冲突，甩手离去，造成原本团结的管理层人心涣散，经营业绩每况愈下……

　　那段时间，祝愉勤夜不能寐，大把掉发，但白天一到单位，面对员工和案头上需要处理的工作，她又精神百倍，以最大的热情投入工作。

　　凤凰涅槃，度过难熬的2009年，静博士迎来了又一次新生。坚强、自信、果敢、决断，拥有强大正能量的祝愉勤作为企业主心骨，支撑着静博士度过了一段段艰难光阴。

　　有人说，当一个刚强的女性释放出温柔、耐心、呵护和关怀时，这种由爱凝聚的力量同样具有惊人的爆发力。

　　"很多人觉得美容行业是服务业中比较低端的，但我从来没有这么看。"

　　祝愉勤不仅仅是一家大型美业集团的老板，还是女儿、妻子、母亲，是员工眼里的亲切"大家长"。每个月，静博士800余名员工都要从宁波、绍兴等门店汇聚杭州，听她分享这一个月来的心得，一次旅行、一个对话、一本书，都可以成为祝愉勤和员工分享的内容。

　　静博士的成长史，也是一篇爱的故事。

　　在美容服务行业，静博士是全国最早实现全员社保的企业，所有法定假期员工一律休息。静博士的"长辈养老工程"也被业界传为佳话——工作满一年的员工，其父母每月会按时收到100元到300元养老金，这笔钱直接打在员工父母的银行卡里。每年中秋、春节，静博士都会把节日礼物、慰问信，以及企业的杂志、报纸、VCR一起寄给员工父母，让远在家乡的长辈看看自己的孩子在什么样的企业工作。

直面互联网浪潮：专业主义是我们的立身之本

2015年5月中旬，服务于客户的静博士APP将线上测试，如今，静博士企业报发行量超过12万份，《静心关怀》内刊杂志发行量过万，微博、微信等新媒体全部上线，天猫商城也推出了王牌养生减肥项目。接下来，静博士还要推出自家的O2O上门服务平台，用"专业主义+互联网行动"来拥抱互联网时代的到来。

"在新的美容时代来临时，我们必须做出行动！"她说。

祝愉勤始终认为，无论商业怎么改变，商业的本质不会改变，静博士输出的"关怀"不会改变，即便在互联网浪潮冲击各个行业的大形势下，祝愉勤始终把"手的力量""关怀的力量"放在最前面。

"整个行业不少人认为，互联网来了，我们就要被颠覆，但我不这么认为，互联网是融合的，是手段，大健康产业都是通过手来完成的，我们是爱的手工艺人，这种关怀和爱，纯粹的互联网企业拿不走。"

"我无数次问自己，静博士卖什么？卖减肥吗？卖美容吗？卖养生吗？当我们相继开出两家静港医美中心和一家静元堂国医馆，我们在卖激光整形吗？2000多平方米的静元堂国医馆，我们卖的是名医好药吗？"

无数个深夜，这些问题不停在她脑海里盘旋，突然一天茅塞顿开，她想明白了，一个行业有行业的本质，一个企业有自己追求的价值，其他所有的产品和项目都是媒介，通过产品和媒介来传递关怀，让会员、员工，乃至全社会需要帮助的人在收获健康和美丽之外，还拥有一份幸福感，这才是静博士的责任和使命，也是紧跟互联网时代的产品精髓。

在互联网时代，祝愉勤以积极的心态迎接改革新浪潮的到来，又像一位斗士，对"O2O美容平台"宣扬的传统美容院颠覆论给予猛烈的回击。

她如此鼓励同行——"面对O2O、微商、电商、大数据……中国美容行业不可避免站在了互联网的风口浪尖，此时，我们必须清醒地问一个问题，深度服务的美容行业，真的需要全流程改造吗？会被彻底颠覆吗？我们既要拥抱互联网，也要清晰地认识到行业的本质是什么。专业主义是我们的立身之本，互联网手段可以更好地助推我们成长，拥抱互联网就我们行业来说，是一种融合、提升、飞跃，而不是彻底被颠覆。"

　　她如此向某些挖"墙角"的O2O平台"开炮"——"前几天，一家O2O美容平台派人到静博士数家店卧底，欲用高薪挖员工。在这个巨变的时代，业内同仁，更不可以以创新的名义来搅局，以颠覆的姿态来进行不正当竞争。如果没有传统线下业务支撑，在可以预见的将来，上门美容只能是特定条件下的服务补充，无法形成有效的商业模式。"

　　这篇著名的"驳美业颠覆论"演讲，微信点击量过两万，此时的她，代表中国传统美业发声，积极维护同行的利益和尊严。对此她解释，"犀利的回应，是本着一颗对行业的敬畏之心，这是在美容行业耕耘多年的我们必须承担的责任和义务"。

　　春日早晨，静元堂国医馆里的祝愉勤不徐不疾，侃侃而谈，暗红色小洋装上的精致提花图案，随着生动的手势变化，也活泼了起来。破窗而入的阳光，洒满一地……

对 话

Q：《杭州日报》

A：祝愉勤

　　Q：您曾在员工会议上说过——"没有背景不可怕，努力让自己成为背景"，不少员工也在您的不断激励中，在静博士成长起来，员工也视您为精神导师。精神导师的精髓是什么？

　　A：我来自非常普通的家庭，没有背景、没有姿色，也没有很好的学历，唯一有的，是一颗充满梦想的心。从护士到秘书到记者、经济专刊中心主任，后来又创业，这一路走来，有过困难，也有过内心的煎熬，也曾很纠结很痛苦，但从来没有恐惧过。我常常和员工说，你有没有梦想，够不够坚韧，碰到困难的时候有没有像我一样迎难而上？现在，静博士的不少优秀员工都拥有企业股权，每年都有分红，在这样的集体里成长很快。

Q：您眼里的"财富"究竟是什么？

A：用财富创造财富，用财富解放心灵。一个女人不仅仅要财富自由，更要心灵自由，一辈子努力去寻找一个灵魂投缘的人一起生活，找一群志同道合的伙伴一起工作，这些都是财富。

Q：对员工的激励和关怀是静博士文化的重要一部分，您是怎么做到的？

A：我经常想：拿什么来激励新的伙伴？拿什么来报答老的伙伴？企业往前走，员工的平台才会大。和大部分行业不同的是，静博士在这十多年里做的最重要的事情，不是寻找顾客，而是培养员工。我们不仅投资硬件设施，而且把钱投在员工福利上，还把钱投在了看不到的地方，比如系统建设、软件工程开发、高管外出学习、请老师来上课……我希望在静博士的土壤里，公平公正，可以竞争、可以努力，有所付出就会有所得到。

Q：静博士企业文化里的几大工程非常有意思，具体都有哪些？

A：让员工快乐成长，我们实行了几大工程——"水蜜桃工程"是师傅带徒弟，快速提升员工技能；"红娘工程"关注员工婚姻；还有"快乐工程""梦想工程"，我们经常举行快乐的时尚派对、劲歌会、广场活动等，让年轻人尽情舒展自己，张扬青春。

2013年，静博士获得"浙江省十大幸福企业"称号。只有企业善待员工，员工才能善待顾客；只有员工满意，顾客才会满意；只有员工幸福，顾客才可能幸福。

企业名片

静博士成立于2003年，以"静心关怀"为理念，是一家横跨生活美容、医疗美容、国医馆、美容用品的公司，并拥有美容基础教育学校及行业企业大学平台，是浙江健康美业第一品牌。静博士用关怀家精神，践行企业公民责任，先后被评为"浙江省商贸百强企业""浙江十大幸福型企业""创新浙商""新锐杭商"。

刘蒙松：旅游圈合伙人

□ 杜悦

在2014年9月28日之前，刘蒙松还只是个在行业内为人所津津乐道的名字。在杭州这个旅游城市，他2003年创立的光大旅游，已连续五年位居出国出境组客量全省榜首，而出境游是眼下所有旅行社的利润点。换句话说，他拥有浙江最赚钱的旅行社。

2014年9月28日，万达集团旗下万达旅业宣布并购光大旅游集团。好比一个巧媳妇嫁到了豪门，并购后的光大旅游虽然冠了夫姓，改叫浙江万达旅游集团，但豪门媳妇身份引起的关注蔓延到了旅游圈外。如果说杭州是全国旅游城市的风向标，刘蒙松此举，则是站到了风向标的风口浪尖上。在互联网旅游电商大战的当口，一家传统旅行社能受到土豪的青睐，证明了刘蒙松的实力，也同时说明资本通过他和他的光大，认可了传统旅游行业的价值。

从1978年跨入旅游行业以来，刘蒙松几乎和中国的旅行社同成长，他的身上，留下了这一代旅游人的印记：从导游接待到销售管理，从国有企业到合伙创业。而他是那一拨人中走得最远的，不仅实现了个人价值，而且带出了一个成功企业。业内评价刘蒙松：散财聚人才。互联网企业如今倡导的合伙共享概念，十年前，他就在传统旅游行业中实践了。十年过去，对于浙江万达的成功，艳羡者众，但对于他创立的体制，无人能跟随。

像范进中举，进了神秘单位

19世纪中期，英国人托马斯·库克创办了世界上第一家旅行社，代表着以公司为载体的旅游新时代到来。而在中国，第一代旅行服务商则来得晚得多。

1978年，刚刚改革开放，中国开始决定发展旅游业。在浙江，中国国际和中国国旅两家旅行社从外事系统刚选拔的550名青年员工中招了5名，投入旅游工作。那一年，刘蒙松19岁，经历过第一次高考失利后，正在全力复读备考。他参加了招工考试，被录取了，在进旅行社工作和读大学之间，有了人生的第一次选择。

纠结没持续多久，刘蒙松选择了工作："上大学的机会以后还有，但这份工作太吸引人了。"

没有经历过那个时代的人，可能无法感受那种久处封闭状态突然间接触外界的欣喜。刘蒙松当时在浙江省中国旅行社主要从事接待工作，出入的是高级酒店，老百姓进都进不了，接待的是外宾，普通人接触不到，天天西装革履，满口"你好""谢谢"，神秘而体面。这样的工作氛围，不是钱能买来的，刘蒙松形容自己像范进中举一样兴奋。当时的接待工作，要求他像一个民间外交家一样，同时担负讲解员、安全员、调查员、宣传员等几项重任，接待一个团，要写一期简报，类似于如今去朝鲜旅游时碰到的导游，是外国人在当地唯一能接触到的窗口，社会地位很高。

与社会地位匹配的还有待遇。刘蒙松当时的月收入是29.5元，但一年服装费就发了250元。平民家庭出身的刘蒙松第一次给自己买了套华达呢中山装，80多块钱，是普通家庭几个月的收入。"从19岁进入这家单位开始，就从没有为钱发愁过。可能也因为此，我对钱看得相对淡一些。也因为出身平民，我对生活条件也要求不高。就像现在很多人说你好去住别墅了，我还是喜欢住小区公寓楼。"刘蒙松说，这种对钱的态度，也直接决定了他适合企业的性质。当然，这是后话。

因为担负着这项体现国家脸面的工作，刘蒙松对自己的要求也在不断提高。他不断学习，脱产圆了大学梦，业务能力也是日益精进。1987年全省首届导游演讲比赛，他成为十名获奖者之一。如果当年也像现在一样评选金牌导游，他也是能拿政府补贴的技术人才。

放下傲娇尊贵，做销售了

娱乐圈，演而优则导。旅游圈，导而优则……

20世纪90年代，随着台湾老兵探亲的开放和国民旅游热潮兴起，春秋、众信、南湖国旅等民营旅行社崛起，市场上虽依然以国、中、青为大，但也开始面临竞争。于是，以接待为主导的旅行社开始向销售转型。

刘蒙松也面临转型。1993年，他从省中旅接待部副经理调任散客部经理。职务升了，但接待部是业务精华，散客部却是边缘机构，连年亏损。刘蒙松迷惘了三天，做出了初显管理才能的决定：给员工定岗，以量化方式进行考核，订房、订票等业绩直接与数字奖金挂钩。于是第一年就扭亏为盈，自己的年薪也升到了六位数。

更大的考验来自出境中心。当时的省中旅，已经意识到接待的利润正在下降，未来业绩要靠国民出境赚取。但1994年，他们的出国量只有500多人，而同时期的国旅则做到了3000余人。差距太大，就派闯将上。

这是真正的较量。1995年，出境游已经开始走向买方市场，接待外宾的傲娇尊贵都没有了。刘蒙松必须放下身段，千方百计找客源。刘蒙松说，做惯了接待人的工作，与做经营很不同。做导游搞接待相对单一，自己知识面广，积累好，搞好服务就可以了，身份比较单一，基本没有利益冲突。而经营，考验的是综合能力。对数据敏感不敏感？团队协作如何？市场怎样？产品有没有概念？除了智商，更多的是对情商的考验。

正是在这样的综合要求下，他感受到了团队的重要性。当时旅游圈里也有穷庙富方丈一说，在操作上存在着很多猫腻。境外旅行社为了招揽团队，往往会给国内组团社操作人回扣，操作人拿了回扣，做了私团，旅行社的利润就降低了。作为出境中心负责人，刘蒙松自己立下军令状，绝不搞猫腻、落私人腰包，大家互相监督，形成新常态下的阳光操作。

无私心，肯打拼，换来的是出境中心的接客量成倍增长。2001年当他离开省中旅时，年接待出国出境游客量已经达到52000多人。

二次创业，当旅游圈合伙人

世纪之交，思潮迭起，资本涌动，机会纷呈。

1999年，中国出现了第一个"国庆黄金周"，国民大众逐渐成为旅游消费的市场主体。此后，携程、去哪儿、艺龙等旅游电商兴起。在杭州，旅游电商的大潮还没有袭来，但走出来、自己干的想法，渐渐涌现。

如果说从接待转型销售是第一次创业的话，在经历了国企和私企的身份变换后，2003年，刘蒙松准备再度出发，二次创业。他找到一批志同道合的朋友，一共七人，几经波折，成了光大国旅的新主人。

彼时，刚好遇上"非典"，整个旅游业都遭受重创。为了留住公司骨干和一线业务精英，占公司股份近70%的刘蒙松，给自己开出的年薪是3万元，与原来的待遇天壤之别。但最难的不是收入，而是当年的光大国旅没有出境组团的资质。要拿到资质，就要考量你接待的入境游客人数。

过了23年，又做回了老本行。不同的是，外面已改天换地，一切都得重新来过。2004年1月份，刘蒙松跟随浙江省旅游局前往港澳地区进行"浙江周"的宣传活动，认识了澳门康泰旅行社的市场负责人。过了一个月，听说这个负责人来到杭州了，他赶紧过去联络，但对方非常冷漠，即使他以屈膝的方式笑着敬酒，对方仍然推辞。晚宴之后，刘蒙松开车从西湖隧道一直到南山路，绕着西湖一圈又一圈，泪流满面。曾经的成功人士变为创业者，艰辛难以言表。但也正是这样的经历，激发了他的斗志。几经交手，也正是这家旅行社，给了光大国旅重生后的第一笔业务。

一年后，波折同样出现在光大国旅申领出境游组团资质时。在许多人看来是一件水到渠成的事，到了刘蒙松举杯庆祝时，却突然接到通知——被临时砍掉了名额。没有出境资质，也就失去了发展的机会。煎熬了两个月，还是在省旅游局和一家境外旅行社的帮助下，局面才峰回路转。

好日子来了，担忧也来了。中国人有句古话："同患难易，共富贵难。"利益分配，体现了领导者的胸怀和远见。

当时的旅游圈是怎样的生态环境？国企，按级别拿钱。私企，给老板打工，收益人是老板一人。但刘蒙松有不同的想法。"人生来平等，我和一起创业的六个人，还有后来陆续加入的员工，不是我下属，而是合伙人，我们为共同的目标奋斗。大家信服我，我当班长，但大家地位相同，利益共享。"刘蒙松说，"不断有人加入光大的队伍，我不希望是冲着我来的，做事情不是跟人，而是跟制度——建立了合伙人制度，大家都是为自己做。"

有了这样的理念，刘蒙松不断稀释自己，在光大的股权在万达旅业并购前，利好消息即将到来，光大旅游又增加了15名股东。刘蒙松的股份稀释到7%，只比其他合伙人略高一点，而并购前光大的股东，超过了40人。

这不是国有企业改制时的股权认购分配，而是一个传统私企老板的自觉自愿行为，因为他认定，只有利益共享，才能充分发挥积极性，才能给企业带来长足的发展动力。除此之后，2009年，他做了一件很重要的事：广布平台。在光大国旅外，又成立了浙江光大星辰国旅、浙江光大丽阳国旅、浙江光大银河旅行社、浙江光大旅游集团宁波浙东国际旅行社、浙江光大明悦旅行社、浙江光大旅游商务会展、浙江光大旅游票务、浙江光大力度广告策划公司等。理由很简单：一是形成集聚效应，起到更好的品牌推广效果；二是光大国旅做得好，新的年轻人成长起来，需要更多平台展现。事实证明，他的实验又成功了。

注入狼性，让旅游朝品牌发展

2010年年底，浙江省旅行社协会的资料显示，浙江光大的出境游排名第一，这个排名一直保持到现在未变。

"本来想，我可以松一口气、准备退休事宜了。已经到了知天命的年纪，我不是个喜欢动的人，也不喜欢旅游，到现在连日本、韩国都没去过，我的理想生活是住个农舍，有个院子，种点东西，养群鸽子养养狗，再打打麻将。"刘蒙松说。

但是这种平静被他自己打破了。被万达收购，对刘蒙松来说，就不能再满足于现状，而要放眼全国。

"万达注入的是一种狼性，经营会议可以不停不歇开到后半夜，第二天早晨继续，够拼也够有效率，同时允许你试错。而被万达收购的旅行社，都是各地豪杰，老总几乎都是圈内的传奇人物。以前我在本地可以扯着嗓子说话，但到了万达，一瞧，好多人都比自己强。只能重新起步，重新学习，重新上路。"

浙江光大变成了浙江万达，除了令人眼红的3.4亿多元的收购价，让浙江旅游圈多了一批千万富翁外，外界更关注的是，这个原本浙江第一的旅行社到底会如何发展。

借力发力是最现实的考虑。万达的雄厚背景以及在文创产业的拓展，给了刘蒙松新方向。除此之外，就是利用互联网渠道。浙江万达的"光旅游"网站也上线了，他要建立自己的渠道获得客户。在市场唱衰传统旅行社的大背景下，他对未来依然充满信心。

"如果说以前的信息不对称是消费者得不到自己想要的东西，那么现在的不对称则是海量信息无法筛选。越来越多的游客不愿意跟着旅行社的团队，但当散客自由行数量发展到一定数量，依然需要专业人士来指导安排设计，此时机会也就来了。"刘蒙松说，互联网解决不了所有问题，国内的服务业不是发展太完善而是远远未开发，电商给了旅游业最快速的连通方式，但传统的行为模式依然有价值，他现在想做的，就是让浙江万达的根系扎得更深，产品更优，服务更佳，形成品牌效应。"我现在只是在行业内有口碑，同行觉得我们是一个不错的批发供应商。未来，我希望人们选择旅游线路，想去哪儿玩时，会第一时间选择浙江万达的产品，就像杭州人买房子中意绿城、滨江一样。这样才能让旅游线路刻上我们自己的品牌烙印。"

然后，他也许会谋划自己的第三次创业。

企业名片

浙江万达旅游集团前身是成立于2011年12月的浙江光大旅游集团，2014年9月28日加入万达大家庭。2014年集团营收10.97亿元，员工人数550余人。目前，浙江万达旅游集团下辖浙江光大国旅、浙江光大星辰国旅、浙江光大丽阳国旅、浙江光大银河旅行社、浙江光大旅游集团宁波浙东国际旅行社、浙江光大明悦旅行社、浙江光大旅游商务会展、浙江光大旅游票务、浙江光大力度广告策划等九个全资或绝对控股企业。此外，浙江万达旅游集团还设有数十家分公司，并在泰国、日本，以及中国香港等旅游目的地国家和地区拥有自己的地接中心和机构，同时还建设有专门用于浙江万达旅游产品线路展示、销售和交易的"光旅游"网站。

2014年浙江万达旅游集团出境旅游组客人数再创新高，达到223545人次，集团已连续五年位居出国出境组客量全省榜首，继续占据着浙江省出境游1/5以上的市场份额。组织邮轮游客突破30000人，荣获皇家加勒比亚洲航线全国销售亚军。

兰建军：战胜诱惑

□ 桂斌　朱青

　　两个半小时的采访时间里，兰建军只接了一个电话：通话时间不超过一分钟，显然不是需要立即处理的事。

　　这位汽车快修连锁品牌小拇指的创始人，稍有些得意地把这当做成功的标志之一，"我现在的目标是一天不超过三个业务电话"。小拇指旗下有超过500家加盟店，大多数加盟店主都有他的手机号码，有问题可以立刻打电话，不过"偶尔才有店主打过来跟我聊未来的规划"。

　　兰建军的得意并不难理解。对于一家特许加盟的连锁企业来说，这意味着它的系统已经成型，大多数事"找老总都没有用"——而系统是扩张的前提，小拇指目前的计划是把连锁店的数量增加到1000家。

　　而从另一个角度来说，兰建军也享受做人生导师的感觉。这意味着那些加盟者不仅把加盟当做赚钱手段，也把自己的未来和加盟品牌的发展联系起来了，"他们的价值观和我们是一致的"，而这是与行业陋习较量的条件之一。

兰建军语速很快，回答问题时极少停顿，显然，这是个善于讲故事的中年人。他讲的故事里有一部分是关于如何将打工者变成产业工人，让他们在城市立足的。讲到这部分故事的时候，我们正谈到梦想。当然，梦想能否实现不仅仅是企业的事，但企业的成功中，总有一部分应该和梦想有关。

一

兰建军的成功是从失败开始的。

2004年年底，小拇指在杭州开出了第一家直营店；2006年，小拇指直营店和加盟店的数量达到了100家。

那时候，知名风投就找上门了。随着汽车销量的增长，小拇指主营的汽车快修业务被视为拥有爆发性增长的机会。一两年时间里，兰建军收到了一叠风投的名片，"都是对你说，你要赶快发展赶快上市"。

听多了这样的话，人难免被诱惑得浮躁起来。2006年，兰建军找了四个朋友作为合伙人。而合伙人带来的资金，就按照风投的建议去做直营店，最多的时候做到了40多家——那时候说要上市，就从加盟商手里把店收了回来。那是个疯狂膨胀的时段，不仅是企业，还有人。

膨胀的后果在2008年一起爆发了出来：那么多直营店根本管不过来，经营出现了危机；合伙人团队也没有磨合好，"连总部买辆货车都要开一下午会"，对于企业的发展方向更是争议良多。那一年，小拇指差点关门大吉。

2008年年底，小拇指决定只做加盟经营，经营不好的直营店就直接关门，最后直营店只剩下十余家。

2014年，兰建军把这次失败看做因祸得福，因为现在看得更清楚，加盟更适合小型服务业的连锁品牌："如果当年我们直营店扩张没遇到问题，现在一定会遇到更大的危机。"

最直接的原因是这几年人力成本的增加，最普通的洗车工的工资和2005年比，都上涨了五六倍，即使这样，还经常招不到人。如果还做直营店，总部很难控制单店人力成本，财务上的压力非常大，而更灵活的加盟店更容易掌控人力成本。

这大约是很多创业者都有过的经历：企业总会遇到一些坎，跨过去了，倒成了发展的机会。

小拇指的店还没开到50家的时候，兰建军是站在第一线的救火员，电话一天都不会断，但没办法，那是他一个人的公司。这逼着他去建团队，花了几年时间磨合，终究找到了发展的途径。

小拇指的店到300家的时候，相关的体系还没有建立起来，最明显的表现就是加盟商和总部的技术人员互相告状，"电话都是找我断官司"：加盟商觉得技术人员没有解决问题，技术人员觉得加盟商没有搞清情况。后来就搞了积分管理办法，向加盟商承诺的服务支持变成积分，加盟商用积分买服务，超了就要再花钱；考核技术人员的工作，就看他从加盟商那收走了多少积分，如果服务不好，加盟商就不给他积分。"用了这个办法之后，就迅速走出了困境。"

二

兰建军办公室里摆满了中式家具，书架上也能看到不少与国学有关的书。

对于兰建军来说，关心中国传统文化，不仅仅是追逐潮流那么简单。"我们和加盟商的关系不仅仅是客户服务和特许关系，还有一层最重要的就是师生关系。"兰建军也是小拇指的培训师之一，他需要向那些加盟商灌输企业文化。

兰建军最拿手的是说一些由《西游记》衍生出来的段子，其中一个是这样的：唐僧的三个徒弟都比他厉害，可为什么他们却要叫唐僧师傅？因为唐僧可以教他们做人的道理，不跟着唐僧，他们都只是畜生啊。这样并不算高雅的段子在加盟商里颇受欢迎，因为它们易懂，又包含着最简单的道德判断。

兰建军坦承，诚信是小拇指这样的连锁品牌要解决的核心问题。

在国内，汽车修理行业仍是个不受信任的新兴行业，车主们觉得4S店的收费太高，又怀疑汽车修理厂的用料和报价——如同大多数新兴行业一样，这个市场浮躁、混乱并且充满潜规则。

小拇指的加盟商们同样面临着赚快钱的诱惑，用更便宜的原材料意味着赚更多的钱，而且看起来，也不会影响喷漆之类快修的结果，顶多效果持续的时间短些。

"我们最早是个技术企业。不过，我们发现有些加盟商学会了技术就开始乱来。"兰建军说，在国外，你做连锁，只要建立标准化的流程就行，而在国内，"你首先要告诉加盟商们，为什么要这样做"。

诚信是小拇指内部培训里最多的内容之一，连"小拇指"这个名字其实也和诚信有关：孩子们间是用小拇指拉钩，来保证自己的承诺。而在培训之外，也有严厉的惩罚。2010年，小拇指就开始清理那些有问题的加盟商——兰建军坦承之前企业为了发展，导致内部存在着一些不合格的加盟商。2012年，因为质量问题，小拇指清理了50多家的加盟商，而一年新增的加盟商不过100家。

兰建军总结这几年的经验，认为连锁品牌最需要的就是向加盟商输送价值观。他说了另一个《西游记》的段子："为什么唐僧是师傅？因为他在修道，在坚持，他要做好人。对于品牌是这样，加盟店主也是这样，如果你乱来，别人也肯定学着你。这个道理其实很简单，说明白了，大家都知道。"

三

创业前，兰建军在国企里工作近20年，早早就是一位年薪数十万元的高管。

但兰建军发现当时有许多想法根本无法实现。譬如他任神龙富康战略发展部主任时，曾建议把富康车的价格降到10万元以内，结果被认为是"异想天开"。

离开国企之后，兰建军在宁波一家汽车配件厂担任管理者。就在那时候，他发现杭州是个理想的创业之地：民营经济发达，汽车普及率已经很高，又不像北上广那样容易被注意到，"还没起来就被大佬们灭了"。

于是，兰建军终于决定把他在国企里就谋划很久的汽车快修项目做起来。那时候，很多人都认为兰建军不会成功，因为油漆、钣金、玻璃修补都是小生意。现在再看，"能成功，就是因为把小事情做好了"。

但现在仍只是一个开始。2013年，中国销售了2100万辆汽车，汽车保有量在世界排第二位，超过第一位的美国似乎也只是时间问题。有人估计，汽车后市场每年有4000亿元的容量。

而互联网的发展也似乎给了传统行业更多的机会。小拇指总部只有120人，但是通过网络，它可以为数百家门店做技术支持、质量监督以及供货。兰建军最近读的一本书叫做《融合时代》，传统行业如何与互联网融合发展就是其主题之一。

对于兰建军来说，比市场份额更重要的问题，还是与人有关。这两年，中国的人口红利逐渐减少，对于服务行业来说，人力成本就成了最大的挑战。小拇指也遇到了同样的情况，技工平均月收入这两年的涨幅都维持在20%左右，现在已经达到了六七千元。

"就在这两年，每个服务企业都要解决一个问题，如何用好高薪的员工。"兰建军说。他的解决之道已经有了雏形：一是有标准化的技能认证，二是提高劳动效率，进行更专业化的分工。

兰建军说，员工收入提高是问题也是机会。

对于外来务工者来说，如果他们想真正在一座城市落脚，需要什么？一份有职业发展的工作，一份可以维持尊严的薪水。而以美国的经验来看，汽车行业的发展是可以部分解决这个问题的，"美国每八个人中就有一人的工作和汽车相关"，兰建军告诉我。

"我常常对员工说，你们已经是城里人了，要以城里人的标准要求自己。"小拇指最普通的员工都住在正规小区的公司宿舍里，有各种家电，有网线，有专人打扫卫生。希望他们可以有归属感，毕竟人员流动的成本对于企业来说很大。

兰建军希望有一天可以看到，那些外来打工者能解决户口问题、子女读书问题，他们会作为蓝领工人留在城市，然后成为新城市人。这当然不仅仅是企业能解决的事，但他相信这会在不久之后实现，"企业也要做好准备"。

对 话

Q：《杭州日报》

A：兰建军

Q：小拇指2014年准备将规模扩大到1000家门店，几乎是比现在翻了一番，会不会遇到问题？

A：实际上这就是一个标准化问题。每个门店的要求可能个性化，但是总部提供的服务是标准化的。比如装修、选址、培训、开业、日常营运，这个过程中，标准化模式形成了，放量没有问题。而且对我们来说，有个优势，大量增量来自于老的加盟商开第二家店，这会减少很多问题。

Q：在连锁服务行业里，质量监管往往是一个难题。小拇指是怎么做的？

A：我们有自己的400投诉电话，每个投诉电话，我们都会亲自去核实。我们还有巡查队伍，会进行不定期的巡检。还有一个非常关键的点是，小拇指的原料由总部统一采购，各个加盟店再根据需要来总部订购，我们通过订购量也能监督加盟商，他们如果只订购便宜的原料，那肯定有问题。

Q：市场上有没有模仿小拇指的企业，小拇指对于模仿者有优势吗？

A：在中国，没有人模仿你，说明你不行。（笑）小拇指刚出来的时候，是靠自己的技术"多快好省"，没几年，大家都学会了。但小拇指这十年有其他的积累，几个东西成为我们独有的财富了：一个是我们的品牌文化，几千个员工形成的共识；第二块呢，是我们形成了自己的团队和系统，这个执行力是前所未有的；第三是小拇指的创新基因，不断地变革，不断有新的东西出来，我们系统内成员都习惯了拥抱变化。

举个例子，小拇指今年会新推"双升计划"。什么是"双升计划"？也就是小拇指的维修业务升级，从传统钣喷美容向快修保养升级；另一方面是客户关系升级，向高频、高黏性、终身服务的管家角色升级。技术可以很快复制，关系则需要用心经营，靠的是系统的资源整合、合理的规划，还有品牌和文化的沉淀。也就是说当模仿者还停留在技术复制的阶段时，小拇指已经向全新的阶段发展了。

Q：你怎么看待财富？

A：最开始创业，肯定是为了赚钱，我那时候就跟老婆孩子说，你们等着过好日子吧。后来发现，财富越多，其实意味着你的责任越大。有那么多员工、那么多加盟商，你要让他们也赚到钱，而且在行业里受人尊敬。这会成为一件更有意义的事。

Q：现在移动互联网发展这么快，在很多领域对传统行业冲击都很大，小拇指有没有向互联网转型的规划？

A：移动互联网，改变了人们的生活方式与沟通模式，给传统企业带来冲击的同时也创造了很多新的商业机会。如果没有互联网，小拇指想做到100个城市肯定不可能，管理成本太高了，另外品牌和顾客之间的沟通、数据挖掘和分析也会有更多的应用空间。

小拇指也在着手互联网的布局与转型，打算通过系统整合、线上线下资源融合，进一步提升自身的组织效率与资源共享度，改变顾客沟通方式，提升参与度。我们在互联网转型上，将遵循三个原则，那就是：整合一切资源，连接一切信息，激励一切参与者。

其实，欧美在互联网发展上比中国起步早，但是现在跟中国一起在迈进互联网转型的步伐。同时欧美公司往往资产过重，而我们是轻资产型公司，负担轻，所以有理由相信，未来小拇指将创造出新的先进的商业模式，做出一些大幅度的、积极的革新与改变。

企业名片

杭州小拇指汽车维修科技股份有限公司，是"小拇指"中国连锁机构的总部，其加盟店已突破500家，其中绝大多数的加盟商创业成功，并且纷纷选择开第二家店。该公司是中国汽车后市场的代表企业中唯一进入中国特许经营连锁百强企业的，连续三年蝉联"中国服务业优秀特许加盟品牌"。

韩新：站在生活前端

□ 敖煜华

提到韩新和他的至尚造型，或许绝大部分人并不熟悉。

但是如果跟你说《奔跑吧兄弟》《中国好声音》等一批国内火爆的娱乐节目的人物造型、包装全部由韩新和他的公司设计，你可能就知道了。韩新带领的至尚造型做的就是电视人物造型设计和包装，并且在圈内已经做得风生水起。

在见到韩新本人之前，我一直觉得一个造型师能够帮那么多明星艺人做时尚造型，他本身应该也是个性张扬、衣着前卫的人。但是当看到韩新本人的时候，我发现情况并非如此。

浅蓝色带波点的休闲西装内衬米白色横条纹圆领T恤，深色休闲裤搭配一双VANS板鞋，只在率性随意之间体现着细微的时尚元素。更让人印象深刻的是，不惑之年的他，身材如年轻人一样瘦削挺拔，体型保持得非常好，足见一个时尚界人士对于自身形象的严苛要求。

年少：自信凭借能力可以成为千万富翁

"20世纪90年代，理工科专业最受追捧，当时我在浙江大学学的是土木工程系的工民建专业，这在当时是一个很多人羡慕的专业。"韩新告诉记者。

每个人在大学时代都有一颗雄心，韩新也不例外。用他的话说，他那时候在学校"比较招摇"，混得风生水起，所以觉得自己很能干。

早在大二的时候，韩新就开始接触社会，大部分时间在校外做自己的事情。据他回忆，他当时跟着浙江理工大学的一位美学老师，做关于建筑和装修方面的设计工作和建筑项目监理。

"那时候我爸妈每个月工资也才五六百元，而我每个月能赚到三四千块"，从读大学开始，韩新就没再问家里拿过钱，那时候的他觉得自己无所不能，并自信毕业之后能够凭借自己的能力和才华成为千万富翁。

1991年从学校毕业，韩新的第一份工作是在浙江大学建筑系下属的一个工程设计公司，此后做了六年与建筑相关的工作，算是专业对口。

"建筑行业想要做得好，就必须要有人脉、有交情，所以说这是一个有求于人的行业，而我是一个不太喜欢生意场应酬的人。"从事建筑行业6年之后，韩新开始思考自己是不是真的适合这一行。

韩新最终下决心转型是缘于1996年的一场病。那时候，他经常会肚子痛，刚开始以为是胃病，工作太忙就一直拖着没有就医。后来有一次出差，在等火车的时候痛到整个人快要晕厥，只能到医院检查，最后确诊为胰腺炎。医生说如果不及时治疗就会有生命危险，而原因就是连续长时间高强度工作加上饮酒和高热量饮食。

每天上万元的医药费让韩新不得不去向曾问自己借钱的朋友要债，但结果并没有如他所愿，"那个时候感觉跌到了人生的最低谷，也真正感受到了社会的现实"。说到那段经历，韩新现在还是感慨万千。

后来，他把手上的工程项目全部低价抛售，开始安心养病。

这也成为韩新人生的重要节点。

契机：一场秀带来的人生转变

在家休整了一年之后，韩新开始认真思考：接下去要做什么？

那段时间，他其实非常迷茫：开发廊、做餐厅和面包房。但是每一件事情都只做了一段时间，用他自己的话讲：可能因为没有真正从骨子里去热爱这些事业。

经历过之前的风波之后，韩新对生活的要求变得简单起来，"不求大富大贵，够维持生活就好，但是最重要的一点就是不想再干一份有求于人的工作"。

2000年的时候，韩新跟着朋友去看了一场秀，那是欧莱雅第一次在亚洲办色彩成就奖，他突然发现自己对发型设计、美发非常有兴趣。

后来，韩新开始飞往全球各地观看各种时尚秀，"当时几乎跑遍了欧美和亚洲，去了法国、新加坡、日本、韩国、米兰等时尚造型业走在全世界前列的国家和地区，那个时候我也花光了几乎所有积蓄。"韩新评价自己是一个为了追求精神享受可以牺牲物质的人。

经过刻苦钻研和不断学习，同时对时尚和审美有了一定的突破之后，韩新开始尝试进入时尚造型这个行业。

"最开始的时候我在雷迪森大酒店的五楼开了第一个时尚造型工作室，帮一些高端客户做造型设计。"这也是韩新步入时尚造型这一行的第一步，还算成功。

后来一个偶然的机会，一位友人让韩新帮浙江教育科技频道的一档节目做人物造型。韩新的认真、负责让电视台领导对他的工作很放心。之后，他受邀去做浙江卫视第一档大型娱乐节目彩铃大赛的人物造型设计，从此在圈子内的知名度不断提高。

态度：不断走出去，学习吸收最新的东西

"想让对自身形象要求极高的艺人放心把自己的公众形象设计交给你，造型师必须对时尚有独到的见解，要能让客户信服。"韩新一直以来都是这样要求自己。

不断走出去，去学习吸收最新的东西，这是韩新保持竞争力的方法。让他坚定这样想法的是一场晚会，当时浙江卫视跟韩国合办了一场跨年晚会，中韩两地直播，韩国方面负责自己人物的造型设计，画面不断切换。这种强烈对比让韩新觉得

国内的造型设计与国外还有很大的差距。

在整个从业过程中，韩新不断接触到韩国、日本的同行，他也不断重新审视自己与别人的距离。

为了让自己走在时尚最前沿，每年，韩新都要出国几趟，很多时候往往只是为了走出去看一看。

"我最喜欢太阳马戏团，在我看来，太阳马戏团的节目甚至像一场晚会、一场梦幻情景剧，他们的人物造型设计我认为是世界上最顶尖的。"韩新会带着团队成员去看这样的高水平演出，在服装、妆面、造型等各方面都能有所收获。

从日常细节中体现时尚，因为时尚无法脱离生活，这是韩新对自己时尚品位的总结。

当被问到如何评价自己个人的时尚审美观时，他笑着回答："我不敢说自己的时尚审美观是最好的，但是在朋友圈里至少不会太土。"

情怀：改变行业现状，造型不应该只是一门谋生的手艺

2004年左右，电视上娱乐节目开始逐渐增多，对电视人物造型的需求也越来越大，同时要求也越来越高。

"随着中国经济的高速增长，人们对于精神层面的追求会逐年增加，电视节目的前景当然会越来越好。"在韩新看来，中国电视娱乐行业即将迎来一轮跨越式发展。

那时候在影视行业当中，从事包括发型、化妆、服装等在内整体造型的几乎都是小团体或者工作室，规模化的大公司零星可数。这样的情况就会带来新的问题：电视人物发型妆面设计和服装设计由不同工作室完成，很多时候会出现风格不搭的情况。

韩新敏锐地觉察到了其中的巨大商机，他认为造型设计这个行业也可以用企业一样的模式去发展。2007年，韩新开始成立公司，用高标准去从事电视节目制作、编导，及节目舞美设计、灯光设计、人物造型设计。

中国时尚造型行业相对于欧洲等国家和地区来说，起步较晚，服装、发型等专业技能缺乏体系化教育机制。

从事时尚造型行业一段时间之后，韩新渐渐发现一个普遍现象："这个行业大部分从业者专业素质较低，很重要的一个原因是准入门槛太低，从业者可能只有小学、初中学历，他们把美发、造型当成一门谋生的手艺。还有很重要的一点就是缺少系统性培养体系，所以我们很多造型师因为没有接受过系统性教育，对于美学的认知是有限的，发展到一定阶段之后，造型师的文化、专业素养就跟不上客户的需求了。"

韩新非常注重员工的素质培养，他致力于打造属于自己企业的完整培养体系。据了解，每年至尚造型都会拿出企业利润的20%用于员工的培训。

每年，韩新都会带着设计师、创作团队至少出国一趟。"我们把旅游和学习结合到一起，让大家走出国门，从国外学校、街头、橱窗寻找时尚元素。"他说，"新加坡是我们经常会去的国家之一，因为那里有来自欧洲、日本的造型方面的专业的汉语培训课程。"

"我们这么做其实更多地是想去改变这个行业存在的问题，希望通过我们的培训和他们自己的学习，他们拥有一技之长之后有能力去适应社会的发展，同时也可以帮助更多人解决再就业问题。"

对 话

Q：《杭州日报》

A：韩新

Q：您会经常看一些与专业相关的书吗？有什么样的收获？

A：我看书很杂，并不会只看与专业相关的书，而且在任何地方都会放些书，比如客厅、卫生间、阳台、办公室等，只要有空就会随手翻阅，一般喜欢看时尚杂志和历史人物传记。也谈不上收获，我觉得看书可以获得不同的视角和不同的思想。

Q：做时尚造型是不是对自身形象要求也会很高？平常通过什么方式来保持与时

代同步？

A：我平常锻炼其实不是太多，不过我会常做道家的九节操。另一个饮食上注意食物搭配，蔬菜水果吃得比较多，拒绝夜宵。

如果说有每天坚持的活动，就是我每天有两小时的电竞时间，我觉得年纪大了脑子的反应速度会慢下来，电竞可以保持大脑的快速运转。另一个就是团队配合，这个在游戏中也可以学习。最重要的是，我很希望和年轻人没有代沟。

Q：在招募员工时，一般会看中他们身上的那些特质？

A：我一般注意两点，首先是自身够不够整洁，因为你要帮别人做造型，首先你自己形象得过关；第二就是自己工作所用的道具和器材保养得好不好。通过这两点来确定员工是不是认真仔细、勤俭负责。

如果可以满足这两点我们就会招募，其实技术和能力是可以培养的，而这两条是性格的体现，我们会更加看重。

Q：关于企业下一步的打算是怎样的？

A：招募更多人才，扩充团队力量，力争做到行业最强，让中国影视造型行业更加规范、专业，具备世界一流的水准，不再落后于世界。

企业名片

杭州至尚企业管理有限公司，是一家集服装设计、服装制作打样、年代服装研发、化妆造型、美容美发、色彩研究、形象咨询于一体的公司。

在创始人韩新的带领下，公司从原本单纯做发型和妆面设计发展成为一家能够承接影视服装、戏曲古装，定制各种时尚礼服、时尚潮服、电视节目服装，经典婚纱礼服等的专业造型设计公司，并能为各种大型晚会、电视节目、电影电视剧、企业活动提供优秀的化妆造型。

自2002年成立以来，至尚造型已走过十余年的发展历程。至尚造型的服务质量和信誉得到了国内外广大客户的好评和影视明星及一线主持艺人的肯定和赞赏。

第四篇
智　谋

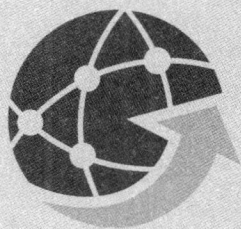

谋者，一叶知秋。

《春秋·说题辞》有言："在事为诗，未发为谋。"

这是一个"风口论"盛行的时代。与其在盐碱地上种庄稼，不如在台风口放风筝。重要的似乎已不是你想干什么，而是风口在哪儿。风口之上，猪亦能飞。但悖论之处在于，当大多数人领悟到所谓"风口"真谛之时，窗口事实上已临近关闭。风口不再，徒留红海。

正如硅谷创业教父彼得·蒂尔在《从0到1》中所言，每一家成功的创业公司其实都是不同的。同质化的完全竞争也意味着无利可图，成功企业之所以成功，更多是因为它们练就并维持了技术、产品、模式等方面的垄断优势，因而能赚取到超额利润。成功企业，本身就是鼓风者，而非风口之下的亦步亦趋者。

风虽未至，料敌机先，谓之智谋。不谋全局者，不足谋一域。若论当前关乎中国经济全局的大势，产业结构的升级和演进必居其一。在历经30余年工业化的衔枚疾进之后，中国已然进入后工业化时代。伴随着制造业本身的转型升级，更多组装加工以外的生产性服务需求喷薄而出，更多高附加值领域在价值链条中愈发凸显。若能洞悉大势并抢先布局，很可能拥有一片待开垦的处女地，并有机会成为细分行业的领跑者。

从"231"到"321"，在杭州，现代服务业的崛起已势如奔雷。在这样的大势背后，有一群产业江湖中的智谋之士。他们敏锐发现并捕捉生产生活中未被满足的需求点，心怀虔敬地寻找解决方案。

他们之中，有杭城风险投资界大佬，用一次次的资本布局推动从借贷到股权的融资变迁；他们之中，有创业板上市公司的掌舵者，凭借超前的市场拓展能力开辟医学诊断外包市场的全新蓝海；他们之中，还有屡败屡战的互联网创业者，立志做移动互联时代最牛的"送水工"……

将发未发之时，谋定后动之机。

金建祥：一个专家型企业家样本

□ 桂斌

比约定的时间早半个小时，金建祥已经在他的办公室里。

那是个没有什么特别装饰的房间。办公桌后有两个书橱，可主人并不介意里面空了大半，里面也没有可以显示主人博学或是身份的巨著。

金建祥的身份是中控科技集团董事长。20多年前他加入这家公司，目前中控已成长为中国工业控制行业的老大，"市场份额已经占到15%"。它超过的对手包括美国的霍尼韦尔、艾默生，德国的西门子，日本的横河。不过，这份光荣是行业内部的事，在大众层面，中控并不是那种充满传奇故事的企业，也不会让金建祥成为明星企业家。

金建祥50多岁，作为一名企业家，正值当年。但他却在思考提早退休这个问题。"马云50岁退休了，我55岁退休行不行？60岁呢？我肯定不愿意干到70岁的。"

退休有个人的考虑：这个行业工作压力很大，几乎每天都要争取新的项目，面对新的客户、新的需求。同行见面开玩笑，都说下辈子一定不能选这个行业。

还有则是对企业发展的规划。现在跟美国、日本等国的企业家比，中国大多数企业家比较年轻，如果自己早点退休，年轻人就有机会。"40岁的人做不了事吗？很多时候他们只是没有机会。时势造英雄，有机会锻炼，很快就像模像样了。"

持此观点，和金建祥的创业经历有关。

办公司，更重要的是寻找市场需求

1993年年初，金建祥刚过30岁，还是浙江大学的一名老师，利用业余时间做自动控制系统，只是当做一个兴趣爱好。"那个时候压力不大。因为成功自然好，不成也没有关系。"

但是他很快发现，办公司，技术不是最重要的，更重要的是寻找市场需求，做好产品，提供优质服务树立品牌。对控制系统来说，投资金额并不起眼，100亿元的总投资量，控制系统大约只占1个亿的份额。但它又很重要，其他所有机器设备都要靠这个控制系统保障运行。用户已经花了那么多钱，不会为了省一点小钱而去冒风险。

当时中控走的是"农村包围城市"路线：先做中小企业和中小项目。很多中小企业主并不懂自动控制系统，所以对价格便宜的国内产品，似乎更容易接受；同时，同行的几个国外大公司对国内中小企业也不够重视。于是，"整个90年代，中小企业的需求，带动了我们的发展"。

企业最基本的要求，首先就是活下去，谋取到比较好的利润，能够把团队培养出来。但2005年以后，中控开始战略转移，把重心转到大企业、大项目上。

关注失败者，找到教训

大概是做过老师的缘故，金建祥总有足够多的话题。他聊起移动互联网，认为诺基亚就是因为没有看准智能手机这一波发展的势头，结果被苹果和三星超越了，现在要翻身很难；微软和英特尔现在看起来很有可能风光不再。

作为一名企业家，金建祥更关注失败者。这大约和他所处的时代与行业有关，"垮掉总是容易的。首先人才流失非常快，现今人才竞争很充分，人总是往高处走，没有多少人会眷恋走下坡路的企业；其次，在新的领域如果丧失了先发优势，要想赢得比较优势几乎不可能"。

他在失败者身上总能找到可资借鉴之处。比如有人说企业不能年年高速发展，也许每年20%—30%的增长速度是合适的。金建祥就很认同这点，中控的发展速度也基本控制在这个范围内。"有很多领导希望中控发展速度可以再快些，但我觉得这个速度是最合适的。"一方面，企业发展速度要和各级管理人员能力的增长相匹配；另一方面，这个速度比同行快一点，中控可以始终处于领先地位，这已经具有竞争优势了；最后，这个速度和市场发展的速度大致相当，可以留足够的空间给竞争对手——如果没有竞争对手，企业就没有进步的空间了。

公司发展要适应环境的变化趋势

最近，金建祥在省委党校讲课，主题是"企业需要什么样的技术人员"。他聊得最多的不是技术问题，而是一个企业技术决策的核心人员除了要清楚未来技术发展趋势外，还应该思考公司的未来市场在哪里、未来的用户需求是什么，"这些都比技术重要。如果不顾市场需求，搞出一个没人需要的'好东西'，很可能会把公司弄垮的。"

2005年，中控把战略重心从中小企业转向大企业和大项目。当时这个战略决策，在中控内部并没有得到普遍认可：做中小企业项目当时增长势头很好；而中控几乎不具备做大型项目的任何条件——高端产品还没有成熟、销售人员几乎没有面对高端客户的经验、工程实施能力不足……把资源投入到大型项目上，很可能血本无归。

但金建祥还是觉得没有别的路可走：中国经济最初的发展，是靠粗放式的增长，靠大量民营企业的投资，不顾环保、资源消耗，这种增长是难以持续的。中国未来的经济发展方向是什么？显然是强调节能环保、规模效益，其结果必然是企业越来越大，生产规模越来越大，公司必须要适应这种变化趋势。现在看来，这样的决策是对的。

企业家还要懂得政治和经济

金建祥不反对柳传志"在商言商"的说法，因为作为一名企业家，对社会最大的贡献首先是把企业搞好。不过，他也认为，企业家不仅仅是企业家，还要懂得政治和经济。

2008年，由于金融危机的影响，中控业绩首次出现零增长。但金建祥在公司内部会议上表现得非常乐观："我们只要熬过一年就可以。"乐观来自于他对局面的判断——政府肯定会出台相应的经济激励政策：经济发展，只有靠出口、消费和投资三驾马车。爆发于欧美的金融危机让出口大幅增长没有可能，消费的增长又很稳定，所以只能靠投资——工业控制的市场大小和投资直接相关。后来，"4万亿"来了，中控迎来了三年多的高速增长期。"现在，不会靠投资来拉动经济。所以再怎么努力，拿更多的订单是困难的，公司的要求是先把钱给要回来，现金为王。"

为了让自己可以对局势有更多的理解，金建祥爱读书、听课，最近则是迷上了看一些和财经、资本、历史有关的微信公众号："它们分享了很多好东西，我就一直在纳闷，它们的盈利模式是什么？我也在想，我们公司是不是也要做一个这样的公众号。"

不过，作为企业家，金建祥更羡慕敢于说"自己什么都不懂"的马云。"从技术到管理再到战略决策，我什么都懂一些，这在企业创业期，可能对企业发展有利，但到后期就不利了。"领导比下属懂，下属就不敢决策，不敢承担责任。金建祥认为这是自己最大的缺点："即使是研发问题的细节，有人来请示我，我也愿意做指示，有时候，还很有点成就感。但这是不健康的，因为我说了，别人就不敢发表意见了。"他说，这也是他想提前退休的原因之一。

有趣的是，虽然金建祥对工业控制这个行当有"怨言"——"在客户、在供应方，甚至在员工面前，我都是弱势者"——可是，他的女儿四年前却考进浙大控制系，成为金建祥的同行。他说这是海宝机器人的缘故！

对 话

Q：《杭州日报》

A：金建祥

Q：从学校出来到外面创业，这个转变大吗？

A：坦率说，这个转变非常大。很多教授可能不以为然，因为他们没做过公司，总认为我有技术，什么事情都干得成。其实真的办过公司，会发现，技术真的不是最重要的，公司对人的考验，真的不是一般人能够承受得了的。现在我经常开玩笑，我回浙大做老师算了，做些自己喜欢的事情。

Q：是因为企业家做不了自己喜欢的事情？

A：在学校里做个教授，不用看任何人的眼色。在企业干，哪个人的脸色你可以不看？真的要把一个企业办好，四个字是少不了的——委曲求全。

政府手上资源很多；客户是上帝；供应方也不能得罪；同事，像我们中控，你说领导能强势吗？你敢强势吗？中控都是知识型员工，公司的价值，都体现在他们的脑子里。有时候想想，谁来哄我？

Q：但是你还是更喜欢做企业家？你以前在接受采访时曾经说，相比研究，更喜欢应用。

A：有得必有失，你要想明白。作为一个企业的老总，领导一个企业，有一般教授、知识分子享受不到的乐趣；也要承担难以想象的压力，这就是公平。做企业家，你至少对整个社会有更深刻的理解，对各种各样人有更深刻的认识。在这个过程中，如果公司能够健康发展，得到同行的肯定，得到用户的肯定，得到社会、政府的肯定，那也是令人高兴的。人的一辈子不长，能做一件事有利于国家、有利于用户，解决几千人的就业问题，也是一种成就。

Q：对你个人来说呢，会有什么样的乐趣？

A：刚开始可能工作是乐趣，后来肯定不是乐趣了，每天那么多繁杂的事情，也说不上什么乐趣。因为工作和生活很难分开来。

Q：好像中控很久之前就在谋划上市。

A：我们还没有上市，关键是"出身"不好。早年跟浙大海纳有关系，要上市困难就会大一些。

Q：为什么想进入资本市场？

A：上市，一方面来源于小股东的压力，因为很多小股东非常希望通过上市来实现利益最大化；另一方面来源于做大的压力，想做大，不上市是不行的。毕竟在当今的经济环境下，要靠企业自己滚大是比较慢的，靠资本运作，兼并收购某一个领域的优势企业则比较快。我们这么多年以来一直没有上市，现在也有不急于上市的耐心，打算看看中国市场今后怎么变。

Q：你欣赏什么样的企业？

A：首先要有创新力，没有创新力的企业，是不可能成为伟大的企业。我认为阿里巴巴是个伟大的企业，因为它颠覆了商业的模式，尤其是零售业的模式。它基于新的网络技术，构建了新的商业模式。它第一个做，第一个做到这么大，它可以被称为伟大的企业。还有苹果、谷歌，也是伟大的企业。

接下去的一个问题就是，能不能成为基业长青的企业。时代在变，技术在变，老百姓的需求在变，你的企业必须不断地适应这种变化，始终引领行业的进步，不断地、更好地去满足老百姓的需求。如果能够做到这一点，企业就有可能实现基业长青。我想通用公司在这点上就是了不起的公司，作为一个传统的大公司，它就能不断地适应各种变化。

Q：你的朋友圈是什么样的？

A：企业圈、学术圈，我没有什么关系不好的，但也没有关系特别好的。人与人要有良好的人际关系，但也要保持一定距离，尤其跟下属，不能有小圈子，否则小圈子外面的人就感觉被你疏远了，所以就有点高处不胜寒的感觉。

Q：你欣赏的人是什么类型的呢？

A：历史上，欣赏的人就多了；当下则不太好说，说当下会有些压力。我还是比较欣赏有魄力、有能力的人。现在中国，有能力的人真不少，有魄力的人真少。要改变中国现状，没有点魄力，估计很难。

**企业
名片**

　　中控集团始创于1993年3月，是中国领先的自动化与信息化技术、产品与解决方案供应商，业务涉及流程工业自动化、城市信息化、工程设计咨询、科教仪器、机器人、装备自动化、新能源与节能等领域。目前拥有近4000名员工，2012年产值30多亿元。

陈海斌：你必须自己相信

□ 桂斌

一

文化，这是陈海斌这两年最爱谈的话题。

"来听听我们的晨课吧。"我和这位迪安诊断的董事长约采访的时候，他这样建议。

每个周一上午八点半，是迪安诊断的晨课时间：总部和杭州实验室的所有工作人员都要参加。同时，晨课还要被拍成视频，于当天下午发到迪安在各地的分公司，进行分享。

这天的晨课从简讯开始，讲述这一周发生的新闻大事。简讯过后，一位副总介绍迪安成为高校毕业生就业见习国家级示范单位的历程；司法鉴定中心的一位专家则介绍司法鉴定开展的痕迹、影像鉴定业务——这两位主讲人显然都做了精心的准备，PPT里甚至加了不少特效。最后，这堂课以朗读"迪安精英誓言"结束，内容充实。

所有人都是站着听完这堂大约50分钟的晨课，包括陈海斌。陈海斌没有在这堂晨课上讲话——他是晨课的主角，曾经连续讲了两个月。

　　晨课结束的几分钟后，在同一个会议室，他又与"星火班"的学员们展开分享。星火班与晨课一样，是迪安企业文化的一部分。星火班的学员们来自于迪安设立于全国各地的独立医学实验室，其中一些人就在马路对面的杭州迪安医学检验中心工作。来自服务半径的检验样本，像邮件一样被送进这个检验中心，然后被分发到各个实验室，按照要求进行检测。此后，这些"邮件"将被一一回复给样本的提供者，其中包括医院、体检单位、医药企业甚至公检法系统。陈海斌开始介绍刚刚在美国看到的独立医学实验室情况：现在，迪安所有实验室加在一起一天可以处理5万个标本，而美国一家实验室一天就可以处理40万个标本。而且为了方便标本运输，这个实验室就建在机场边上，看上去像一所大学……他用不大但颇有诱惑力的声音，向学员们描述着迪安的未来："独立医学实验室在美国发展了60年，而在中国只有10年。这是个快速发展的行业。"

　　结束了星火班的讲课，接下来就是周一的高管例会，会后，陈海斌在会议室里吃了一份盒饭，终于抽出时间，和我一起坐在他的办公室里。

　　"没错，我就是想让你自己感受一下。"陈海斌说。他希望我多看看，因为看到的比听到的更重要，尤其是企业文化。"企业文化尽管虚，但是也很实。"这是陈海斌这几年的领悟。他和中欧EMBA班的同学一起去美国波士顿考察强生收购的一家公司，本来以为可以了解一些管控上的具体流程，但是这家公司的总裁高管花了两个小时介绍强生的愿景、使命和价值观。"一起去的同学就有点失落，我却觉得这是强生成功的核心要素：一个被收购公司的高管团队也认同强生的价值观，这说明这家企业多么有向心力。"

　　这可不是随意的"坐而论道"，而是现实的需求。2011年，迪安诊断成为国内独立医学实验室行业第一家上市公司，其后进入了"跑马圈地"的快速发展期。"我们靠什么把大家凝聚起来，除了事业吸引人，还靠软性的文化凝聚人。"

二

　　陈海斌把自己的办公室按照中式的风格装修起来，墙上挂着中国字画，却有点现代味。他在公司里宣讲竹文化，不仅因为他是安吉人，而且还因为他接受了中国传统文化的内在熏陶以及现代企业经营和管理理念的影响。他向我描述迪安的目标：成为诊断服务行业受人尊敬的领导者——受人尊敬和领导者一样重要。

在企业文化这件事上，他的很多观点并不一定是独创的。但说到底，从创业者到企业家，又有多少新鲜的事呢：你先是想做个自己的公司；有了公司就想能不能做出一个品牌；有了品牌，又想能不能上市，变成一个公众公司；真上市了，就想能不能基业长青。这个过程，就像一个不断膨胀的气球，你可以把这称作欲望，也可以把这称作梦想。

陈海斌喜欢电影《中国合伙人》，自己看完了一遍，还包场请员工看。他最喜欢里面的一句台词：梦想就是一种让你感到坚持就是幸福的东西。他的女儿也喜欢这部电影，她告诉父母，电影里那些人的状态，"和我小时候你们的状态一样"。

这其实是一代创业者的故事。陈海斌在20世纪80年代考入上海理工大学，那是他离开小镇的唯一机会。在大学里，他听到的新鲜流行语是"主观为自己，客观为他人"。1991年毕业后，他被分配到杭州汽轮机厂。第二年，邓小平发表了著名的南方谈话，他还没想好到底去深圳还是珠海，就坐上了南下的火车。1994年，陈海斌受高中同学汪群斌邀请，加入了刚刚成立的上海复星实业股份有限公司，就此进入了健康行业。1996年，陈海斌回到杭州创业：一方面是想自己做点事，另一方面则是想离父母近点。

1998年，一张"医院暂停使用PCR检测技术"的禁令，让陈海斌面临"灭顶之灾"。此前，从复星出走创业的他正是凭这项技术掘得了第一桶金——两年时间内，在浙江、江苏、山东发展了40多家合作医院，年利润也做到了100万元。当时，迪安60多个员工走得只剩10个，陈海斌签离职报告时，还故作轻松地说："有机会再回来。"其实自己已经急得晚上睡不着觉。

2003年，迪安通过转型代理医疗器械，度过了危机，但陈海斌和股东们已经看到代理这条路一定会走到头——五年前的危机，让他们开始心怀警惕。在做医院、做体检中心、做独立实验室三个选择中，迪安选择了做独立实验室。这个模式在美国早就被证明过，国内却没有人看好，有些熟识的医院院长直接对陈海斌说："我们不可能把样本给你们，出了事谁负责？"

陈海斌和股东们选择了风险相对可控的方式来推进这个项目：先投入300万元做了一个小的实验室，因为迪安当时可以承受这笔损失。但是危机还是发生了——2005年6月，实验室运行一年之后，刚刚做到收支平衡，又是一纸政令，许多检测项目的收费都进行了大幅下降，实验室立刻又变回了亏损的大窟窿。"我们这次就没那么急了，一边和上游的供货商谈降价，一边和下游的医院谈让利。最后的结果是，价格下降，我们的业务量也开始井喷。因为医院把更多不赚钱的业务包给了我们。一年之后，实验室又赚钱了。"

接下来的危机则和扩张有关：杭州实验室成规模之后，为了证明这种模式可以在异地复制、迪安的团队可以支撑扩张，2008年，他们在江苏、北京、上海都新设了实验室。公司的资金链非常紧，包括陈海斌在内的四位股东把自己的房子都抵押了，银行的贷款合同不光要他们签名，还要他们的家属签名，"其实是把全家都和公司绑在了一起"。

很难说，陈海斌会享受这些创业过程中的波折。但他说，现在他把这些危机当做财富，遇到事，人会淡定点儿。

三

2009年8月，在经历了一年多谈判之后，复星和软银成为迪安的投资者。后来，陈海斌听说，当时复星内部对投资迪安存在着很大的争议：十几年前，陈海斌"背叛"复星，自己去做老板，现在我们还要支持他吗？不过最后，一切还是"在商言商"。复星评判了迪安的商业模式和团队，认为这个项目有潜力。而陈海斌也是在同十几家创投接触之后，选择了复星和软银。

2011年，迪安诊断在深交所创业板上市。当时，就有记者问陈海斌："作为一个创业者，觉得梦想成真了吗？"他当时回答："旧梦成真，新梦开始。"第一次有上市的念头，其实是在最困难的1998年，当迪安差点垮掉的时候，复星医药却因为上市迎来了高速发展期。陈海斌第一次发现，上市，除去融资以外，也能打响品牌、吸引人才，对企业未来的发展有利："每个做企业的人能把企业做上市，都是件幸福的事吧。"

再回头看看，企业和个人的发展，都有很多运气的成分。有人说现在"没有成功的企业，只有时代的企业"，陈海斌觉得有道理，"生逢其时"是件很重要的事。但做企业仍然会有巨大的成就感，因为它切切实实地会改变个人、改变行业，甚至改变社会。

上市之后，陈海斌更忙了，但他说他的心也更静了："以前的忙，有时候是因为茫然，有时候是因为盲目，所以会心里没底、慌乱。现在虽然忙，但目标很清晰。"你可以把那些目标解读为更大的"欲望"，但陈海斌一定会认为"梦想"一词更合适。比如迪安正在做的第三方司法鉴定中心项目，就可以视为社会法制意识在增强，所以需要更多独立的鉴定中心，"说到底，商业可以推进公正"。

创业近20年过去了，陈海斌觉得自己站到了更高的山坡之上，那里可以看清更多的世界。登山的路上有坑，但爬出来，人又充满了能量。这是个励志的故事，像《中国合伙人》一样。

陈海斌的一位企业家朋友问他："你考虑过自己最终的结局吗？"他的答案是：把自己送进自己建的养老院养老。陈海斌相信迪安会向产业的上下游发展推动整个健康诊断事业的发展，"我愿意和一帮志同道合的人快乐地去做这件伟大的事"。

这种说法很耳熟。但陈海斌说："作为领导者，必须自己内心相信，才能说服别人。"

对 话

Q：《杭州日报》

A：陈海斌

Q：如果有机会对1992年去珠海的自己说一句话，你会说什么？

A：你做了一个正确的选择，人生30岁以前需要多做些选择。

Q：你是从广东回杭州创业的，不过那时候，大家应该认为广东更适合创业吧？

A：当时如果拿浙江和广东比，肯定广东有政策优势。我1996年回来，刚开始还真不适应，觉得杭州在政策、市场方面没有南方那么开放。但这些年做下来，发现浙江人勤奋、重视教育，浙江的经济发展很健康，靠市场规律来运行发展，所以上市企业数量、优秀企业数量都在全国名列前茅。这些都是浙江本身的区域优势。

举个例子,当年我们决定做独立实验室的时候,浙江出台了全国第一个医学实验室的设置标准和管理规范。就因为这个政策支持,杭州就走到了这个行业的前面,前三里面占了两家。

Q:有时候选择可能是错的。

A:那其实也是种财富。比如1998年之前我一直非常顺,人家都说创业的第一个100万最难赚,可我第一年就有了50万利润,第二年是100万。然后公司差点垮了。我意识到,一个企业的发展,永远是吃着碗里、望着锅里、想着田里。

Q:复星有很多你的同学和老乡,你又是从复星出来的。和他们谈投资的事,会不会觉得不好谈?

A:郭广昌曾经说过:我最大的缺点就是太理性,理性其实成了复星这个公司的特征。谈判的时候,虽然复星有我的同班同学、老乡、老上司,不过大家都是"在商言商",有了这种自觉之后,反倒好谈了。后来,这个合作被证明是双赢:迪安上市,复星也获得了超过10倍的回报。其实,复星对迪安的关注,甚至超过了他们自己的全资子公司;上市之后,我也松了口气,算是对同学、对朋友、对老东家有交代了。

Q:你是个理性的人吗?

A:我的理性是后天训练出来的,是在这个商业环境里训练出来的。

Q:你怎么看待财富?

A:身家多少这件事,我觉得不重要,生不带来,死不带去。财富唯一让我觉得比较好的事是,你花什么钱不用算计。上市之后,家里花得最多的钱,是在孩子的教育上。个人的生活没有什么改变。其实很多年前,迪安决定做独立实验室时,股东在一起开会,就聊起过这个话题:一年挣50万元和500万元,已经改变不了我们的生活方式了,对于我们这代人来说,基本上成型了。

Q:听说你的夫人也是在经商,你会在家里讨论彼此的事业吗?

A:当然会了。她是做时尚珠宝的,我们会互相提意见。我想我的经验多些,对我来说,给她一些意见,也是一种放松。平时我和夫人都很忙,不过都爱快步走,有空两个人一起运动,然后就探讨家庭和工作的问题。我个人觉得婚姻不一定是相处多少时间,而在于你这个婚姻的质量,在于沟通、交流、换位思考。

Q：你最近在看什么书？

A：我去美国的时候带了史玉柱的书。我为什么喜欢史玉柱？他本身的经历就有传奇性。我原来在珠海的时候，他也在珠海，做巨人大厦，但最后失败了。后来重新创业，他还坚持自己的商业底线，把所有欠债都还清了。脑白金做得那么成功，起码我认为他是个营销奇才。

Q：你觉得你做企业的成就感来自于哪里？

A：你开始可能只是有个idea，逐步转变成规划，变成计划，通过团队执行力，最终落地，这样坚持下来，直至整个事情做成。你做出来的东西，不仅改变了个人，还改变了行业，甚至改变了社会。这个过程特别有成就感。

Q：你觉得企业家能够改变社会吗？

A：我觉得这是必然的。

企业
名片

　　浙江迪安诊断技术股份有限公司成立于2001年，主要面向综合医院与专科医院、社区卫生服务中心（站）、乡（镇）卫生院、体检中心、疾病预防控制中心等各级医疗卫生机构，以提供医学诊断服务外包为核心业务。目前，已先后在南京、北京、上海、杭州、济南、武汉、温州、沈阳、天津、哈尔滨、淮安、重庆、佛山等地成立了医学检验中心。迪安诊断也是国内第一家获取司法鉴定资质的独立实验室。2011年7月，迪安诊断在深圳证交所A股创业板正式挂牌上市，成为中国医学诊断外包服务行业第一股。

宗佩民：危机中的生存之道

□ 桂斌

宗佩民的语速很快，说起话就停不下来。用他判断创业者的方法，这应该是思维敏捷、干事专注的表现——像一个正经做互联网的人。

他的办公室里，不断有人进来，签合同，谈事，甚至加入我们的谈话。话题包括股票、新产业、是否可以建立一个创业园区（"那里有一个适合演讲的会场吗？"宗佩民要搞清这点），作为一个创投公司的创始人和董事长，这大约就是他日常工作的场景。

像所有居安思危的人一样，谈话中，他终于忍不住说出了自己的困惑：浙商的创业精神是不是误入歧途了？

"现在浙江的年轻人创业，动不动就是房地产和金融。"他的脸上还挂着笑容，语气却变了，"大家都想赚快钱，只有很少的人愿意老老实实地做科技创新，做新产业。"

他似乎闻到了危险的味道。

20世纪90年代

宗佩民是有资格谈浙商的。

他是浙江最早从事投资行业的一拨人，1990年，他进入浙江省供销社投资部。他从那时候开始接触浙商。

供销社现在已是一个历史名词，可在当时却是社会流通领域最重要的单位，它是打通农村商业和城市商业的一条纽带——一个细节可以反映出它的地位，"收入比外经贸部门还要高"。

那时候，省供销社成立投资部，很大的出发点是希望能从流通企业变成实业企业。它的投资主要分为两部分：一部分是针对自己主导的流通产品投资相应的实业基地；另一部分则是帮助地方供销社发展，它们要成立什么企业，省供销社就参股一点，"有点像现在的创投"。

那时候的投资部，被视为供销社体制内的思想库。宗佩民每年都要提几十个政策建议报告。

在投资部的时候，宗佩民经常"下基层"，10年间，他去过60多个县、500多个乡镇。他见到过无数的企业，自己也在投资的项目里当过厂长、景区经理与旅游集团老总。

在他面前铺开的，是一个激情涌动的时代。

"那时候，浙江的思想非常开放，原来的国有企业、集体企业、乡镇企业，在20世纪90年代中后期就基本上完成转制，变成了民营企业。"

还有的创业者们，凑个几万元起步，村子里租间破房子就开始办厂，"充满激情、勤奋、敢打敢拼"。几乎在每个地方，都会遇到一批这样的人。

"看到这些民营企业怎么过来的，你就会明白浙商的本质是什么。外面人很多看不懂。"

那时候，有很多项目，评估报告出来，公司连厂房都没有（"有的就在一间破庙或者祠堂里"），设备很简陋，一般投资者根本不敢投。"但是我敢投，因为我知道浙商就是这样子的。公司确实条件很差，但这也正说明他们是在奋斗，他们身上有着强烈的改变命运的冲动。"

那样的十年过去之后，浙江的经济就跑到全国的前面去了。"那段历史留给我宝贵的经验就是，应该国退民进。"

创业者

在浙江，最初的投资公司都是国有控股的。宗佩民说，在这样的企业里，很难从事战略性的投资：今年亏损了，明年还投入就难了，后年还亏损就肯定砍掉了。"所以，风险投资只能用私人资本来做，失败了我来承担责任，该跳楼自己跳。"

2002年8月，宗佩民也成了一个创业者，那一年他39岁，已是处级干部。

宗佩民说他喜欢宗庆后在某次浙商创业大赛上说的一段话，那段话的大意是：平平庸庸也是一生，劳劳碌碌也是一生，创业也是一生，为什么不去闯一闯呢？

"如果都闷在家里，哪里都没去过，什么都没看过，那这个人也太单调了。"这是他创业的初衷。

华睿投资管理公司最初的办公地点在白荡海人家，公司一共四个人，三个创始人和一位司机。2002年做了40多万元的咨询业务收入，2003年是100万元，2004年公司就遇到了危机。"一年多，公司没有盈利，两个投资人就撤资了，还有一个合伙人也不干了。租了房子，买了汽车，发了工资，还要给退出的股东固定回报，一算，公司成了负资产。"

那是段压力巨大的日子，没有其他办法，只能往前冲，抓紧做业务，增加公司收入。"只要你很努力地做事，很诚信地做人，没有放弃，一般来说，你快死掉的时候，肯定会有贵人来帮你，这是天律。"宗佩民当然不会放弃，他那时已经40岁，已经没有后退的余地。不久之后，他从自己的大学老师那儿借了30万元，渡过了这个难关，公司从此开始走上正轨。

若干年以后，宗佩民回首那段日子，觉得这是宝贵的财富："我虽然是家投资公司，但是和很多我投的创业公司一样，经历过生死存亡的关口，那种感触完全不一样，这使我能够成为最理解创业者的投资人。"

宗佩民说他现在去初创企业，不会带着资本家的心理，因为他理解创业者的心理、创业的处境。他有时候还会告诉创业者们："想闯就闯一闯嘛，不要有太大压力，认真做事，诚信做人，自有天助。"

投资轨迹

这几年，似乎是投资公司最好的年代。华睿的飞速成长就是最好的一个证明。

2006年5月，华睿嘉银投资基金注册成立。这是华睿的第一个基金，当时规模只有2000万元，投资人有七八个。七年之后，华睿投资旗下的基金已经有26家，掌控的资金已经达到60亿元。华睿投资的公司如今在主板、创业板上市的有13家，在新三板则有3家。2011年11月，则是华睿最风光的时候，它投资的龙生股份、申科股份、赞宇科技在那个月先后完成了IPO（首次公开募股），成就了华睿"浙江首席PE（私募股权投资）"的名声。

业内人也会知道这样发展难以持久。"前两年，大家都觉得做投资赚钱，资本都往这边涌，那局面就是所谓的大热必死。"

华睿最初的投资领域都是制造业的中小企业，这是外资投资公司不大看得上的领域。2008年的金融危机，给了华睿最大的机会。受危机的影响，外资投资机构退了潮，因为手上的钱也少了；国内的投资机构很多也在观望，"那年四季度，坐飞机都没人了，大家都有点看不准"。

宗佩民却看准这是投资最好的机会："人家恐惧的时候你进去，这就是投资。"从2008年9月份到2009年9月份，华睿一共投了二十几个项目，"很多好的项目，价格也很低，就等着人来投，我们去给股东做项目介绍、赢利前景分析、行业分析、盈亏平衡点分析。最后算下来，股东觉得，这是个好机会，怎么能不投？"这些项目后来成了华睿旗下最优质的投资标的。

做投资最大的难题是说服股东。股东都是民营企业家，他们投资的目的明确，就是要有高回报和快回报，他们忍受不了长期风险与压力。"这是我们的劣势。外资风投的资金来源更丰富，有养老金，有保险金，这些都是长期资本，甚至可以等10年，回报要求也不高。国内的出资人，等五年就是极限了。"

按照行业的惯例，基金是要收管理费的，但是华睿旗下的26支基金只有一支收管理费。对于管理费，一些企业家会想不明白：你没有回报，凭什么收钱？这点也可以理解，说到底，没有回报，你管理费也收不长，没人会找你投资。"所以我们就干脆不收管理费，拿结果说话，靠业绩分成。"

需要抵制的还有市场的狂热。2011年、2012年，全民做PE，华睿却没有投太多项目。好几支基金成立了之后，一直没有封盘，"勉强投资，还不如休息"。从2013年9月开始，华睿又开始加快了投资的步伐。而那时候，很多一年前还很风光的PE已经找不到了，因为手上没钱了。

"你可以把这称为投资技术。在产业需要的时候投资，在产业过热的时候休息。其实不这样做也不行，市场就是这样的规律。"

理想与困惑

其实我们谈得最多的并不是华睿投资的项目，而是其他一些事，譬如理想。

宗佩民说，做一个好的投资人，就得"做一个坚定的理想主义者与市场主义者"。

他说，投资就是一门关于理想的生意：钱投下去，能不能做个好公司？这些项目投下去，能不能投出一个好行业？这不是一手交钱、一手交货的生意，这是关于未来的生意，可能是五年后，甚至是十年后。"投资人如果没有理想，看不见美好的未来，根本没法投下去；创业者没有理想，我们也不会投。"有理想的创业者会成为企业家，没理想的只会成为一个生意人，后者想的就是我能不能发财、买别墅、过上好日子。对于投资人来说，这样的人是危险的，因为投资会被这种人转去炒房地产或者股票。

在他看来，创投其实有点像服务行业：不仅仅提供资本（这是最容易被替代的资源），还要给投资的项目提供帮助，也许是一起寻找模式、方向，也许是解决体制、机制的问题，让企业保持成长并且最终上市。创投也在这个过程中，分享企业成长带来的利益。"要带着理想做事，又要到市场里去赚钱。"

但理想也会成为投资人的困扰，因为理想和现实中间，难免有差距，而投资人接触到的现实又特别多些。

我们谈到了某个最近开始转移资产的著名商人，宗佩民认为他只是一个生意人。我们谈到房地产业，"如果我投资的企业想做房地产，我都会反对"。他认为2003年以后，浙商把20世纪90年代聚集的财富投到了房地产业，当时看起来很赚钱，却错过了产业升级的好机会，实际上伤害特别大。我们还谈到了创业者的空间：即使是在被认为最有活力的互联网领域，人们也更愿意打工，而不愿意创业，因为"巨头们占了太多空间，上升渠道似乎越来越窄"。

宗佩民总会想起20世纪90年代，想起那时候他遇到的那些浙商，"那种激情似乎越来越罕见"。这让他有很强的危机感，他觉得如果一个社会没有人愿意去创业，去创造一些新的技术、模式，那可能就是社会出了问题。

他一再地和我说他的一个构想，那是一个类似于创业课堂的公益项目，针对的不是那些已经在创业的人，而是那些希望创业的年轻人。"我可以免费给他们讲课，也可以给他们提建议，他们适合去做什么项目的创业。如果几个月后，他们做得不错，我也可以投资。"

危险总是与机会同在，这其实也是投资的法则。

对 话

Q：《杭州日报》

A：宗佩民

Q：如果有机会遇到2002年的宗佩民，你会对他说什么？

A：一定要站在这个时代的前沿，做自己想做的事情。

Q：你今年关注最多的领域是哪些？

A：互联网金融、O2O、健康护理，还有手机游戏，说起来，都和移动互联网有关。其实产业发展还是有规律的，2007年前是装备材料、医药、消费品、互联网，2008年是LED，2009年是节能环保，2010年是医疗器械，2011年以来是移动互联网。这对投资人的要求也比较高，那些领域都是新的，一出来你就必须马上学习，研究产业链是怎么样的、可能的关键点在哪儿。

Q：像华睿在投资的时候，会不会有些指导原则？

A：当然有了。我们投资里面有20条戒律，碰到类似情况，肯定不投资。比如这个项目是高能耗高污染行业的，跟国家政策抵触的，就算效益再好也不能做；一个董事长名片上头衔很多，或者土豪特征很明显的、穿金戴银的，这些人我一般不投；生活很悠闲，天天打高尔夫的人我也不会投，创业是没有时间打球的。其实，我们跟创业者交流，一方面要看他从事的行业，企业本身的情况，另一方面也要看那个人，是不是很专注、思路是否清晰，还有是不是善良。投资看重的是收益，收益背后其实就是这些东西。

Q：你最欣赏的企业家是谁？

A：具体的人不好讲，但是他一定要通过自己的模式创新、技术创新做成一个事业，做成一个产业。宗庆后和马云大概就是我欣赏的样子，宗庆后是实业创富，一直非常踏实，马云则是靠创新成功，他们各自的优点可以互补。值得尊重的企业家应该不做投机，不做垄断行业，不利用自己的影响力套利，应该为商业生态环境的改善做出努力。

Q：在投资一家创业企业之后，你们一般要做哪些事？

A：首先就是帮助企业搞清楚定位和模式。很多创业者方向是对的，但从哪个点切入、用什么样的模式来做就不清晰了——这是很多创业者缺乏的东西，他们没有找到方法。然后是产权和体制的问题，理清业务上的激励机制。再是技术资源，研发阶段我们会帮着找一些专家，或者技术补充，在技术上帮助企业有些突破。第四个就是市场，我们有时甚至会帮投资企业找客户，因为初始客户很重要。

还有一块很重要的事，就是推动政府政策的制定。浙江对企业上市的扶助政策中，有不少是我们在背后推动的，我们会介绍别的地方的新政策给政府，让他们研究是否可以在浙江实行。比如工厂物联网，很多浙江企业没有兴趣建，但我们省里面拿出3个亿资金，设立物联网专项，企业建设物联网可以获得10%的政府补贴，这个市场就在浙江启动了。

Q：你觉得现在遇到的创业者和20世纪90年代的创业者有什么不同？

A：浙江的年轻人，尤其"富二代"们都学金融去了，学金融其实只是学个皮毛，资本又很分散，这群人动不动就喜欢做金融和房地产，搞科技创新的人越来越少，这是浙江遇到的问题。如果他们能像父辈一样，深入制造业，搞科技创新，搞新兴产业、新兴服务业，那可能浙江的经济又是另一种局面了。浙江这两年经济发展缺乏后劲，这可能就是这个原因。

不过，现在还有很多新浙江人在创业。像我们投资的科技创新这块项目，新浙江人要占到60%以上。他们身上往往有老一代浙商的味道，想改变自己命运的欲望很强烈。当然，有些来自内地的创业者也有些问题，比如听不进反对意见，这可能和他们的生长环境中缺少商业文化有关。

Q：投资人是否一般都会更关注社会问题？

A：投资人对整个社会环境的关注度会比较高，因为我们牵扯到的领域比较多，所以体会比较深。我们投了80家企业，股东100多个，每个企业的光荣与梦想，每个人的幸福与苦难，都会到我们这里。我们对社会的情况也是最敏感的。投资人对产业投资，一般都会有理想，理想和现实有差距，就会想要找到答案。当然，我们也有方法找到平衡。一方面，我们会和政府沟通，提更多的意见；另一方面，也把企业团结起来，互相帮助。

Q：有没有想过20年之后，你还会做什么？

A：肯定退休了。回老家去，把整个古村落保护下来，现在很多房子已经被拆掉了。那时候，我想搞个旅游景区，把房子重新建好。

企业名片

浙江华睿投资管理有限公司创立于2002年，是中国本土最早从事创业投资的民营资本管理机构。

截至2012年12月底，华睿投资旗下拥有26支创业投资基金，管理资本超过60亿元，累计创业投资项目超过70项。

该公司连续3年被评为浙江十佳本土创业投资机构前3强，中国股权投资管理机构前50强，2011年度、2012年度均名列中国本土创投前十强。在清科"2012年度中国创业投资机构50强"排名中，华睿投资位列第6。在福布斯"2012中国最佳创业投资机构"排名中，位列第28。董事长宗佩民入选"2012年中国十佳创业投资人"。

顾梓昆："中国芯"筑造者

□ 李超

商海驰骋数十年，从一个纯粹的地产商转变为全国屈指可数的金融防伪专家，顾梓昆只用了三年时间。

顾梓昆很低调，但他的公司所生产的产品很大众化。从和我们生活息息相关的验钞机到可以"刷脸"识人的ATM机，东西看着很高大上，生活中却少不了它们。

1965年出生的顾梓昆，脸上看不出太多岁月的痕迹，但目光里的执着是时间带给他的。

近年来，伴随着中国制造的崛起，在金融智能装备领域也相继出现了一批勇于创新的中国企业，而深耕金融防伪领域与纸币流通智慧管理终端的梓昆科技，走出了一条不同寻常的路。

转身：源于一个"疯子"的责任感

2005年之前，顾梓昆还是杭州一家房地产企业的老总，与金融防伪领域相差十万八千里。

顾梓昆说，十年前一个非常偶然的机会，他碰到了防伪行业的一位前辈。聊天中，这位前辈说，验钞机这个行业值得关注，验钞机产品良莠不齐，致使一些假币蒙混过关。

浙江人特有的商业敏感触动了顾梓昆：如果能研制出与世界各国货币防伪技术相配套的验钞机，那将是一个巨大的商机。再者，在国家没有相应标准的时候，社会需要有企业带头吃螃蟹，做出更高品质的产品，维护国家的金融安全。他觉得，这是自己的一份责任。

于是，就在房产行业如日中天的时候，顾梓昆毅然转舵，成立了现在的梓昆科技，专门研制高标准验钞机。

没有任何防伪技术背景的顾梓昆，为自己设计了独特的学习之路。全国300多家验钞机企业，有近百家在温州。顾梓昆就一家一家拜访、请教，一点点弄明白验钞机的原理和行业规则。那时，他对"假币"的信息特别敏感，哪里发现假币，或者在报纸上看到假币的新闻，他都要追过去弄个究竟。

"自己不懂技术，没关系，可以和别人合作啊。"于是，他投资6000万元，与清华大学、中国科学院等单位合作设立了研发基地。

"他是个疯子。"在顾梓昆刚刚踏入金融防伪领域时，很多人这样形容他。尽管听到了不少质疑的声音，但顾梓昆从来没有后悔过自己的选择。

回想起当年研发货币鉴定技术的场景，顾梓昆很感慨："我们2005年成立公司，在之后三年的时间里真的很辛苦，每天通宵达旦，一起合作的好多教授打起了退堂鼓，吃不消啊。我就熬着夜陪他们。"

那时，顾梓昆就已经很清楚传统验钞机"以假鉴假"原理的弱点。由于不法分子伪造假币手段不同，假币的表现形式也千差万别，验钞机总是处于被跟踪、破译、再封堵的不利局面。

对此，顾梓昆的思路是，先让与验钞机连接的电脑记住真币的所有信息和特征，然后再让通过验钞机的钞票与电脑记住的真币的信息进行比对，只要有一点不同，就可以列入假币范畴。正所谓"你有千条妙计，我有一定之规"，以此打破验钞机的被动局面。

一个门外汉，技术不懂，却成了一群技术专家的领导，站在指挥高地的顾梓昆，大手一挥，就是要做"以真鉴假"，让手下的技术专家无不冷汗。

"这在当时是难以想象的。"顾梓昆其实早已做了大量的市场调研，他虽然不是防伪专家，但他已经总结出哪些东西需要颠覆，他只需借助专业知识便可实现抱负。

"所有东西都有个指标，就像人一样，血压90到120，超出160这个标准就要报警，如果没达到这个标准亦要报警，这和以真验假是同一个道理。"旁观者清，作为技术门外汉的顾梓昆一语道破天机，他明白这项技术是有可行性的。

经过与专家近两年的磨合，顾梓昆带领团队形成了一套独特的防伪技术，并于2008年推出了自己的产品。2009年，以真鉴假、多光谱鉴伪的钞票鉴别仪，列入公安部防伪产品质量监督检验中心监制产品，梓昆科技产品做出的假币结论可以作为鉴别不法分子制售假币的司法依据。

而他自己，由公安部推荐，成为当时全国第二届注册防伪技术159名专家之一，并作为验钞机企业唯一一位防伪专家，参与了新国标的起草。

专注：别人做不下去的，他坚持到底

"我们的成功在于人家做不下去，而我们坚持做下去。"顾梓昆坦言，梓昆科技之所以取得今天的成就，和创始人性格里的专注是分不开的。

梓昆科技推出了一款名为"人民币自动柜员机存取款一体机"（ATM CRS）的产品，该产品具有多光谱图像分析鉴别、安全线鉴伪分析、磁图像分析鉴别、人脸识别、冠字号码识别记录存储等功能，为ATM CRS相关技术的国产化奠定了技术基础。

"做企业不能单单为了赚钱，既然踏入这个领域，我们做产品也要为了国家金融安全，要从老百姓的利益出发。别人做不下去，我们坚持到底。"顾梓昆表示。

作为一家主要从事金融设备和软件产品研发、制造、销售的国家级高新技术企业，顾梓昆带领他的团队在这个行业一干就是10年。如今的梓昆科技已逐步发展成为全国金融设备领域的佼佼者，以及全球领先的金融设备供应商。"现在我们手上拿着曾经不敢想象的国家核心技术，我们的冠字号码设备技术被各个银行强势推崇，因为只有这样，钱是真是假才有落实之处。"

作为20世纪60年代出生的人，顾梓昆和很多其他老一辈的企业家一样，有着非常强烈的民族自尊心和使命感。

"由于目前国产自动柜员机安装的循环机芯主要依赖进口，国内还没有厂家完全掌握'以真鉴假'的钞票识别技术。"顾梓昆表示，随着国内存取款一体机市场的扩大，研发国产自助循环机芯核心技术对市场格局的影响更大。梓昆科技依托多年研发A类点钞机和清分机的成功经验，完全掌握了多光谱图像鉴伪技术和磁码分析技术，并立项研发了"以真鉴假"的钞票识别模块和循环机芯。

"目前，公司已真正实现了完全自主研发、设计和生产验钞机'中国芯'。未来，公司在现有成果的基础上将加大推广力度，并在货币识别技术研究上更上一层楼。"顾梓昆表示。

谈到如何把企业做大做强，顾梓昆始终信奉"专注"二字。"一心不能二用，就像我从来不炒股一样，我基本上把所有的时间和热情都投入到实际工作中去了。"顾梓昆告诉记者，他每天早上八点准时上班，晚上至少要待到六七点才下班，周末基本单休，基本上有时间就会来公司看一看。顾梓昆说自己是个十足的工作狂，他唯一的休息时间是在飞机上，"只有那会儿才可以睡一个好觉，因为手机关机没人找得到我"。

顾梓昆说，他教育自己的子女也和他一样，从一线部门踏踏实实做起，任何一个项目都要做到最好才可以进行下一步，不管面临什么困难，都不能退缩。

情怀：创新是为了做更有用的产品

"专家型"领导顾梓昆对公司的研发和创新注入了极大热情。据他介绍，三年来，公司加大科技投入，引进各类人才70余人，为尖端技术和产品的研发提供了强大动力。

在顾梓昆看来，公司要依靠技术创新、管理创新，不断开发新产品、新技术，努力拓展市场，使企业规模迅速壮大。截至目前，梓昆科技共提交专利申请11件，其中发明专利申请5件、实用新型专利申请3件、外观设计专利申请3件。

只是，哪怕拥有接近垄断性的技术筹码，顾梓昆也没有忘记产品应该以人为本。"再多的创新也终究是要给老百姓用的，花里胡哨不实在的产品最终会被市场淘汰。"

以梓昆科技的这款"人民币自动柜员机存取款一体机"（ATM CRS）为例，其中的亮点之一便是"刷脸"识人技术，可以有效扼制目前的一些ATM机犯罪行为。同时，针对从ATM机里取到假钞而不知道存款人是谁的情况，这台机器也可以通过冠字码识别记录和储存技术加以解决。

在顾梓昆的设想当中，虽然移动支付的发展很快，但由于中国市场很大，人口众多，城市发展不均衡，未来公司发展还有巨大的想象空间，亦有很多使用场景有待开发。在采访过程当中，他多次提到"社区化"。与银行合作，在居住区内将ATM CRS铺开，既方面老百姓日常生活，还能提供火车票、机票购买、打印等其他附加功能。

"就拿我们研发的这款ATM机来说，老人大多不会使用电脑，而这款ATM机操作非常简单，只要你识字而且会使用触屏，就可以很方便地操作。"在这台ATM机上，出国再不用去指定银行换外币，直接在机器上操作即可。

未来，在梓昆科技研发的ATM机上，想买机票，只要点一下屏幕，就会跳出国航、南航等各大航空公司，坐几点的飞机、几号座位，身份证一扫，信用卡放进去，直接支付就可以了，同时，这张登机联也是报销联，方便那些经常出差的职场人士，节省他们的时间。"今年下半年就能实现。"顾梓昆说。

"梓昆还是要坚持做金融行业的服务提供商。"谈到企业的未来发展，已到知天命年纪的顾梓昆热情依旧，"我们还是会加大对金融大数据研究的投入。未来是信息化的电子社会，我们应注重信息服务并保证质量。"

顾梓昆说，作为一个企业家要有良心，要真正服务于社会。产品就是人品，产品出了问题，人品也可能有问题。梓昆的优势有三方面，第一是核心技术，第二是产品质量，第三就是服务。"未来企业发展，服务将会是重中之重。"因此，作为杭州市政协委员的顾梓昆至今都会免费为各个金融机构做培训。"既然国家给了我们经济效益，我们就该承担社会责任，这是企业家的底线，亦是做人的道德。"

对 话

Q：《杭州日报》
A：顾梓昆

Q：梓昆科技在杭州成立，在金融设备领域，我国一直存在着核心技术缺失、高端产品依赖进口受制于人、自主创新能力不强等问题，为什么要做自主研发？

A：企业要赢得未来的发展空间，自主知识产权非常重要。虽然靠着其他常规产品，公司盈利也很可观，但终究没有掌握主动权。十年来，我们深耕金融智能装备领域，获得了多项研发成果。而这些成果，也充分体现在之前亮相的"中国芯"上。这些自主研发的新产品，不仅填补了我国金融设备国产化的空白，还参与了国家标准的制定并提供了标准技术的核心指标，为打破我国金融系统长期依赖进口设备的态势，支撑国家金融安全、信息安全提供技术保障。

Q：作为浙江第一代企业家，有没有想过怎样培养接班人？

A：我这个年代的人，吃苦耐劳是最基本的品质，因此在让儿子接手企业之前，要让他从头学起从头做起，不仅要在一线部门锻炼，在每个层级都要设置考核目标。现在所谓的"富不过三代"，以及社会上"富二代"接不起班的很大原因就是没有让下一代接受系统的锻炼。从小我就培养他独立生活的品质，先成家后立业，专注于自己所从事的事业，任何一道关口出现问题，那就从头再来，不能纵容。当然，企业上市之后，还需要引进更多的职业经理人来共同发展梓昆。只有这样企业才能走得长远。

Q：公司未来会怎样发展，还有没有什么新的打算？

A：梓昆未来还是要把我们自主研发的成果推广出去。据英国零售银行研究和咨询公司RBR发布的《2019全球ATM市场及预测报告》显示，预计2019年全球ATM保有量将达到400万台，亚太区将是最大的、增长最快的区域。中国作为全球新安装量最大的国家，预计在接下来的几年仍将主导全球ATM市场的持续扩张。纵观2002到

2014年央行统计报告，中国市场ATM设备保有量一直处于稳定上升区间。而随着国产化进程的深化、银行业的转型升级和金融服务广度深度的提高，拥有自主知识产权的金融智能装备厂家将会迎来属于我们的"春天"。

企业名片

　　梓昆科技（中国）股份有限公司以博学实基为核心理念，主要经营金融设备、生物高科技产品、软件产品的研究开发。JBYD-TKTH07系列A类多光谱鉴伪点钞仪、JBYD-TKTH11A类纸币清分机是该公司的拳头产品，且均进入了国有银行、各地商业银行以及农商行支付系统，并远销澳门、香港等地。作为主要起草单位和核心技术提供方，梓昆科技与中国人民银行、公安部联合起草制定新国家强制性标准GB16999-2010《人民币鉴别仪通用技术条件》，并于2010年10月颁布施行。公司始终将科技创新放在企业发展战略的核心地位，与清华大学等国内重点院校合作，成立了国家金融安全及系统装备技术研发中心。作为全球领先的金融设备权威供应商，梓昆始终为纸币流通的智慧管理提供终尖端的优质服务。

夏阳：互联网时代我们都是悬崖边的树

□ 张海龙

印象

新晋首富马云说：梦想还是要有的，万一实现了呢？

事实上，这个道理并不仅限于阿里巴巴。在科技公司扎堆儿厮杀的杭州，到处卧虎藏龙，谁都不刻意打听谁的出处，谁都不敢轻看谁的未来。正所谓"南山有鸟，三年不鸣"，谁知道谁哪天就扎上钱发起来了，就"一鸣惊人""一飞冲天"了呢？

和宇天科技董事长夏阳聊天，有些漫无边际——

关于互联网时代，小米创始人雷军有两句名言广为流传。一句是"与其在盐碱地种庄稼，不如在台风口放风筝"；还有一句就是"在风口上，猪都能飞起来"。有人评价，这两句话体现出了小米成功的一个核心要素——利用互联网思维，借势成功。

这话听着简单粗暴却直接有效，可是普天之下拼的人那么多，又有几人能成功？最关键的问题到底是什么？显然，是发现风口在哪很难。大多数人只见风筝和猪在天上飘啊飘的，却根本看不见风到底来自哪里。

初中语文课本上，有篇诗人曾卓的诗《悬崖边的树》，你们还记得吗？那里有这样的经典名句——"不知道是什么奇异的风/将一棵树吹到了那边/……它弯曲的身体/留下了风的形状/它似乎即将倾跌进深谷里/却又像是要展翅飞翔……"

你瞧，就是这样，现实和诗里写的一模一样。今天，互联网就是一股奇异的风，把我们生活的这棵树吹到了悬崖边。我们每个人的身上都能看出风的形状，我们都被风裹挟着生活，但我们大多数人依然不知道这股风自何方吹起。

很多事，打个比方就说明白了。比如，谈及商业模式，传统的说法是"羊毛出在羊身上"，拼的是实力，这当然是天经地义的事；到了PC互联网时代，创新的说法是"羊毛出在狗身上"，拼的是模式，这让很多人跌落了眼镜；再到移动互联网时代，颠覆的说法是"羊毛出在狗身上，但是由猪来买单"，拼的是思维。

这一切，再用爱尔兰诗人叶芝的句子来形容，就是："一切都变了，/彻底变了/一种可怕的美已经诞生！"

总之，陕西男人夏阳喜欢讲故事打比方。出身文化积淀深厚的长安城，加上他读大学时迷恋文学、喜欢诗歌，他当然喜欢让生活有趣起来，而不仅仅为了一盘生意。

成长

一晃创业已近十年。

到现在，夏阳也清楚记得那一天是5月21日，与"我爱你"谐音，是个绝佳好日子。

2005年的那一天，曾任大唐电信市场部总经理、总裁助理的夏阳决定辞职下海，自主创业。这个从电信行业出来的职业人，把他创业的起点放在了正要打造"天堂硅谷"的杭州。至于为什么要去创业，只能形象地打个比方：他看见了风，风随着意思吹。

夏阳的成长史就是这样：生于1965年，一工作就登上了大唐电信这样的优质平台，全国到处跑，不到40岁就已担负要职，在一般人眼中，可谓前途无法估量。然而，正如前文所说，他的敏锐让他"从树的身上看见了风的形状"——3G时代即将来临，移动数据业务将呈几何级爆发。下海之初，通信行业，无论是设备还是终端，都只有资金密集、人才密集、劳动密集的"大公司"才能做的事，而初创企业，只能做那些大公司顾不上或者不擅长的事。

夏阳最终在移动数据业务核心平台这一细分领域找到了发力点。拥有自主知识产权的DCMP平台技术以及手机智能搜索技术，这一技术后来被成功地运用到了电信运营商的多个千万级用户平台当中去。

夏阳创业之时，正是服务提供商（SP）红火无比之际。很多人都在抢搭这条船，可是其后落水者又不计其数。夏阳庆幸自己没有走SP这条道："它虽然来钱快，但也容易走歪路，钱可能赚了一笔，但公司很快就没了，那还有什么意思呢？"

企业领导者首先要清楚的，就是企业与客户的关系问题。夏阳在这个问题上没有含糊："在我看来，宇天科技与运营商的关系绝不是简单的依赖或寄生。我们给自己定位是技术服务商，所有服务都要为客户创造最大价值，决定宇天科技可持续发展的不只是大树，最关键的是自身要有造血能力。"

2009年2月，广东移动向手机用户推出了"百合"业务，用户通过"百合"就能用手机进行阅读、收听广播、欣赏视频等。事实上，"百合"就是夏阳开发的中国最早的"富媒体"平台。这已经是超越了传统短信、彩信业务的新一代移动互联网媒体。

"百合"的成功推出，使得中国移动看到了移动数字内容平台潜藏的巨大商机。此时，国外苹果App Store也风头正劲。2009年8月，中国移动发布移动Mobile Market（简称MM），率先在中国打造App Store。目前，中国移动MM每天下载量已经超过300万次，整个MM库里的应用超过6万。MM壮大的背后，与宇天科技的强大技术支撑不无关系。

与此类似，还有宇天科技与中国电信天翼阅读的合作。2008年11月，宇天科技与中国电信浙江公司正式签署合作协议，双方联手整合第三方内容资源，推出"掌讯"业务。2010年，凭借领先的技术与优质的服务，宇天科技从激烈的竞标中脱颖而出，成为中国电信天翼阅读的业务平台承建方。

随着3G的推广应用，电信运营商在浙江、广东、上海、江苏等7个省市建立了20多个业务基地，专门发展阅读、游戏、视频、动漫等业务。宇天科技已是中国电信天翼阅读基地的核心业务平台提供商和运营支撑伙伴，也是中国移动MM基地的建设者之一。

风继续随着意思吹——除了为运营商提供平台服务，宇天科技与传统媒体也开始尝试合作。为更深地介入新媒体业务，夏阳又在江苏成立全资子公司江苏宇天新媒体技术有限公司，以推动传统媒体的新闻、图书、杂志、动漫、游戏等数字内容产品向新媒体渠道拓展延伸。宇天科技与《广州日报》《羊城晚报》《南方都市报》等权威媒体成功合作，一起抢占移动互联网地盘。

而除了三大电信运营商和新媒体，宇天科技的第三类重要客户就是正在进行信息化应用的各行各业。"无线政务""无线安防""无线教育""无线医疗"等行业应用浪潮都在兴起，宇天科技采取的是"既有自己的地盘，又与大公司捆绑"的策略，以处理好产业链当中的竞合关系。"无线城市这个上千亿的市场蛋糕足够大，已不是哪一家技术公司能通吃的，我们可以与更大的巨头联合起来把市场做大，实现多赢。"

体会

在宇天科技的一间小办公室的墙上，陈列着这些年他们所获得的荣誉：2009年，先后通过"高新技术企业"和"双软认证"认定；2009年12月，正式被列为"杭州市上市对象"；2010年11月，荣获"中国成长百强第六名"；2010年12月，获得"中国创业投资新锐企业30强"；2011年8月，顺利通过CMMI3级国际认证。

宇天的优秀基因有例为证：2009年年底，正值"钱荒"，宇天科技却破天荒引入了四家风投机构，吸引了6800万的风投资金。正是这笔钱催发了宇天科技的激情——2010年5月，宇天科技大刀阔斧地实施股改，想要成为下一个神州泰岳那样的资本神话。热热闹闹去申报，却不曾想，原来以为最不会发生问题的运营商合作模式出现了大问题，而那也是来自于整个大环境的风向改变，是谁都没有办法的事情。2012年5月，宇天科技主动退出了申报流程，开始进入调整期。

想在风中飞得好飞得高，就要不停变换姿势。2012年年底，宇天开始变脸。此前，宇天总为别人服务打工，钱是赚了但没留下自己的品牌。现在，宇天要以互联网思维，来建设一个融汇生活、教育、娱乐等民生内容的全平台，让自己成为自己的服务商与供应商，也让自己成为大众需要的全内容平台。

一错再错，再也不能错过，夏阳现在最关注的已经不是通常意义上的互联网概念。在他看来，随着电商巨头阿里巴巴的上市，以BAT为代表的消费互联网时代已经到达发展顶峰。随之而来的将是产业互联网时代，产业互联网时代将给传统企业带来一次全新的焕发生机的机会。什么是产业互联网呢？宇天的理解是以具体产业中的龙头企业为代表，以互联网方式打通产业上下游，优化产业供应链，协同合作伙伴整合产业资源包括配送物流体系、支付体系、全渠道服务体系及供应链的协同体系，高效服务于用户的个性化需求，实现线上线下相结合的一种互联网化的模式。

将传统企业打造成产业互联网企业的领军者，对于宇天科技这样一家移动互联网科技型公司来说，这是一次难得的发展机遇为此公司已经着手对内部组织架构进行调整，成立专门的以研究产业互联网化为目标的解决方案部门，贴近行业最前沿，研究行业的发展趋势，帮助传统企业转型。目前公司已经着手对民生类家纺行业、旅游行业进行研究并跟相关行业内的龙头企业进行互动，为他们提供产业互联化的解决方案。

以夏阳的年纪与经验而论，他堪称"阅人历事无数"。他说，在这个时代，只有想不到没有做不到，一定要用最新的思维方法去考虑问题，然后用最新的科学技术来实现目标，如此，我们的生活每天都会更加生动。目前，宇天科技正在以"千年之约"的名义在杭州上城区做一个"虚拟现实"的项目。身为上城区政协委员，夏阳希望也能以此盘活这里的优质资源，让智慧城市有能手、有抓手、有助手，而且从不失手。

宇天科技的核心竞争力究竟在哪里？浙江华睿投资管理有限公司董事长宗佩民先生曾作出如下评价——

"宇天科技的核心价值在于有一支充满理想、能够始终坚持技术主导路线的团队，他们从事的是未来十年具有无比想象空间的移动互联网事业。正是宇天科技的技术主导路线，使之有能力、有资格成为移动运营商的技术服务商，也必将因为移动互联网的时代大势，成为又一个时代英雄。"

**企业
名片**

　　宇天科技于2005年成立于杭州市上城区，注册资本5000万元，是一家致力于互联网全平台、多终端关键技术研发及产业互联网升级服务的国家高新技术企业和"双软认证"企业。公司现深耕于移动互联网民生领域，通过打造创新孵化平台、资金整合平台及信息数据服务平台，致力于成为中国民生产业互联网化的领先服务者。

陈斌：做办公室里最后熄灭的那盏灯

□ 董沛文

采访陈斌之前，他正在开一个项目会，好不容易会开完，他回来坐下，没几分钟又被叫去参加"赛伯乐研究院"的一个内部讲座。他有点抱歉，不过他没让记者等候，而是邀请记者一起参会："这是我们内部年轻人的一个交流学习会，你也可以来听下。"

乍一听赛伯乐投资有限公司的名字，脑海里浮现的是一群西装革履、金丝眼镜的中年人，其实赛伯乐的团队相当年轻，"目前公司团队有三层结构，三个核心合伙人，10个35岁左右的中层管理者，还有一群20多岁的年轻人做助理、研究员"。这次交流学习会的主题叫"互联网思维对创投行业的颠覆"，在年轻人侃侃而谈的时候，陈斌大部分时间默不作声，偶尔微微点头对年轻人的观点表示肯定，等所有人讲完后，他补充了几点当前所谓互联网思维的特点以及创投行业今后的方向。

记者问他："在这些年轻人身上，你是不是也能看到自己当年的影子？"陈斌不回答，笑。陈斌年轻的时候做的事情，和基金、创投行业八竿子都打不着，但事后想想又仿佛一切都是设计好的，水到渠成。

当年海边晨跑的小伙子，一心只想做大事

陈斌说，他最喜欢两种人。一种是能够埋头干事情的，任劳任怨型的。"现在年轻人有个特点，讲起来一套套，真要去做就抓不到要点。"另一种人则是情商高的，会整合资源，会营销，会沟通。

"你属于哪一种？"

"我年轻的时候，应该是属于第一种人。"陈斌1991年从重庆大学毕业，本科学的是计算机，硕士读的是管理。毕业以后，他原本可以去航天部下属企业工作，"当时航天部在全国重点大学挑选了30位研究生去沿海地区做国际贸易，当时我对沿海地区特别感兴趣，希望能在那里接触新东西。可是后来因为内部调整，沿海地区去不成了，又要回内地的军工厂了。一听要回内陆地区，我就觉得这不是我想要的。我就连报到也没去，直接拎了包就去了深圳。"

到深圳边防检查站以后，陈斌傻眼了。"那个时候去深圳需要边防证的，我什么都没有，根本进不去。"没办法，陈斌到了广东惠州，找了个同学住下来，并在当地找了家中外合资的工厂。他说起自己第一次走进车间，看到车间里上上下下那么多管道线路纵横交错，"又傻眼了"。一个重点院校毕业的研究生放弃航天部下属单位这样的"好机会"，出现在这样的车间、这样的工厂里，令人无法想象，更令人无法想象的是陈斌居然还待了下来。他从普通工人做起，做到车间主任助理、车间主任、总经理秘书、总经理助理……

工厂就在海边，每天早上，陈斌会迎着海风在沙滩上晨跑。跑步的时候，他会思考以后的人生。"客观地说，那个时候没有什么具体的想法，就老是觉得自己要做点大事。但当时自己一没资金，二没人脉资源，只有勤奋。用勤奋的工作，让同事和领导认可自己的价值，对于这一点我内心非常坚定。在工作中，我也比其他人更乐意付出，几乎每天，我都是办公室里唯一一个比董事长走得晚的人，董事长每次离开，他都能看到那么大的一个办公室，有个角落会一直亮着灯。后来他就记住了这个人。"

还有个经历很有趣。对陈斌来说，这也是个人生机遇。有一次，总经理秘书生病了，总经理让陈斌临时来做办公会议的会议纪要。"那天是个周五，"近20年时间过去了，陈斌记忆犹新，"会议纪要我以前从来没做过，但我知道这是我的一个

机会，我一定要做得比之前的人好。第二天我就坐了两个多小时的中巴车，到市区新华书店，买了两本专门介绍如何做会议纪要的书。在通读了一个周末之后，我一遍遍地改那份会议纪要，然后一字一句非常工整地抄好，最后交给了领导。"领导的表情，用现在的话说，"和小伙伴们一起惊呆了"，"他觉得他从来没有见过这样一份会议纪要，思路清晰，字迹工整，给他留下了深刻的印象"。几个月以后，陈斌就成了领导秘书，后来没多久就成了总经理助理，开始做项目策划，参与项目的投资业务。

陈斌觉得自己这种肯吃苦的精神，与从小在农村的经历有很大关系。"农民的小孩只能老老实实读书，把事情做好，才能走出大山。骨子里的这种要强的个性，一直都在。"

20年前人生第一份商业计划书，至今还保留在家里

陈斌人生第一个项目是做贵族学校。"那时候大概是1995年，我们算是国内第一批搞贵族学校的。当时的费用是一个小孩25万元。学校从无到有，都是我们自己建，招生也是自己招的。"说到这个项目的策划启动，还有个故事。"那个时候我们在广东海边，有一次到一个村里去吃海鲜，看到那个沙滩上有很多渔民在打牌，旁边放着一袋袋的钱——那时候海边渔民很有钱，他们赚钱的路子很多。他们旁边的沙滩上趴了很多小孩，没事就在那瞎玩。我们看看渔民那一袋袋的钱，就这样打牌玩掉了，再看看旁边那些没人管的小孩，当时在我的脑海中就产生了一个设想：干脆策划搞个贵族学校算了，把渔民们的钱用来建设培养下一代的现代化学校。"

陈斌的家里现在还放着20年前他做的人生第一份可行性报告。"这是我做的第一个完整的项目，从找土地开始，到施工建校、招生，作为主导者之一，我全程参与组织建设学校的整个过程，收获非常之多，对我今后的人生道路以及现在的风险投资业务影响很深。因为这个项目操作过程中正好遇到了金融危机，三年中经历了多次濒临失败的压力和痛苦。"

在1995年，25万元是一笔不小的费用。招生怎么招？"他们就跟我说，你不是浙江人吗？你们浙江有钱人很多，你就去温州招生吧。"殊不知，浙江虽是陈斌

的老家，但是温州他也是人生地不熟啊。"我就这么去了，身上就带了几百块钱，住在一家一天五块钱的旅馆里，就开始想，我要怎么招生啊？我得找有钱人啊，然后我就出去看房子，看到别墅就敲门，有点上门推销的意思。后来发现这个方法太慢，我也不能一直住在这里啊。后来想到报纸广告，做广告见效快。没钱，我就开始和广告代理商商量合作模式。我说你先帮我做，等后面招到学生了就按照一定比例把钱分你，费了好几天时间终于找到了一家胆子大的广告公司，他们很欣赏我们的项目，同意合作试一试。广告做了以后，很快就有家长来了，我又发现我没正经办公室啊，于是又借了广告公司的会议室开始接待家长。一个多月，成功带回了十几个学生，人生第一次实现300多万元的销售。"

由于金融危机的影响，这个项目做得很辛苦，中途有几次陈斌想离开："但我每次都会想，这个项目从诞生那天起就一直是我在做，不能这么做一半就不做了，一定咬牙坚持把它做完整。"这种一定要把项目做完整的信念，激励陈斌坚持到后来学校终于开学。"一天就几千万元的收入，点钞机就放在学校门口，你看这个场景，就会觉得这三四年的时间没有白费。"从今天回过头去看，陈斌觉得当年的坚持非常有价值："对我个人来说，看着一个项目从一份纸上计划书，一步步变成现实中的成功项目，这种自信和成就感，对日后的工作非常有帮助，超越任何学校的课本教育。"

"那个时候哪里知道什么基金的概念啊，但是现在想想，那个学校的项目，其实就是一个教育产业基金。1000个学生就有2.5个亿的基金，其中1个亿用来建校，另外1.5个亿存在银行，或者做其他投资，收益用来维持学校的运转。而且这个基金是开放式的，每年都有毕业的学生，但是招的学生总是多于毕业的学生，那这个基金总可以维持在一个相对固定的水平上，可以有效维持学校的运转。后来我们还一直动脑筋，如何让这1.5个亿产生最大效益，让这些钱能生出更多的钱来。"时至今日，这所学校还在正常运作。

离开TCL，只因为一个问题：50岁的时候，我应该在哪里生活？

陈斌1996年进入当时正在迅猛发展的TCL集团，"进公司时我没提任何职务和薪酬条件，唯一的要求是跟李东生近一点，所以当时人事部把我办公的地方安排在距离李东生办公室非常近的位置"。到了TCL陈斌还是继续做项目，他做的项目是机顶盒，"那个时候互联网刚刚开始崛起，我们当时其实就是想做个家庭用户终端。TCL那时候想转型，就想能不能通过一个终端把所有家电都关联起来，让机顶盒除了能看电视，还具备很多生活服务功能。当时的理念还是很新的，我们想把很多东西装到这个小小的机顶盒里，我们想把百度放进去，那时候百度还很小。当时设计的机顶盒还有一个可以插卡的槽，我们希望它能实现支付功能。其实现在智能手机上很多整合的内容和服务，我们在当年设计这个机顶盒的时候都考虑过。"

当时帮陈斌的项目做配套服务的很多公司，如今已是声名显赫。"帮我们做广告的一家小公司，它的老板叫江南春。江南春很敬业，那时候我们是甲方，他是乙方，每天请我们吃饭，合作很愉快。当时帮我们做策划的公司，叫蓝色光标，现在也已经上市了。"当年理念那么先进的机顶盒项目最终还是没有做起来，"这不是眼光的问题，也不是趋势的问题，而是政策节点的把控问题。后来微软公司、盛大公司等都进入这个领域，但直到今天，智能家庭终端的东西也还是没有做起来"。

几年之后，陈斌觉得当时的TCL渐渐地不适合自己了。"TCL以前是机会导向型的企业，是机会管理，以结果为导向的，非常适合我。后来逐渐公司规模越来越大，到了几百亿规模，公司也开始转向以管理为导向，趋于稳定，集团公司也上市了。以前那种虎狼式的发展风格非常适合我的性格，敢拼敢打敢冲，但趋于稳定以后，我看看旁边左右前后上下，觉得个人的成长空间有限，如果要继续待在这里，就需要很多时间去等待，需要在管理上磨练自己，但我觉得我还有很多能量需要激发，不安于这样的稳定。"

在不惑之年离开TCL，是因为陈斌问了自己一个问题——50岁的时候，我应该在哪里生活？"我从20多岁就自己一个人出来，大半辈子到处飘来飘去，最后我要飘到哪里？我认真想了下，觉得还是要回来，回到杭州。然后我就走了，连我老婆都不知道。当时就这么回来，我对自己还是有一点自信，多年的这些做项目的经历，我觉得我接地气能力还是很强的，凭现在的活动能量和性格，回来之后有个几年时间，一定可以做点事情。"回杭州之后，陈斌待了两三个月时间，"啥也没干，就到处转转，熟悉下这个城市，思考自己要做点什么"。后来陈敏就碰到了刚刚美国回来的朱敏，两人一拍即合，开始投资项目。

未来的想法：帮助30个创业者成为未来行业的领军人物

陈斌到了朱敏的WebEx公司（美国网讯），主要负责中国区的项目投资。第一个投的项目就是连连科技，"投这个项目，和我当初在TCL做机顶盒的经历有很大关系。当初研究这个机顶盒项目，我还去过微软研究院考察，当时就看到他们的战略上有一条：希望以后的生活服务终端能够从电脑、电视拓展到手机上。后来到杭州，我看到连连科技，他们就是做这个的，提供移动终端的支付和收费服务。那时候虽然这个公司很小，只有十几个人，销售额和利润完全都谈不上，但我觉得他们的业务肯定方向正确"。

于是陈斌就每天和这个创业团队在一起，讨论商业模式和公司未来的发展战略。"我们第一年投了大概300万美元。结果第二年就有很多知名投资机构进入，投资规模在2000万美元左右，一年就翻了七倍。2007年，美国奥克、美林等国际知名投资基金又投了大概5000万美元。这个项目可以说是非常成功。"

回杭州之后的第一个项目成功了，这对陈斌来说意义重大，"对一个投资人来说，前面一两个项目非常重要，一旦做成了，对自己是一个非常大的肯定。只有成功了，它才会变成经验，不成功就什么都不是。"之后，赛伯乐陆续投资了聚光科技等一些项目，"我们十多年来一直围绕创新做项目，要么是科技创新，要么是模式创新。二级市场从来不做。而且我们的很多投资项目都是早期进入，和企业一起成长。也许我们投的项目没其他公司多，但我们在项目上的参与度都很深、时间很长，收益也还不错。仅聚光科技一个项目，我们就有20几个亿的价值在里面。"

回顾这几年的历程，陈斌觉得自己也很幸运，"我们一直和国际上一流的大牌基金合作，而且这种合作是相当深入的，我们共同讨论合同，共同完成尽职调查。这些年我也一直努力从他们身上快速学习，看他们如何判断行业趋势，如何分析团队，分析创始人，收获很大"。

关于未来，陈斌说自己的梦想，就是要在浙江帮助30个创业者成为所在行业的领军人物。"那我这一辈子就相当圆满了。投资行业不存在退休的问题，但这个行业的问题是，你如何引进各行业优秀人才参与到基金管理公司中来。因为在中国，基金公司一直存在一个问题：基金刚开始创建的时候总是有一个领头人，这个是必需的；但是几年后当基金逐步成长起来，更需要把个人行为转换为组织行为，培养出一批优秀的合伙人，把个人智慧转换为组织智慧，这样的基金公司才能长久发展下去。所以我现在主要做两个工作：一是培养5—10名优秀的合伙人，二是帮助30名优秀的创业者成为优秀的企业家。"

陈斌最后总结创投这个行业，"和卖手机、卖路由器、卖电脑这些产品不一样，这些产品你卖出去，接下来就只剩下售后服务。而我们这一行，你卖的产品是钱，你把钱卖出去以后，只是万里长征第一步，大量工作还在后头。对你投资的这个创业团队，你要了解，要包容，要沟通，要让这些人从心理上接受你。而我们的价值，除了钱以外，还有很多。我们这个行业，就是一旦看中你和你这个团队，就会投资给你，还要帮助你去挣更多的钱。"

企业名片

赛伯乐投资集团起源于美国硅谷，拥有国内外顶级风险投资基金的资本与人脉资源、在中国和美国成功创业和成功上市及并购重组的直接经验。赛伯乐投资集团被评为福布斯2015最佳创投30强、2014最佳创投24强、清科2015中国创业投资机构17强、2014中国创业投资机构50强等。浙江赛伯乐是浙江省股权投资行业协会轮值会长单位、浙江省创业投资常务副会长单位，被评为"2013年度优秀股权投资机构""2009年度、2010年度和2011年度浙江本土十佳创投机构"等。

浙江赛伯乐是赛伯乐中国的人民币基金管理机构，是杭州市政府合作的28家引导基金中首批参股合作对象，也是浙江省政府引导基金首批合作对象，第一个完成基金募资立项（2008年12月），第一个完成基金项目投资（2010年3月），第一个所投项目成功上市（聚光科技于2011年4月上市），第一个圆满完成合作目标并顺利返还引导基金的基金公司。

浙江赛伯乐创造性地引入硅谷创业创新创投模式，在美国硅谷成立了"硅谷孵化器"，并设立孵化基金，在以色列投资顶尖孵化器，对优秀入孵项目进行投资，直接对接国际科技发展最前沿的项目，在引进国外先进科技项目和人才方面建立了自己的渠道，为对接国外科技创业人才回国创业建立了良好的互动机制。

郑立：多元专注"术"与"道"

□ 齐航

有人说，中国不缺好的商人，但缺超拔出群的企业家和投资家。三者差别在于：商人善于借助信息不对称、地域不平衡来赚取差价；而企业家则如熊彼特所言，是"破坏性创新"的价值创造者，他们擅长将商业构想转化为现实产品，给社会带来改变；投资家则是慧眼独具的发现者，在泡沫中发掘珍珠，实现资源的优化配置。

从立元集团有限公司董事长郑立的创业轨迹中，你似乎就能窥见这样一种从商人到企业家再到投资家的进阶。从走出体制自我"清零"，到敏锐捕捉新"三大件"商业机会，到进军制造培育细分行业翘楚，再到资本市场运筹帷幄剑指国际化投行型企业集团，17年耕耘积累，如今郑立掌舵的立元集团旗下已拥有20多家控股企业，参股近百家上市、拟上市企业。集团业务涵盖金融投资、电子通信、房地产开发三大板块。其中立元创投和立元通信已登陆资本市场。立元房产也已在上市筹备中。

多元和专注，看似矛盾，实则辩证统一。郑立践行着他独特的"术"与"道"。

新"三大件"的商业直觉

在中国民营经济发展史上，有一批"92派"企业家，他们写下了浓墨重彩的一笔。1992年，大批在政府机构、科研院所工作的知识分子受邓小平南方谈话鼓舞，纷纷主动下海创业，形成了以陈东升、田源、毛振华、郭凡生、冯仑、王功权、潘石屹、易小迪等为代表的企业家。据不完全统计，这一年全国至少有10万名党政干部"下海"。

南方谈话的影响，绵延到了江南，绵延到了1997年。在回忆当初下海创业的情景时，郑立直言邓小平南方谈话之后的市场化改革和创富氛围，深深感染了他。"我觉得自己有能力在市场上做点事，挣个几百万的。"

不过，事后立元集团商业版图的扩展，证明了他最初的估计多少有些保守了。

但放在当时的情境下，放弃打拼了十多年的体制内职位，去博取一个不确定的未来，对谁来说都不是一个容易的决定。但无舍就无得，对于天生富有商业直觉的人来说，市场才是更适合他的地方。所以，郑立毅然决定从浙江省政府办公厅"下海"创业。

创业维艰。从零开始，更是不易。在看起来遍地黄金的商业世界中，能否赚到第一桶金，考验创业者的商业眼光和直觉。郑立下海的年代，正是中国消费者从日用消费品向耐用消费品升级的变轨时代。虽然下海之初并没有锁定未来的商业领域，但郑立其实已从更高的视角捕捉到了这一消费升级的趋势。

以手表、自行车、缝纫机为三大件的时代已然远去，而以房子、车子、电脑为"新三大件"的时代正在来临。但是对于创业之初零起步的郑立来说，不需垫付资金的代理模式是他唯一的选择。

他从电脑销售、汽车贸易和房产中介入手，切入这三大件的商业链条之中，通过代理销售掘取创业的第一桶金。房子、汽车和电脑虽然都是单价高昂的商品，但利润的大头显然并不属于处在创业起步阶段的郑立。卖一台电脑赚几十元，卖一辆汽车赚几百元，卖一套房子赚几千元——积少成多，聚沙成塔。

无论起点高低，从0到1总是最难的。回过头去看，从"新三大件"起步的郑立，彼时不正好处在房产、汽车、电脑消费爆发的起点之上吗？新世纪初的10年，正是房产、汽车、电脑消费高速增长的黄金时代。

如果没有走对第一步，再雄心勃勃的商业构想也无从实现。走对了第一步，未来的想象空间才可能铺展开来。

多元和专注的"辩证法"

事实上，透过郑立创业初期所选择的方向，你多少能窥见立元集团后续多元化产业版图的雏形。

是聚焦一点的专注深耕，还是旁逸斜出的多元拓展，这在商业界一直是个争论不休却未有定论的话题。

在郑立看来，在某个领域专注经营，更有利于实现技术突破、产品创新，成为细分领域的行业巨擘和单打冠军。但在一个技术、产品、商业模式迭代越来越快的商业时代，看起来再坚固的商业堡垒，也可能因为一个决策上的失误，在顷刻间轰然崩塌。

"移动通讯巨头诺基亚曾经多风光，但苹果公司一个颠覆性的产品，就让原来积累的优势荡然无存。哪怕是苹果公司现在如日中天，你也不能说它没有被颠覆的可能。"郑立认为，相比之下，多元拓展的好处在于可分享更多行业增长的红利，可以分散"孤注一掷"的投资风险。

在专注与多元的辩证法之间，关键是如何拿捏分寸，保持平衡。而在之后立元集团的成长史中，我们没有发现多元和专注的截然对立。郑立顺着电子通信、房地产的商业链条，逐步介入电子元器件研发生产和房产物业投资开发的上游领域。此前代理销售的经历，已让郑立对这两个领域有了透彻的理解和认知。在此基础上的多元化，并不是跟风投机，因而具有更多成功的可能。

时至今日，房地产开发、电子通信依然是立元集团三大业务板块之中的两大支柱。电子通信板块，立元曾是"神舟"飞船的电子设备供货商，已经上市的立元通信专注公安指挥平台及其关键产品的研发生产，是国内安防视讯的领军企业之一。房地产板块，立元集团自有商业房产20多万平方米，包括立元广场、元江大厦、杭泵服装市场等标杆项目，立元广场项目还获得过杭州市建设工程"西湖杯"、浙江省建设工程质量最高奖项"钱江杯"。

虽然多元化发展，但立元仍然在涉足的领域内做到了行业翘楚。郑立擅长在把握方向的同时充分放权，在多元拓展的同时保持适度聚焦，避免因过度多元化而损及公司价值。

在郑立对立元集团未来的商业规划中，电子通信和房地产开发仍是不可或缺的组成部分。不仅如此，郑立希图借助资本市场，把它们打造为能进行资源整合的产业平台，通过资本市场反哺，进一步将电子通信和房地产业务做精做优。

"立元通信已是三板上市企业。此外我们打算将写字楼、专业市场等优质的商业物业资产整合进一个主体，以商业物业投资运营为主业，进行资产证券化运作，谋求上市。目前这块工作已在筹备之中。"郑立告诉记者。

实业家的"投行梦"

在未来的商业世界中，实体经济与金融投资的交融合流将不可遏阻。郑立显然属于先知先觉者，他是浙江省乃至国内最早从事风险投资的民营企业家之一。撇开投资单论实业，并不足以解析一个完整的郑立。

"其实，在创业之初，我就在A股二级市场买卖股票了，至今可以说已经穿越了三次大的牛熊轮回。"郑立告诉记者。在波谲云诡的A股二级市场上，全身而退不易，要赚到钱就更难，不仅需要克制贪欲的定力，还需要有对市场形势的清醒认知。三波大牛市中，郑立都在市场到达顶部之前顺利离场，而且往往离高点只差一两个交易日。"我会特别关注市场成交量，如果持续放出天量，就证明危险已经不远了。"

伴随着二级市场投资经验的积累，郑立对中国资本市场也逐步建立起了一套他自己的认知体系和分析框架。"当2005年股权分置改革开始推行的时候，我就预感到中国证券市场将迎来一波前所未有的大行情。"郑立说。基于对大势的如此研判，立元集团果断切入风险投资领域，利用自有资金发现并投资具有上市潜力的未来明星公司。立元集团由此成为全国最早从事风险投资的民营企业之一。

当记者问及选取投资项目的标准时，郑立直言他非常看重两点：首先是投资项目创业者的品格，只有彼此认同，投资者和创业者之间的伙伴关系才更持久和稳固；其次是项目本身的产品技术优势以及所处行业的发展空间。

在资本市场驰骋近十年，立元集团利用自有资金直接或间接投资了近百家高科技拟上市企业，已成功上市十多家，投资业务涵盖金融、IT、互联网、文化、高端机械制造、医疗、通信等产业领域，成立了元庚、华弘、元中、九方等十多个投资基金和并购基金，投资和管理规模超过百亿元人民币，并在海外成立了多个境外资本运营中心，开展股权投资、对冲基金等金融业务。

在这个从产业资本到金融资本的变革时代，郑立用他横跨实业和投资的创业经历，完成了一次探路。十年之间，中国的创业和投资环境也经历着深刻变化：多层次资本市场提供了更多变现退出渠道，股票发行注册制改革如箭在弦，资本"过剩"推高了PE投资成本……为了应对这样的变局，郑立告诉记者，立元未来将加大对早期项目的布局力度，在天使轮投资数百家企业，挖掘更多有望长成参天大树的"种子"，立元的投资触角不仅延伸到了省外，甚至还投到了美国。此外，立元还将寻觅更多并购重组、行业整合方面的投资机会，在IPO之外开辟更广阔的资本增值和退出通路。

"我们的房产板块也在筹备上市。"郑立透露。这也意味着，若进展顺利，立元集团的金融投资、电子通信、房地产开发三大业务板块，将全面融入多层次资本市场。而在金融混业的大趋势下，郑立期待未来能申请更多金融细分领域的经营牌照，打造一个多元化、国际化的投资银行型企业集团。

这是一个实业家的"投行梦"。

对话

Q：《杭州日报》

A：郑立

Q：你的创业经历横跨实业和投资，你更希望被人称作实业家还是投资家？

A：就好像巴菲特和李嘉诚，他们虽然都是眼光锐利、嗅觉敏锐的投资者，但其实两者的路径并不相同。李嘉诚是做实业起家的，在他的产业版图中，实业始终都占据举足轻重的地位，在投资布局时也都是围绕实业。而巴菲特为人所知更多是因为他的投资业绩，他是一个更加纯粹的投资家。其实我更倾向于李嘉诚的模式，以实业为基础，同时借资本市场之力助推实业发展。

Q：做实业和做投资对一个人素质、能力、特质的要求是不一样的，那么你如何理解实业和投资这两者之间的关系？

A：我认为一个好的实业家也应该是一个好的投资家。如果只是埋头做实业而缺乏对投资的认识，他的实业也很难做好。离开投资而做实业，当他做到一定高度的时候，很可能会遭遇发展瓶颈，所面临的风险也会很大，也许因为一两个决策失误就走向沉沦。而如果你懂投资的话，就可以站在一个更高的角度，借助资本市场的力量来推动实业的发展，并分散实业发展的风险。

Q：目前立元旗下电子通信、房地产开发、金融投资三大板块均已形成一定规模，进入稳定发展期。在此背景下，外界也很关心立元未来有什么新的增长点，你有什么看好的领域吗？

A：医疗健康领域是一个我比较看好的领域。在上海，我们已经有一个干细胞、再生医学方面的项目在运作，再生医学是一个比较超前的领域，还在市场培育期。在电子通信、房地产开发、金融投资这三个已经成型的板块之外，如果发展得好，医疗健康未来也有可能成为我们另一个重要的产业板块。

企业 名片

立元集团有限公司创建于1998年，是一家由国家工商局批准注册的大型民营企业集团。旗下拥有20多家控股企业，参股近百家上市、拟上市企业。集团业务涵盖金融投资、电子通信、房地产开发三大板块。其中，立元创投和立元通信已登陆资本市场，立元房产也在上市筹备中。通过十多年的稳健经营和创新发展，立元集团业绩骄人，先后被评为全国优秀民营企业、浙江省优秀民营企业、浙江省诚信民营企业、银行信用AAA企业等。

范渊：与黑客过招

□ 李长灿 华文洁

　　总裁办公室墙上挂着十几件T恤，款式各不相同，主色调高度统一：黑、白。它们来自全球顶级信息安全大会BLACKHAT（黑帽子大会），象征着黑客和白客的交锋与交流。

　　T恤的主人，正是我们此行要拜访的范渊。

　　在人群中，范渊也许并不特别引人关注，他有着典型的南方人小个子体征，颇有书卷气的脸上总是挂着浅浅的笑意。他不像人们印象中的"黑客"——戴着眼镜、有着过于白皙的皮肤，但是他的双眼非常有神，注视之下，有一种穿透力。

　　作为杭州安恒信息技术有限公司总裁，范渊和他的团队从事的正是网络信息安全技术，在业内被称为黑客的天敌，有人叫他们"白客"——通俗一些的说法叫"网络神探"。

　　由于在信息安全领域技术创新的成功实践，范渊成为第一个登上全球顶级安全大会BLACKHAT进行演讲的中国人。他有很多的头衔，OWASP（开放式Web应用程序安全项目）中国分会副会长、2008北京奥组委安全组成员、浙江省信息安全协会安全服务委员会主任，2012年入选中组部的国家"千人计划"。

不过，他更喜欢做一个"白客"，每天24小时"看护"全国数十万个网站的安全。他也像普通人一样有自己的业余爱好：打太极、踢足球，喜欢巴西队、阿根廷队。但他会每个季度更改一次密码，这或许不仅仅是因为职业的缘故，也是一种性格。

他醉心于在网络世界做"猫捉老鼠的游戏"，因为每一次"攻防"都是一次心理的猜测，这种"看不见摸不着"的较量会让他全身每个细胞都兴奋起来。也许因此，他的皮肤看上去十分年轻。

第一个登上"黑帽子大会"演讲的中国人

和别人先求学后就业的经历不同，我2000年来到美国的时候，是直接到美国硅谷一家专注于网络信息安全公司做高级研发工作的。伴随公司慢慢壮大直到上市，在美国经历这段非典型的发展于我而言相当宝贵。

当时正赶上美国互联网概念泡沫的破灭，美国经济发展的轨迹非常市场化。虽然当时互联网泡沫破灭，但是美国对整个信息安全的认识在逐步提高。

2002年，我从美国加州州立大学计算机系毕业，首次获邀参加世界黑客的顶级盛会"黑帽子大会"，并见到了曾经的偶像——"黑帽子大会"的创立者杰夫·莫斯。后来，我们成了朋友。2005年，我再次获邀参加当年的黑帽子大会，并作了题为"互联网异常入侵检测"的演讲，和全世界的黑客分享我对于网络安全的理解。

每年，在美国拉斯维加斯的黑客大会上，都有来自不同国家的神秘高手云集，大家都在等待下一个上台的演讲者。这时音乐隐去，灯光聚焦演讲台，台下突然沉寂了几秒钟——因为走上来的是一个黄皮肤、矮个子的东方人。

不过，我更认可自己是一个"白客"，即网络守护神。事实上，"白客"比黑客更具挑战性，我是用黑客的思路想问题，用"白客"的思维解决问题。

演讲一结束，台下就涌上来一群老外，要我的产品或要与我合作。其实，这只是我在美国求学时的一部分课题研究成果，但这个并不成熟的版本依然吸引了当时很多的美国客户，这让我感觉这个市场很大。这也是我后来萌生回国创业想法的原因之一。

由老牌黑客杰夫·莫斯创立的"黑帽子大会",一直被公认为全球最权威的顶级信息安全峰会,很多人知道范渊是因为他是第一个登上"黑帽子大会"演讲的中国人。

他用流利的英语向全球500强企业IT主管阐述应用安全领域的最新研究和防御方法。演讲结束,场内响起了热烈掌声。

接下去又有了第二次、第三次……

范渊在"黑帽子大会"上声名鹊起,其后却一直致力于跟黑客"较劲"。2007年他回国创办了国内第一家专业的应用安全公司——杭州安恒信息技术有限公司,凭借他在硅谷多家国际知名信息安全公司十多年的技术研发和项目管理经验,开始致力于"在线应用安全""数据库安全和审计"、Compliance等领域的深入研究。

放弃硅谷丰厚待遇,回杭州创业

回国创业前,我是美国硅谷一家知名安全公司的高层,就在公司要上市时,我做了一个决定——回国做自己的信息安全产品。因为我相信,中国的互联网、物联网、智慧城市的发展,一定会像西方社会一样壮大。

不过,创业之初还是经历了很多挫折。那时候,中国市场对网络安全几乎毫无急迫感,有的公司还嗤之以鼻:"网站被黑有什么关系?大不了停止运转几个小时,重装一下。"

好在中国市场的局势,跟我判断的一模一样:

北京奥运会组委会安保委员会,在奥运前夕找到了已经自主研发出一系列信息安全创新产品的安恒信息。

大家现在回想起来,会觉得北京奥运会开幕式气势磅礴,光鲜而圆满。其实幕后有着鲜为人知的插曲,甚至可以说开幕之前,还有挺惊险的故事。

2008年3月的一天,晚上8点,安恒团队进行系统排查的时候,发现奥运信息网官网被黑客侵入了。从手法上看,这次进攻十分生猛,如果得逞,黑客很容易控制服务器。

控制服务器是什么概念?奥运网络的各种系统,包括售票系统、开幕式的进程、比赛的各项安排……如果黑客控制住服务器,那完全可以演绎一出现实版的

《虎胆龙威》。这种情形，即使真有超人、蜘蛛侠也无济于事。

好在安恒在为奥运信息网做服务的时候，模拟黑客攻击系统，据此建立了一道"铜墙铁壁"。晚上12点，经过我们团队的及时介入、拦截，黑客被请出，并被"以其人之道，还治其人之身"。

这一仗拿下来后，安恒信息先后成为国庆60周年安全产品和服务提供商、2010上海世博会安全产品和服务提供商、2010广州亚运会安全产品和服务提供商……将公司总部设在休闲之都杭州的范渊却没有太多时间享受这个城市的安逸，他总是在路上，或者在网上，和那些利令智昏的黑客过招。

每天，安恒信息风暴中心监测屏上，上千个监测对象在全国地图上闪烁，这是中心实时扫描监测网站提示的各种风险安全漏洞报警，扫描网站和安全漏洞数据实时显示。作为风暴中心的设计运营方，安恒信息就像一座信息安全的医院，为客户发生的各种网络信息安全问题开"处方"，远程或上门"治病"，量身定制信息安全"健康管理方案"。

守护中国公民的信息安全

在2014年"4.29首都网络安全日"全国大赛上，安恒的团队收获特等奖及两个二等奖，这个成绩不仅验证了安恒的网络安全技术能力，也让我们对保护网络安全增添了更加有力的信心与斗志。

2014年的高考我们也出了力。浙江省教育考试院是安恒的客户，自2008年以来，我们每年都为省教育考试院提供维护、排查和检测，防止木马程序恶意袭击，保证高考录取工作的正常运行。

过去，国内央企、金融单位的网络信息安全维护产品，是国外产品一统天下。2012年，中国移动公司就网络安全产品进行采购和招标。一直在国内毫无竞争对手的IBM却遭到了我们的阻击：

当年的技术测试指标，安恒的产品全面压倒IBM，技术分得了第一。中国国产安全产品的竞争力，第一次让IBM大吃了一惊。

这些年，安恒研发投入占销售收入比重达30%，所有技术都具有自主知识产权，目前拥有29项重要专利。近两三年，安恒销量每年都翻番，2013年销售额达1亿多元，2014年销售额有望突破2亿元。目前，安恒是全国六家国家信息安全漏洞库技术支撑一级单位之一。

创业七年，安恒已是国内网络安全领域的领航者，在国际上也有较强的竞争力。安恒在美国拿到了两项应用安全专利，开发了多款国际领先的反黑软件，产品已被公安部等国内权威等级保护测评机构广泛应用。

在范渊看来，真正的黑客不会休假。

因为黑客很忙，所以要和黑客过招的范渊也很忙，他对自己最满意的一个头衔是"白客"。

在他看来，黑白之分不仅是不同的道路，也是不同的理念。

"站于不同的技术起点和时代，黑客面临的诱惑也不同。最早的黑客吹口哨盗打电话，后来的黑客用银行漏洞直接划钱，现在的黑客偷盗价值无法估量的机密文件。2009年，赛门铁克调查，43%的企业是由于黑客入侵丢失专利信息。"范渊说，"当黑客用手中的技术越过道德底线寻求不正当利益的时候，他本身就在背叛黑客精神。"

如今，范渊已经不太在网上和入侵网络或者喜欢种木马赚钱的黑客直接过招，他正在试图寻找更加简单快捷的方案保护数据，然后追踪那些黑客的脚印，将他们锁定。

对　话

Q：《杭州日报》

A：范渊

Q：每年在拉斯维加斯举办的"黑帽子大会"，邀请的是世界各地相关企业、政府、学术界及民间的电脑黑客级别的顶尖高手，我们很好奇，这些电脑高手们在一起究竟干些什么呢？

A：在整整一年的时间中，黑客似乎都只在网络上存在，只有每年7月底8月初这四天，能在美国拉斯维加斯见到7000个活生生的黑客，从十几岁到七八十岁不等。

事实上，黑帽子大会不仅仅向专业黑客敞开，与会者还有来自信息安全领域各个方面的人士，包括企业、政府、学术界。从赞助商来看，它的影响力很大，比如IBM、微软等公司。内容也非常广泛，除了会谈之外，还有培训、黑客技术展示、黑客技术比拼等。

每年黑客大会最精彩的部分是黑客相互比拼环节，会有几个不同的小组来竞赛，叫抢旗大赛。这个比赛以夺旗为目标，几个不同的团队比一比攻防能力，这也是它的一个特色。

值得注意的是，与会者的电脑一旦接通大会的网络，十有八九会被各种严重病毒入侵，甚至导致报废。但这里的规矩是电脑真废了也不能找举办方索赔，只能恨自己技艺不精。当然如果某位黑客把大会的网络弄瘫痪了，举办方也不可以拿黑客是问。实际上，这真是所有顶尖黑客梦想的舞台，也是扬名立万的好机会。

Q：作为一位著名的"白客"，对于加强数据安全和隐私保护，你有什么建议？

A：加强数据安全和隐私保护，说大了，涉及国家、企业安全；说小点，网络时代个人隐私也该有多层面的保护措施。

个人隐私的保护，首先就是要知道如何保护好自己的个人信息。个人电脑要有自己的安全防卫体系，即使有了安全装置，也要时常更新。再者，浏览网站时要选择安全浏览器，莫名其妙的链接和附件不要轻易打开。另外，在密码设置上，有不少人仍然习惯网银、游戏、微博、网购一个密码走天下，后果是一损俱损。

除了密码各自不同、要用多种符号组合外，密码还要适时更换，像我个人的密码更换频率是一季度。网络时代，拥有这些良好的个人习惯才能保护自己的个人隐私。

当然，更关键的是从立法角度来保护公民信息安全，对于掌握用户个人信息的企业和机构，一旦泄露要给予重罚，这才足以有威慑力。

**企业
名片**

　　杭州安恒信息技术有限公司是业界领先的应用安全及数据库安全整体解决方案提供商，专注于应用安全前沿趋势的研究和分析，核心团队拥有多年应用安全和数据库安全的深厚技术背景以及最佳安全攻防实践经验，以全球领先具有完全自主知识产权的专利技术，致力于为客户提供应用安全、数据库安全、不良网站监测、安全管理平台等整体解决方案。

陈晓锋：我们也要有自己的摩根大通和高盛

□ 董沛文

作为典型的体制内出来的创业者，陈晓锋认为20世纪八九十年代的年轻人的想法和现在的年轻人可能有点不一样——"那时候的年轻人想家国的事情比较多，多谈论政治、经济等宏观形势，其实比较少谈论自己的个人想法、赚钱、生活什么的，在每一个人生阶段都相对比较单纯。只是想着能不能做更多的事情，把事情做得更好一点。"

2012年浙大科发起步的时候，正是当时国内投资行业最惨的时候，"创业板的窗口当时关闭了，什么时候开也不知道，总体经济形势也很差。很多人都不看好投资行业，但我那时候觉得这一定是未来的方向"。让陈晓锋萌生这种想法的，是年轻时候形成的对国内外宏观形势进行比照和判断的习惯，"实际上从欧美发达国家来看，他们的产业发展轨迹很值得我们参考，都是从传统行业开始，制造业、传统能源行业、房地产……迅速发展，到一定阶段之后会有一个萧条期，产业调整后来就奔着新经济、科技型产业、环保产业去。而在这个转换期，投资行业一定是个潜力巨大的行业"。

关于创业

很多人不知道，陈晓锋做过中国黄页的董事长。对，没错，正是马云的那个中国黄页。前段时间央视播过马云创业初期的一个纪录片，有马云当年很多珍贵的镜头，以及跑部委办局的时候"屡屡碰壁"的场景，还有那句为广大创业者广泛传播的豪言壮语："总有一天，你们都会知道我在做什么。"陈晓锋说，创业是很艰难的，当年的创业环境远没有今天来得好。20世纪末21世纪初的那几年也掀起过互联网浪潮，尽管当时的政府也十分重视，但社会的认可度及老百姓的接受度仍然不高。那时候从事互联网的人如今大多数都倒下了，那时候从事互联网业务的公司如今许多也都不见了踪影。只有意志坚定、不怕挫折、思想敏锐、脚踏实地的创业者才能获得成功。

陈晓锋自己有着非常丰富的创业经历和体会，这一点也为他做投资提供了很多宝贵的经验。"创业过的人和没有创业过的人，反映在看项目上会有非常大的差别。只有自己真正做过，你才会真正了解一个企业的日常运作、运营、难点以及团队的重要性。"创业成功者的传奇和故事，在现在的新媒体上广泛传播，也使人形成了一种错觉——他们能成，我也能成。"显而易见，创业不是每个人都适合，不然大家都出来创业了，那么多政府机构、公益组织等等，谁来做呢？大家看得到的都是成功者的成功，看不到的是失败者的沮丧和落魄。"在陈晓锋看来，创业是一件极其复杂的事情，要想成功，得靠天时地利人和。"构成创业成功的要素非常复杂，而且不可捉摸。有的时候你明明方向对了，团队也不差，但就是没做成，这也很正常。李克强总理提出我们要借改革创新的东风，在中国960万平方公里的大地上掀起一个大众创业、草根创业的新浪潮，这是非常正确的，也只有这样才能真正激发出创造力，实现产业转型升级。但是每一个创业者心里要非常清楚，创业成功目前总体来看还是属于小概率事件，要做好充分的思想准备，同时也要允许失败。"

具备了什么条件的创业项目更有可能成功？"首先，当然你的项目要符合当下的经济发展方向和产业发展方向。你要想到一个很好的点，切入到当下的经济热点中去，可以讲一个完整的故事。接下来，就是如何把你的故事付诸行动，把理念和想法做出来，从这个角度来说，团队就显得非常重要。尤其当下的互联网产业和移动互联网产业，可能从任意一个不错的切入口进去都可以有无限的想象空间，但关键还在于怎么整合资源把这个想法给实现了。大多数创业者可能都能想到一个不错的点子，但把这个点子变成现实，是一个巨大的考验。"

关于投资

浙大科发自2012年成立以来，发展迅速。依托浙江大学人才、科技优势，其"相中"的很多项目都发展迅速，有的成功上市，有的前景广阔。陈晓锋总结浙大科发看项目的标准是八个字：国际潮流、中国特色。"传统行业我们基本不投，一定要是新兴产业。这些新兴产业既要符合国际产业发展方向，比如互联网、高科技、环保等等，同时还要兼顾中国特色，说得通俗点，你得'接地气'，要适合中国整体的宏观经济走势、政策环境，具有可行性、可操作性，符合市场规律。"这是浙大科发的投资逻辑。同时，在后续跟进上，浙大科发也有自己的特色："我们会安排自己的行业经理、专家以及财务和法律人员全程跟进项目。"注意，包括财务和法律，浙大科发用的都是自己的人。"我们不请中介机构来做，就是要确保项目发展的健康和规范，做到自己心中有数。"在帮扶项目发展方面，浙大科发充分利用浙大在人才科研上的优势，"北京有个项目，环保方面的，申请了'863计划'，但是在完成研发的最后阶段遇上了困难，如果请不到专家只能暂停。跟我们联系之后，我们找到了浙大能源系的教授——这个领域国内最牛的专家，只用了一天时间就为企业对接上了这个专家，很快双方就有了实质性合作。最后863项目也如期完成。这是我们非常大的一个优势"。

包括阿里巴巴在内的众多国内知名互联网公司上市的时候，很多人发现几家公司的投资者都是诸如软银、红杉、摩根大通、高盛、瑞银等国际知名投资机构，不见任何中国投资机构的身影。"目前我们国内做得最好的创投机构，也不过是管理大概300亿元人民币左右规模的基金，和这些国际大佬比起来，差距不是一点半点。"关于这个问题，陈晓锋自己也做过很多思考："想想也挺奇怪，目前我们国家在很多产业，尤其是传统产业，产量和产值都排在世界前列，比如煤炭、化工、汽车……想来想去似乎只有一个行业很弱——投资，基本是小学生级别的。所以这也就能解释，为什么像Facebook、微软、亚马逊这些超级科技企业会出现在美国。因为所谓的创业创新，它不是一个单一的行为，必须有一个全社会合理的资源配置机制，它可以把各种资源从其他行业、产业配置到新兴的产业中去，这才能够支撑新兴产业的长足发展。在一个创业创新的发达国家里，一定有一些规模很大、很知名的创投机构做支撑。目前，中国的创投行业还处于一个起步阶段，我相信国家已经意识到这个问题，在鼓励大众创业的同时，一定会更进一步促进国内投资业的发展，投资业的发展一定会增强创业创新的输血功能，保证创业创新的持续动力。"

因为当下互联网经济的蓬勃发展，投资行业也呈现出繁荣景象。"很多人说我们的投资行业在这两年突然进入春天了，在我看来可能不是进入春天了，而是快进入盛夏季节，有点过热了。"陈晓锋认为目前行业还存在很多的问题，比如在投资偏好和策略上，"包括很多的GP（发起人）和LP（投资人）都存在一个问题，就是喜欢押宝式的投资，看中一个项目，几乎把整个基金的钱都砸到上面去。对外宣传的时候，很多机构都会说，你看看我投了两个项目，都很厉害，回报率多少。殊不知，风光的后面还隐藏着一些投资失败的项目案例。所以，在我看来，一个真正有实力且对投资者负责的投资机构，不应只关注一两个很牛很成功的项目，更应该关注基金整体的回报率。你所有基金的回报率是多少？这个才能看出一个投资机构整体实力。说到底，投资机构要为投资人负责，要带着负责任的态度和专业精神来做这个事业"。

国内投资业的良性发展，也有赖于投资文化的逐渐形成。"阿里巴巴上市，我们都在说软银怎么怎么有眼光，殊不知人家投资了十多年。十多年，国内有多少投资者能有这样的耐性？我们发一些基金，回报期五年，很多投资者都嫌时间太长。而这对于投资初创企业和科技型企业的创投机构来说，这是非常正常的投资回报周期。国内的创投机构实际上也是非常难做的，要投好的项目，同时回报周期又不能太长。国内的投资文化也同样需要一个培育期，在一个健康、成熟的投资市场里，一定有很多非常有耐性、有眼光的投资者。"

┌─────────┐
│ **企业** │
│ **名片** │
└─────────┘

　　浙江浙大科发股权投资管理有限公司是由浙江大学和丰海投资等共同发起成立的专业投资机构，具浙江大学人才、科技优势，又兼浙江地方特色。公司投资管理团队大部分来自国内最早从事投资行业的专家，是国内最优秀的投资经理团队之一，是中国股权投资、创业投资的先驱者和探索者。其在股权投资领域取得过傲人业绩，团队投资成功上市企业多达数十家。

柳阳：一切都很平常

□ 余加新

因与柳阳约在9点半，我提前20分钟抵达杭州双城国际楼下。周末上午，杭州滨江有点冷清。

正四顾，一辆黑色大众越野不疾不徐驶到楼前，那车风尘满面，想必多日没洗了。车停，一大学生模样眼镜男子跨出车外，一身休闲打扮，中等身材，不胖，略瘦，看上去和车子一样低调。男子抓起双肩背包，单肩斜挎，晃晃悠悠，走向前来，像是要去图书馆看书的同学。

"你是柳总吧？"我迎上去介绍自己。凭感觉，他就是那个人。

"哎呀，不好意思。"两个男人匆匆地握了手。他很客气，我想我有点唐突，因为，几天后我还在想，当时他为什么要说"不好意思"呢？

"你先上去，我一会儿上去找你。"我像一个任性的老师，对自己乖巧的学生说。

"好的。"男子点点头，彬彬有礼。

他一说话就笑，两边嘴角上翘，出现一个很好看的弧度，这让他显得非常真诚、富于感染力，也让他看上去比实际年龄要年轻许多。偶尔，他会有点不经意的腼腆，恰到好处。

从国企员工到上市公司恒生电子创始团队成员，从鼎聚投资创始人兼天使投资人到P2P平台米牛创始人，他的经历里面找不到大开大合，看不出跌宕起伏。

"很平常啊，我觉得自己没什么特别的经历，一切都是慢慢发生的，水到渠成的事。"他呵呵笑着说，提供不了惊天动地的经历，他有点不好意思。

他说，对企业家或者创业者来说，比刻苦更重要的是学习、合作、分享和战略视野。但我想，那些让他无往而不胜的法宝里，一定还有乐观和真诚。

起：去北京，父母反对；在国企，看不到任何希望

柳阳想来想去，觉得他看起来"平常"的生活，在小时候还是有些不平常的。

因为父母好学上进，轮流进修学习，孩子照顾不过来，柳阳经常被派去跟着外婆过，因此上小学时转了四次学校。可能是和外婆在一起的缘故，调皮劲一旦放纵出来就变得不可遏止。"从小到大，我的成绩在班里一直中上，进不了前五，掉不出前十。但我的捣蛋水平肯定是班里最顶尖的。"想起从前，柳阳一脸兴奋。在课堂上偷看闲书，和班里的同学逃课出去玩，怎么捣蛋怎么干。初三中考前，和同学打闹把手弄伤，写不了字，休了一年学。

"这辈子考试考得最好的两次就是中考和高考。"柳阳哈哈哈地笑，有些小得意，"我属于考试型选手，考试越重要，就会越专注，表现就越好。"

实际上，柳阳一直都是那种偏科比较严重的学生。喜欢的课，肯定是学霸级别的水平。不喜欢的课，就不会认真对待，"弱爆了"。

高考结束填志愿，柳阳先定了两个标准：1000公里范围内的大学，专业要和通信电子相关。最后，他进了山东大学电子工程专业。因为喜欢，与计算机相关的课程柳阳都能做到最好，他很喜欢动手做电子设备和模型。

大学毕业那天，母亲扔给柳阳600元钱，告诉他，以后不再管他了，能成什么样子，全靠他自己。"我家条件不错，父母在经济上对我的支持一直不遗余力，从那

天开始，断了。"

本来定下来要去北京的航天部，父母反对，柳阳只好临时回杭州进了一家国企，每月花300元租个住处。"国企环境一般，到宿舍的交通工具都没有，工资又很低，看不到任何希望。"白天在单位，晚上，柳阳在北大方正出版中心兼职干活"蹭饭吃"，周末还帮着出差。后来，他索性辞职进了一家广告公司做出版中心主任。

没几天，柳阳又不想干了，他想去和计算机相关的外企或者合资企业——当时流行这个。

承：被连哄带骗，进入恒生电子，遇到这辈子对他影响最大的人

去人才交流会，柳阳挤在心仪已久的UT斯达康人潮汹涌的应聘队伍里，一身臭汗。好不容易快要轮到了，后面的人发狠一推，柳阳生生被挤到了旁边的一张桌子前，只见四个字"恒生电子"，听都没听过。

怎么办？只好了解一下再说。

"那是1995年，恒生电子刚创办，十个人不到。他们给我描绘了一幅美丽的宏图。他们告诉我，一个月1500块钱，保证不会让我出差。"柳阳哈哈哈地笑，"到单位第二天，就派我去出差，知道上当受骗了。大年三十才回来，第一年在杭州只待了20天。领工资的时候，只给我发900块，说其他的先欠着，年底再发。"

为什么会一直干下去？

"老板比我努力很多，他每月只领300元钱。他把事情想得非常细，愿意站在别人的角度来思考问题，愿意分享，包括利益。大家在一起工作很愉快，整个团队投入度、凝聚度都非常强，能看到公司在成长、发展。"

从最早十几个人，到如今6000多员工、800多亿元市值，柳阳见证了恒生电子成长的过程。柳阳一直认为，以首任董事长黄大成为灵魂的恒生文化对他后来的为人处世、行为方式影响最大。"到现在，我还经常会不由自主地把恒生电子说成'我们公司'。"

两年后，柳阳和恒生的几个业务骨干想自己出去创业，恒生做出决定，吸收他们几个人为股东。"从财富积累的角度看，这件事对我影响最大。恒生董事会当时

思想就很开放了，非常不容易。"

从最早的工程兼销售干起，到一个人的西南中心主任，再到负责恒生第二代、第三代证券交易系统，成为研发中心总经理，又负责恒生的国际业务，柳阳和恒生的团队一起日渐成熟，开始和诺基亚、阿里巴巴、华为有了合作。

阿里在创办淘宝的时候，柳阳负责的恒生电子国际业务部最高时派出了140多人的技术团队，协助做淘宝的前台实现和后台核心搭建，人数甚至超过淘宝团队本身。但后来阿里觉得技术是他们的核心竞争力，恒生也觉得合作业务不是战略方向，于是恒生把这一块业务卖给了诺基亚。

柳阳转向负责公司的战略投资和财务投资，年景有好坏，投资回报不稳定。财报则要求更持续稳定的增长，恒生把高风险的股权投资和二级市场投资转向稳定性更好的以固定收益为主的投资。

柳阳对金融的理解，都是在恒生电子打下的基础。

在那里，他还懂得了如何做人和做事。

转：做浙江最好的天使投资人，有赚有赔，完成了资源积累

作为一个市值几百亿元的公司的创始股东，日子很不错了。

但柳阳自己创业的想法一直在。

2011年4月，他和恒生电子的几位高管一起成立了鼎聚投资，正式开始做天使投资人。离职时，他们和老东家达成口头协议，IT、软件相关领域推荐给恒生投，自己不做。

所以，鼎聚早期的主要投资方向是连锁商业、生活服务类的项目，像音之舞、丁哥黑鱼馆、俊平等。这些投资显然偏离了天使投资普遍偏爱的互联网、智能硬件方向。

由于连锁经营对管理能力的要求非常高，项目的发展速度达不到鼎聚的预期。柳阳和他的创始团队开始尝试一些与恒生没有直接竞争关系，但与原来背景又稍微有点相关的领域，比如轻游戏：电动汽车领域。

恒生大股东换人后，柳阳终于可以放开手脚一搏，进入他感兴趣的所有领域。作为天使投资人，柳阳的鼎聚投资所投的30余个项目，包括生活服务、清洁能源、

游戏、互联网四大领域。他2013年投资的时空电动汽车，目前市值已经在10倍以上。他被评为"浙江省十佳天使投资人"。

有成功，就有失败。也有项目在苦苦挣扎。

"有些学费是必须要交的，我们一直在学习。在做天使投资人的早期，我们每个礼拜都会和江南会一起推出创业沙龙、项目路演，会邀约行业专业人士，交流分享。这些年，在鼎聚的平台上，我们积累了很多经验和人脉资源。"

在鼎聚，柳阳投资了不少互联网企业，在这个过程中，他和创始人一起探讨创业模式和遇到的问题。他做创业大赛的评委，接触了很多互联网创业者，也交了很多良师益友，扩展了视野和人脉，而且，定下了未来发展方向。"从一开始的分散投资，到现在要聚焦回来，精力要集中在互联网金融领域。"

柳阳说，在鼎聚，他对互联网有了更深刻的理解，也积累了很好的人脉。

合：做一家面向老百姓的普惠金融公司，让每一个普通人都能投资赚钱

米牛的萌芽，始于2012年年底。

开始，柳阳还只是以投资人的身份介入，尝试一段时间后，他发现他的想法通过投资无法完全实现，于是决定自己做。"我希望在行业里有一定影响，要有一个除了投资人之外的身份。"

2014年5月，柳阳带领着一支分别来自阿里巴巴、恒生电子、中新力合等在互联网、IT服务、金融服务领先企业的骨干人员开始创业。9月，个体网络借贷（P2P）平台米牛网上线。

在这个平台上，米牛承担借款中介服务。出资人通过P2P的方式借钱给需要资金的借款者，享受年化10.8%左右的固定收益，不承担风险。借款者提交一定比例的保证金，通过向平台上的投资人支付固定的利息，借钱放大投资资金。风险控制则由米牛系统来解决，系统每隔15秒钟扫描一次账户，评判资金是否安全。

一个月后，米牛累计投资总额超过一个亿，"当时预期达到一个亿要好几个月"。

在招商银行杭州分行与米牛网签署资金监管协议、开立资金监管专用账户后，2015年3月18日，米牛网获A轮融资4980万元，迅速跻身国内互联网金融平台一线

阵营。

随着牛市的深入，12余万人在米牛网平台上进行了投资，累计投资额超过22亿元，如今，每两天就能达到一个亿的投资额，P2P投资人已分配了2600万利息。

对米牛的未来，柳阳很有信心，"互联网金融是相对空白的一个区域，想象空间很大"。

柳阳对米牛的理解，是一个真正面向老百姓的普惠金融公司，有100块钱，就可以投资。而在传统金融投资领域，好的产品起售门槛动辄几十万，对普通大众来说，门槛太高了。

阿里巴巴通过20年的努力，改变了传统零售业。而柳阳，希望通过他和他的团队的努力，能给金融行业带来一定的改变。

对 话

Q：《杭州日报》

A：柳阳

Q：你平时怎么工作？

A：现在一周至少工作六天吧，每天超过14个小时。有时候，公司人手忙不过来，会亲自上阵做客服工作，了解客户需要。

Q：那你有什么个人生活吗？

A：以前会去游泳，打网球。水平都还不错，是请专业教练教的。现在没有时间去了。

Q：对你来说，什么最重要？

A：肯定是家庭。只要有时间，晚饭我都会争取回家和父母一起吃。

Q：你希望未来的生活是什么样子的？

A：希望能多陪陪家人。希望能多花一些时间在培养自己的兴趣爱好上，比如游泳和打网球。希望能和国外创业者多一些互动和交流。希望年底能成立一个美元的天使基金，一方面吸引美国方面的华裔团队到国内来创业，另一方面也投资一些美国当地的项目。希望米牛将来能超过老东家恒生电子的成就。希望将来能把米牛作为一个平台，围绕米牛打造一个生态圈。

Q：你认为一个企业家或者创业者最重要的素质是什么？

A：首先是需要不断学习的能力，对新事物、新技术、新合作伙伴，都要用开放的心态去拥抱；其次要有合作精神，必须把工作分下去，一个人是干不完的；还要有一定的远见和视野，需要能引领战略方向；要学会分享，尤其是在互联网行业，这个很重要，要分享经验，分享财富，分享荣誉。刻苦并不是事业成功的必要条件。

Q：那你每天为什么还工作14个小时以上？

A：那是没办法的事，企业早期，所有没人做的事情，创始人必须能顶上。到一定的阶段，创始人就应该多花些时间从具体工作中脱离出来。做企业，也不是非要苦哈哈的。优化流程、调动大家把事情做好，很重要。

企业名片

米牛网（*miniu98.com*）是目前国内领先的个体网络借贷（P2P）平台，一方面满足小客户、小公司投资和业务发展的资金需求，另一方面满足中产客户的资金寻求安全稳定的固定收益的需求。总部设在杭州。公司由恒生电子创始人及中新力合高管二次创业成立，已吸引上海报业集团和阿里巴巴系创始人亿级投资，目前由招商银行进行资金监管。

创始人柳阳生于1973年，浙江兰溪人。1995年获山东大学电子工程学士学位，曾攻读浙江大学计算机系硕士（未完成学业）；1995年年底加入恒生电子股份有限公司，为创始股东，历任恒生电子监事长、集团副总裁、资产运营总监、国际事业部总经理、研发中心总经理；2011年4月与其他伙伴共同发起创立杭州鼎聚投资管理有限公司，获得"浙江省十佳天使投资人"称号；2014年5月创立米牛网，并任CEO。

刘明峰：做中国滨水生态修复与保护的综合运营商

□ 李长灿

与水结缘。

水象征着生命，也孕育着财富。刘明峰自创业以来始终没有离开过千年古运河。

与刘明峰的会面，就选在距离运河河岸200米的爱立特公司总部。董事长办公室里有惯常可见的整面墙书架，有葱茏的绿色植物——不过，与别的董事长相比，刘明峰不仅亲自挑选每一盆植物，而且亲自照顾这些植物。

出生于杭州市余杭区运河街道的刘明峰，从小就在大运河畔生活、嬉戏、学习、成长……多年之后，由他一手创立的爱立特公司"生于运河之滨，兴于拱宸桥畔"。

悠悠千年，古老运河纵贯南北，其奔腾不息的水光波涛中，沉淀了厚实的精神财富。"正是这份精神财富，成就了我，也成就了爱立特。"刘明峰说。

绿色产业天地广阔

刘明峰的创业道路，从一次偶然开始。

第一次接触到无土草坪项目时，刘明峰刚刚从浙江大学毕业不久，尽管所学的经济管理专业与园林景观的专业知识相去甚远，但是刘明峰认定绿色产业天地广阔。在其后的整整两年时间里，刘明峰刻苦学习园林景观方面的知识，从一无所知的门外汉到成了半个专家。

2003年4月，25岁的刘明峰创立了爱立特。

每一个创业者，都曾走过一段艰辛岁月。与浙江众多中小企业初创期一样，当年刘明峰的团队人数不多，而且没有明确的分工，作为领导者的他在公司里扮演着众多角色。

"那时，既要做销售，又要做采购，甚至还要做财务。"刘明峰说，一人分饰多角的经历，锻炼了他各方面的能力，更磨砺了他的毅力。

经过11年的打拼，经过一个又一个工程的磨练，创立之初的小公司逐步发展壮大，2010年成为国家城市园林绿化一级企业，业务涵盖滨水生态修复、园林景观营造、技术研发、水生植物和苗木培育、工程设计、施工与养护的全产业链。而爱立特公司也连续三年被评为浙商最具投资价值企业，2012年7月引进信中利资本集团的投资，筹备上市。

创业的第一步走稳了，但刘明峰想走得更好，走得更远。

2011年前后，国家战略性新兴产业规划和"十二五"规划陆续出台，节能环保产业被确定为国家七大战略性新兴产业之一。嗅觉敏锐的刘明峰，从中看到了爱立特的未来——滨水生态修复与保护。

"首先，生态环境建设成为小康社会建设的重要内容，环保产业将大有可为。其次，人的生活品质，与他的居住环境密不可分。中国的城市化进程在不断加快，随着人们生活水平的提高，改善水质和生态环境、提高生活品质是当务之急。因此我认定这个生态产业还有巨大的成长空间。"

更重要的是，生态环保产业能给人幸福感。河水变清，堤岸变绿，空气变清新，不仅造福社会、造福他人，也让刘明峰自己有一种成就感和满足感。"环保产业与别的产业不一样。我现在做的每一个项目都是在为人类造福，为子孙后代带来益处。"

也正是因为从事生态环保产业，让刘明峰更看重"责任"二字。"爱立特的企业价值观第一条，就是要做有社会责任感的企业。"

如当初刘明峰为自己企业所起的名字一样：爱立特，Elite，精品。从诞生开始，它就只有一个宗旨：追求一流品质。

滨水生态修复与保护

谋定而动。

生于运河畔的刘明峰，骨子里对运河及河流有一份情结。但从园林景观向滨水生态修复的转型，是深思熟虑的结果。此前，他一直在反复地琢磨，领会国家战略，向专家与智囊团请教，再从曾经参与过的西湖综保、运河综保、三江两岸生态保护、西溪湿地保护等项目中总结经验，最终认定了滨水生态修复这一方向。对于爱立特来说，从园林景观走向滨水生态修复，不是生拉硬拽，而是顺势而为。

刘明峰对此很有信心。

也是在运河畔，爱立特与杭州银江环保科技有限公司正式结成战略合作伙伴。两家国家级高新技术企业，在环保理念上一拍即合，走到了一起。这代表爱立特从此打破了滨水生态修复与保护的传统操作模式，开始在滨水生态修复与保护领域提供一站式服务。

在刘明峰看来，与银江环保的合作不仅能为项目出资方带来降低施工成本的好处，更重要的是开拓了滨水生态修复与保护项目的新模式：不加任何化学品，用各种高等水生植物净化富营养化水质，提高水体的自净能力。

"我们培育出一系列功能性植物，让花花草草把污水'吃'干净。"刘明峰说，爱立特滨水生态修复的"法宝"是一批植物：它们能吸收富集水中的营养物质，增加水体中氧气的含量；能抑制有害藻类的繁殖，能遏制底泥藻营养盐向水中的再释放……平时不起眼的水生植物功能可不小。

"要想在未来几年有更大的发展，我们必须走差异化路线，通过转型提升企业的核心竞争力。"在刘明峰看来，把兴趣发展成事业是人生一大幸事。而成就这件幸福之事的是专注的力量，专注行业最新动态与技术发展。

每一种新商业模式的出现，都意味着一种创新、一个新的商业机会的出现，谁能率先把握住这种商业机遇，谁就能在商业竞争中拔得头筹。

很显然，刘明峰拔到了这个头筹！

他雄心勃勃且自信满满："我们要成为中国滨水生态修复与保护的首席综合运营商！"

科技和人才是最重要的推动力

刘明峰说，爱立特就像自己的女儿。她健康成长到今天，科技和人才是最重要的推动力。

"可能在外人看来，种花种树就是体力劳动，能有多少技术含量？但我可以告诉你，同样是种树，我们能够通过栽种不同植物，吸附不同的污染物，净化空气和污水，甚至能够通过植物吸收土壤中的重金属残余，从而净化土壤。针对不同的环境状况，给出不同的设计方案，在营造景观的同时，借助植物的力量修复和保护环境——这就是生态修复，这就是科技力量。"

在刘明峰和他的技术团队眼中，花花草草的作用不仅仅是美化环境、愉悦身心，它们对于环境巨大的"治愈"力量才是核心价值所在。

企业越发展，刘明峰越感觉到人才的重要。为此，爱立特加强了与高校的合作，加大了科研投入，并在浙江农林大学设立爱立特滨水植物研究院和爱立特创新创业班，每年选拔培养30到40名学生在爱立特的产业链上下游进行创业创新，从而为爱立特和社会培养后备人才。

"爱立特的分支机构每到一个区域，首先会与当地高校进行合作，保证人才与科技的来源。毕竟生态环境不同，我们必须因地制宜，博采众长。"

刘明峰还邀请浙江千里马人力资源开发有限公司对企业的员工进行职业规划和培训，从而筛选出适合企业转型升级的人才。

爱立特的正式员工中，具有专业技术的人员占到总数的85%。

人才要进得来，更要留得住。待遇可以留人，情感可以留人，美好的前景更能留人。刘明峰的办法是，让员工的个人职业规划与企业的战略规划有机地结合起来，同成长，共发展。

"作为董事长，我主要做两项工作：一是制定公司战略，二是打造企业文化。这两件事，一个是方向，告诉大家怎么走；一个是告诉大家应该信什么，坚持什么。只有当爱立特每一位员工都认同公司的价值观，才能产生核心凝聚力。要让员工能够参与公司的一些重要决策，让他们真正地感受到自己在公司中的地位，当企业文化和员工的价值观一致时，当企业文化充分体现在对员工的尊重中时，员工会与企业融为一体。"

办公桌上堆着各种资料，电脑和iPad里存着最新的行业动态、政策动向，随时可以调阅……学习与创新，始终贯穿在刘明峰的生活里，也贯穿在爱立特的企业文化里。

"我理解的创新，包含科技的创新、人才机制的创新和商业模式的创新。科技和人才一直是我们看重的，商业模式的创新，我们也在进行中。"刘明峰说。

对话

Q：《杭州日报》

A：刘明峰

Q：您是如何解读运河精神的？

A：我从小就出生在运河边，喝的水也是运河的水，创业也在运河边，可以说是与运河结下了不解之缘。很多成长过程中的体会和感悟都来自于运河。如今公司转型后所涉及的主要领域也是水环境，包括河道、湖泊、湿地保护等。

因此，营造运河企业文化，无疑更加符合企业今后的发展。希望我们的企业能像古运河精神一样，执着、坚持，在这个新兴行业中坚定不移地走下去。

Q：您儿时的梦想是什么？何时开始有创业这个想法的？

A：我小时候虽然没有十分明确将来从事什么职业，但我很坚定地告诉自己，一定要在25岁之前，找到自己感兴趣并能够为之奋斗的行业。真正开始有创业想法是在换了两年的工作、尝试了不同的行业、积累了一定人脉之后，在跟朋友的交流过程中，我慢慢形成了创业的想法，最终在2003年下定决心，付诸行动。

Q：您为何将滨水生态修复确定为企业转型方向？

A：首先，国家未来几年内将投入4万亿元进行水利建设，像生态环境建设和保护等环保产业更是为国家所大力提倡，因此在大方向上不会错；其次，中国的城市化进程在不断加快，人们生活水平也在不断提高，因此改善水质和生态环境、提高生活品质就成了当务之急，因此我认定这个生态产业还有着巨大的成长空间；第三点，我现在做的每一个项目都是在为人类造福，是为子孙后代带来益处的。这是我敢于转型的三个重要原因。

Q：您觉得创业最重要的品质是什么？

A：主要体现在做人做事两方面——诚诚恳恳做人，认认真真做事。不断坚持，对所遇困难持有信心，自助者，天助之，对自己有信心之后，自然会有朋友乐意帮助你渡过难关。

Q：是什么支撑着您持之以恒地从事公益环保事业？

A：企业的发展本身是需要靠整个社会来支持才能赢得利润的。所以企业应当有社会责任感，应当在力所能及时，回馈这个社会，我们爱立特作为一个跟园林绿化、生态修复相关的行业，更应当成为环境保护的先行者。

企业名片

杭州爱立特生态环境科技有限公司，是滨水生态修复领域的领军者，是涵盖研发、培育、设计、施工、养护于一体化总承包的生态环境建设综合企业。作为一家国家级高新技术企业，爱立特坚持科技先导、研发先行的发展战略，精耕细作于滨水生态修复、水土保持，拥有经验丰富的专业园林绿化施工队伍及全产业链的服务，立志成为"中国滨水生态修复与保护的首席综合运营商"。

裘加林：做智慧医疗行业的引领者

□ 华文洁　李长灿

在董事长办公室里见到裘加林本人时已近黄昏时分，经过一整天高密度高强度工作，疲惫在他脸上丝毫未现，此时的他仍是神采奕奕，全身散发着激情、活力的年轻企业家气息。要逮到这位"空中飞人"真的很不容易，约访三次才得见真容。

一个半小时的采访时间里，裘加林的脸上始终洋溢着微笑。母亲在他年少时教育他与人为善，而1977年出生的他已有丰富的人生阅历，他喜欢历史，好诗词，精通诸子百家，除了工作，对于经济、历史、哲学、社会亦能侃侃而谈。

他说自己家庭观念很强，但现在工作太忙，每每回到家都已经是次日凌晨，孩子已沉沉睡去。作为银江股份的CSO（即首席战略官）和银江智慧医疗集团的董事长，他每日保持十几个小时的工作时间，但他毫无怨言，甚至乐此不疲。

采访前一周，裘加林和重庆、贵阳两座城市各签下一个"大单"，合同标的分别是5亿元和30亿元。就在约好采访的这天上午，他又接待了一批来自天津滨海新区的政府考察团。

究竟是什么项目这么值钱，能吸引远方的客人络绎不绝地慕名而来呢？

简单来说，这个项目就是基于互联网应用手段的医疗业务。

"医疗信息化正处于一个加速发展的时期，先进地区的信息化要继续迈进，落后地区的医院正在向领先发展的医院看齐，医疗信息化正走出医院范畴，面向居民的智慧医疗应用才刚刚拉开序幕，这是个万亿级的市场。"裘加林从容地说。

一

2009年，裘加林首次提出了"智慧医疗"的概念。

彼时，国内的医疗软件市场基本都是在做工程，而非单一的软件产品。医院需要一个软件，软件公司则需要首先安排人员对医院的业务、诊疗、流程进行调研，然后再针对医院自身的业务特点和需求进行软件的开发、调试和安装，整个工程下来需要数月甚至数年的时间。

裘加林说，综观当时国内的HIS（医院信息系统）或者EMR（电子病历）公司，大都拥有数量庞大的工作人员。所以说，医疗行业软件市场演变为携带产品的项目、工程。

不过，由于当时医院业务流程无标准、共享数据无标准等原因，HIS大量低水平重复开发、难以移植推广、数据难以共享。电子病历、医学图像系统和远程医疗的发展更需要加强医院信息标准化的建设。

裘加林就在这个当口提出了智慧医疗的概念，即通过云计算、传感网、物联网等互联网手段，做到医疗技术的融合和医疗信息的共享。

他给我描绘了这样的场景：看病问诊不需要再到医院排队了，就诊缴费不需要排队等待了，鼠标点点药品自动送货上门了，健康咨询通过手机访问就能完成，甚至连做全身检查，只要输入相关数据，后台即可给出相应的健康指导。

这样的场景在以前看来简直是天方夜谭，而如今，在互联网技术的影响下，正在一步步变成现实。

"未来，我们不必请假一整天排队看病；未来，我们不用舟车劳顿为了取一张报告单；未来，我们的病史不会再是碎片化的……"裘加林说。

银江智慧医疗集团做的是医院整体信息化"总包"，通过各种信息技术的自主应用开发，提供医疗信息化的整体解决方案。

医疗信息化，这在现在看来是顺理成章的事情，但在早两年，并不被大多数人所理解和接受。而拥有预知判断能力的裘加林则在其中看到了大势所趋和商业价值。

二

在加入银江集团前，裘加林已经从事了七年的电信业，对信息化行业有着敏锐的"嗅觉"。"信息化发展常常是有迹可循的。"

他举了一个例子：电能被发现和被广泛使用是在第二次工业革命时期，一开始电主要被应用在生产上，后来人们发现，电可以应用在交通、医疗、教育等各个领域。

"这些应用并不算创新，互联网也同理。"裘加林说，互联网对医疗行业的渗透和改变，是先进行业领域技术应用到传统行业中的结果。经历了电信行业的"历练"，裘加林已经掌握了产业信息化的规律和特点。"把互联网应用到医疗行业中，也如电的应用一样顺理成章。"

对于没有任何医学基础的裘加林来说，"试水"其他行业的信息化似乎更顺理成章，为何首先选择了医疗这个专业要求更高的行业？裘加林微微一笑，没有直接回答这个问题，而是谈起，近年来，中国的医疗资源呈现匮乏的情况，各类医疗纠纷事件也不断出现。这些大家都是有目共睹的。

"有矛盾的地方就有需求，医疗行业的市场潜力巨大！"带着这样的想法，裘加林离开了熟悉的电信行业，于2008年转投对他来说完全陌生的医疗行业。

一开始，他所做的事情并不被大多数人看好。曾经，有人拍着他的肩膀说："你对医疗行业根本不懂。"

为了更好地推广自己的理念，裘加林只能一遍遍地给别人讲解理念、分析行情。2010年，他参与了《智慧城市》《智慧医疗》丛书的编写；2012年，他首次推出了医疗信息化整包模式。

裘加林用实际行动告诉大家："我的判断是有预见性的。"

三

短短一年多时间，银江智慧医疗集团已签订的智慧城市有智慧温州、智慧新郑、智慧贵阳等。通过建立样板示范城市，银江向更多的城市传递建设"智慧健康城市"的信息。

2013年，裘加林提出"做深智慧医疗"的创新思路。时隔两年，银江已经在智慧医疗这条路上走得越来越扎实，不断引进高端技术人才，组建了一支理论与实践相结合的高水平人才队伍。据了解，银江智慧医疗集团已获专利16项、著作权201项、产品登记证40项。

裘加林说，现在他们已服务于全国600多家大医院，成为国内领先的整体解决方案提供商、"智慧医院"的设计者和建设者。

2015年4月9日，裘加林代表银江医疗集团与重庆市南岸区签订了"智慧健康战略合作协议"，合同标的5亿元。

裘加林认为，市场的反应说明，"医院的封闭围墙正在被慢慢拆除，互联网技术正在颠覆着传统的就医和健康管理模式"。

事实上，通信工程专业出身的裘加林，是国内第一批信息化通信方面的人才。早在大学期间，他就为自己规划好了人生的道路：25岁做技术专家，30岁做营销专家，35岁做管理专家，40岁做资本专家。这样清晰而又长远的规划给他带来了奋斗的目标和前进的动力。

回顾自己的职业生涯，裘加林用"激情"和"极致"两个词来概括，这也是银江智慧医疗集团的企业文化。他认为激情是做成一件事情的前提，而极致包含了目标、使命和价值观。

裘加林有一句口头禅：能赚钱的叫做生意，能持续赚钱的叫做企业，能持续赚钱的同时还能造福人类，这才是事业。

在裘加林看来，以智慧医疗为核心之一的智慧城市项目是他可以为之奋斗一生的事业。"对我来说，这就是我选择的道路，无论怎样，我都会走下去。"

对 话

Q：《杭州日报》

A：裴加林

Q：医疗行业的信息化其实很早就有人在做，你所做的和别人有什么区别？

A：早些年，国内的HIS或者EMR公司普遍存在的问题是没有行业标准，很难提升医疗行业的整体水平。银江智慧医疗集团通过建立区域性医疗信息共享平台，建立起"大病进医院、小病去社区"的医疗服务模式，成为国内领先的整体解决方案提供商、"智慧医院"的设计者和建设者。举例来讲，大医院专家号难挂问题是当前城市中普遍存在的问题。银江通过医疗资源下沉模式，在社区医院定时推出大医院的医生专家坐诊模式，缓解社区居民的专家号难挂问题，实现了"名医进家门口"的就诊模式。该模式主要结合目前医改政策的社区医院的报销幅度的提升，使得社区居民享受到更多的政府医改的经济福利实惠。

Q：互联网对医疗行业究竟带来了哪些重要改变？

A：城市医疗保障体系必须同时满足就医需求和减少费用支出的要求。低效率的医疗体系导致费用的增加；当城市的医疗资源面临上述诸多实质性的挑战，可以得出一个结论——当前的模式不再是可行的方式。

我们所做的事情，就是运用互联网等信息化技术，打破医院的"围栏"，把被"关在"医院里的医生解放出来；通过信息引导，让更多的病人了解医疗科普常识，让大家能以最便捷的方式寻找到治疗自身疾病的途径，也让更多有需要的人获得更科学合理的治疗方案。

Q：目前智慧医疗的发展处于什么样的阶段？

A：智慧医疗现在还处在很初级的发展阶段。它的市场前景不可估量。智慧医疗产业是新兴产业，占得先机就等于把握了成功的一半。懂得把握时间机遇对新兴产业来说至关重要；把握资本机遇，如何让投资商愿意来投资，掌握资金链对新兴产业的可持续发展举足轻重。同时，新兴产业也要改变过去一味跟随消费者需求来进行产品开发的发展经营模式，要学会创造需求。

Q：你第一个提出智慧医疗概念，第一个成功打造智慧医疗的医院样板，你能创造这么多第一，你觉得自己成功的原因是什么？为什么你能在别人之前看到这种趋势？

A：我早在大学期间就为自己规划好了人生的道路：25岁做技术专家，30岁做营销专家，35岁做管理专家，40岁做资本专家。这样清晰而又长远的规划给我带来了奋斗的目标和前进的动力。我给自己的定位是：成为这个行业的引领者。

Q：从某种意义上来讲，您也是一名创业者。对于现在创业的年轻人，您有哪些经验可以跟大家分享？

A：信息社会中存在着各种各样的商业机会，新生代创业者成为颠覆传统行业、创造社会新需求的重要力量，他们所凝聚起来的创业力量绝不可小觑。我的另外一个身份是乐创会的创始会员，我当初参与组建乐创会，也是为了给年轻创业者搭建一个相互借力、一起学习、共同成长的平台。在这里，我们找到了一起创业的同志，获得了创业信心的支持，同时，抱团发展也利于聚集社会目光，吸引到更多投资、关注度等。

企业名片

银江股份有限公司是中国领先的城市智能化整体解决方案提供商。作为中国创业板第一批上市的28家公司之一，银江股份是国家规划布局的重点软件企业、国家火炬计划重点高新技术企业、浙江省百强高新技术企业、福布斯2010年中国最具潜力中小企业100强、改革开放30年中国信息化建设杰出贡献单位，是国内行业内综合业务资质等级最高且种类最齐全的公司之一。

银江智慧医疗集团是银江股份核心成员企业之一，是中国领先的智慧医疗整体解决方案提供商，长期致力于为医疗行业用户提供以物联网应用为基础的医疗信息化和智能化建设服务。

蒋海炳：我是"老顽童"，我投资年轻人

□ 于洁婧

蒋海炳的办公室坐落在杭州城西余杭塘河畔一座新写字楼里，才搬过来三个月。办公室装修风格现代、明亮、开阔，占据整面墙的大窗框框住的是余杭塘河的优美景致。于是，这次采访也在轻松舒适的氛围下进行。

"这幢写字楼里面都是小公司，其中有两三家做O2O的企业，也是我们投资的项目。在这样的环境之下，你会发现自己还很渺小。而人，最重要的就是认识到自己的渺小。"蒋海炳如是说。

眼前的这个人，是淘宝上线后的第一批卖家，是支付宝2号员工"老顽童"，是拥有成功经验的创业者，也是现在"创而优则投"的天使投资人。

带着一身荣耀的光环，在记者面前微笑着侃侃而谈的蒋海炳，稳重、温和、充满善意。

阿里系：从"淘宝先锋"到"支付宝2号员工"

作为引人注目的"阿里系"离职创业高管之一，蒋海炳之前的经历和光环无法回避。

"淘宝、支付宝的经历，让当时的我实现了财务自由，短期内不用为生活委曲求全，但过去只是经验，不能太当回事。但不可否认的是，以前的经历，可以永远为你背书。"蒋海炳坦言。

但让人没想到的是，蒋海炳与淘宝的缘分竟是从一封垃圾邮件开始的。

"2003年5月10日，淘宝平台上线，然后我的邮箱里收到了一封垃圾邮件，宣传说有个网站可以开店。那时候，收到邮件都是稀罕事，更别说网上开店了，于是我就注册了淘宝，成了淘宝的第一批卖家。那个时候还有个标签，叫'淘宝先锋'。"回忆起与淘宝的结缘，蒋海炳笑言道。

当时的淘宝远不及现在火热，为了开拓市场，淘宝花了很大工夫经营卖家社区，而在这个社区中，蒋海炳无疑是最为活跃的一个。"那个时候，我就萌生了一个想法，我这么投入在这件事上，为什么不自己跳进去做呢？"

于是，蒋海炳毛遂自荐给淘宝写了一封邮件，说希望加入淘宝。而淘宝为了了解市场，当时也在尝试在卖家中发展员工，加上蒋海炳在社区平台上发布了许多结合卖家利益和平台利益的建议性的文章，双方一拍即合，蒋海炳自此进入了淘宝。

"发展初期的淘宝，更像是一个信息发布系统，有些宝贝连图片都没有，只有文字描述，而且汇款、物流都是走邮政，速度很慢。所以，当时我们一方面大力推同城交易，另一方面试图解决支付问题。"蒋海炳说。2004年，他们开始研发支付宝；同年9月，支付宝公司成立了。

作为公司唯一有法律专业背景的人，蒋海炳顺理成章地成了新生的支付宝2号员工，并成了支付宝的第一任运营主管。"刚成立的时候，我们只有四五个人，老陆（原支付宝CEO陆兆禧）陪公司其他部门领导打乒乓球、请吃饭，只是为了艰难地从公司内部挖人，凑齐支付宝的技术团队。"蒋海炳回忆道，"当时产品发布的时候，不断有bug（技术瑕疵），不是技术出身的老陆和我只能整夜地陪着工程师，一边给他们打气，一边回复平台上会员的问题。"

随着淘宝日益发展成熟，支付宝的交易量也稳步提升，但是，仅依托于淘宝的支付宝处在一个附属的位置上。有了独立的诉求之后，支付宝开始拓展商户，成立销售团队，与一些B2C网站合作。

"其实回忆起来，那段时间支付宝的条件和环境比现在很多创业公司还要差，但是我们扛过来了，于是这段经历就成了记忆里最深的一部分。"蒋海炳说。

2007年，阿里巴巴在香港联交所挂牌上市。上市后，公司的知名度和影响力不断提升，对专业人才的渴求也日益增加。"马云当时跟我们开会说，接下来公司会引进一批牛人，希望老员工们能敞开胸怀，迎接新同事。"蒋海炳回忆，"然而，不可避免地，老阿里的'土包子文化'和精英文化起了冲突，自己也难以适应这种突如其来的剧烈变化。"于是，2008年，随同一批老阿里人，蒋海炳选择离开阿里巴巴，实现自己的创业梦。

创业者："我的内心始终跟创业是连在一起的"

"其实当初从卖家身份加入淘宝，我潜意识中的身份定位已经转变了，成了一个创业者。在经历淘宝、支付宝两家公司的初创阶段后，我感觉自己骨子里始终是跟创业连在一起的。"蒋海炳说。

当蒋海炳还在支付宝的时候，身边总有很多人问他有没有做电商业务的人才推荐。从那时候起，他发现，在一个新兴的行业里，人才是永远都不够用的。所以，离职后的蒋海炳开始自己琢磨创业，2008年，他做了一个专为电商做人才服务的招聘网站——"马伯乐"。第一次的创业尝试，让"马伯乐"做到了行业内市场占有率第一。

在"马伯乐"的创业过程中，蒋海炳发现人力资源行业是很难做的，不像商品，人才是非标类"产品"，要让人和市场需求匹配起来很难；而且人才是具有保鲜期的，简历挂在平台上时间长了，就会失去它的有效性。所以，在经营"马伯乐"的三年多时间里，虽然一直能赚钱，但蒋海炳感觉市场相对有限。于是，在将"马伯乐"交由职业经理人打理后，他与几个朋友又开始了一个创业服务类的项目。

2011年下半年，福地创业园落成。后来，这里也成了杭州创业版图中不可不提的重要部分。

一万多平方米的福地创业园第一期，从拿下毛坯厂房，到装修完毕，直至完成招商，近20家企业进驻，一共只花了四个半月时间。"这是杭州第一家百分之百民营资本参与的创业孵化器，而且当时我们不知道可以申请政府资助，一心只想为创业者们做点事。"蒋海炳说，"当时做创业孵化器还不像现在这么热，杭州的创业氛围也还没形成，跟北京相比相差甚远，所以我们几个创始人就把自己投资的企业和身边朋友的创业公司都拉进来，抱团创业。"

一直到现在，福地创业园孵化出来的一些好企业仍处于行业领先地位。

蒋海炳坦言，做福地创业园其实跟自己以前的工作经历不太相关，需要处理很多落地的事情，但核心的内容还是跟创业者打交道。"我觉得与创业者交流是自己性格的一种延续，我一直都能从创业者身上看到自己的影子。"所以，在创业的过程中，蒋海炳开始用个人积蓄做投资，慢慢地也就找到了做投资人的感觉，陆续投了一些项目。在这个过程中，有成功也有失败。但无论从财务回报，还是从发挥个人能量方面来说，投资，都是更具价值的事。

于是，2014年年底，蒋海炳创立了多牛资本，全职做起了投资人，专注初创期项目的投资。

投资人："不做创业导师，只帮忙不添乱"

天使投资人往往独具慧眼。他们能寻找最有潜力的创业者，为他们带去资金，帮助创业者们在创业道路上披荆斩棘，直至成功。谈起天使投资人这个身份，蒋海炳显得自信满满。

"投资年轻人，就是投资我们的未来。所以，永远不要轻视一个一无所有的年轻人。"蒋海炳认为，选择投资项目时最重要的是团队，他相信年轻的力量，喜欢那些既有理想主义又能脚踏实地的创业者。"理想主义的创业者，他的项目会更有情怀，可以打动人、聚拢人，而唯有脚踏实地，才能把所谓'情怀'，分解成一步步可执行的内容来实施。"除了看团队，他还会看趋势。三五年后，我们的生活会变成什么样子，世界会变成什么样子，中国经济会变成什么样子，如果这个项目是符合大趋势的，他就会给予更多的关注。

对他来说，投资人不是创业导师，也不是指挥者。"我的自我定位是只帮忙不添乱，需要我的时候，我会给出力所能及的帮助、提出我的看法，但最终做决定的还是创业者自己，即便错了，也要让他们在错了之后得到经验的总结。"

在蒋海炳看来，这个世界所有效率的提升都在于不同资源重新排列组合之后的加速度。投资人就是资金和项目的链接，而他的多牛资本，则是用资本作纽带，链接更多的牛人。

"我们现在常常说，传统企业干不过新经济，并不仅仅指新经济拥有技术、人力上的优势，更多是机制上的差异。新的创业机制取代了原有的创业机制，所以优秀的人才往新经济行业涌入。通过多牛资本，许多传统企业家用投资的方式来拥抱互联网、新经济，用资本连接的方式进入陌生的领域，往往是更经济、更有效的方法，而不是亲自来投身其中。所以说，没落的是传统的机制，而不是传统的行业。就像达尔文进化论一样，行业是一直在自我演进的。"

有人说，天使投资是在试错中前行，刀尖上起舞。蒋海炳并不否认天使投资的高风险，但他认为在一个上升的市场中，早期投资者的风险更小。但前提是你要有足够的专业度。而自己十多年的行业经验积累，也为他增添了一些从容。

所以，谈到最近一些创业项目遭遇投资人撤资，有人猜测互联网寒冬到来时，蒋海炳并不担心。他认为，资本和项目是供需关系，现在减少的是投机资本和投机项目。这是一个挤泡沫的过程，去掉泡沫，投资会倾向更优质的项目，估值也会回归理性。

"况且，就像喝啤酒一样，泡沫也是美味的一部分。"蒋海炳微笑着说。

老顽童："永远对世界怀有好奇"

从淘宝时期开始，蒋海炳就有了一个花名：老顽童。

为什么会选择"老顽童"这个花名呢？因为在金庸的小说中，老顽童周伯通是个武林高手，却又不想当武林高手。他追求逍遥自在，不想被功名所累，却又有足够的本事安身立命。最重要的是，他永远对世界好奇，拥有一颗赤子之心。

这，也是蒋海炳对自己的要求。

在整个采访过程中，"好奇心"是他一直提到的词。"强烈的好奇心，是投资者很重要的特质。你对世界充满好奇，你对身边的人和事就不会厌倦，你也会有足够开放的心态去接受和包容新鲜事物。"

作为投资者，他的好奇心与包容性，很大程度地反映在了他投资的项目上。

Highing（嗨音），是蒋海炳2015年7月份投的一款情趣社交应用APP。说到情趣，难免有些敏感。而这个项目想做到的，就是把情趣拆解成好玩的、科学的话题，并且更中立、健康地普及一些观念，让"谈论情趣就像呼吸和阳光一样自然"。

在蒋海炳看来，展现人的本性，是生活的一部分。在传统的主流价值观中，这样的话题是被限制的。但这件事本身没有对错，只是人看待事情的眼光不同。原本，Highing的项目定位是"亚文化社区"，但在与创业团队进行探讨后，他认为"亚文化"这个概念本来就是不准确的。因为在主流文化和亚文化的对比中，主流文化通常是俯视亚文化的。于是，他们把宣传改成了"平行文化社区"。在这种情况下，人们就能更平常心地接受它。

这样新鲜有趣的项目，从2014年年底多牛资本成立至今，蒋海炳已经投资了十余个，比如：主打知识分享经济、出售专家时间的私人智囊团"靠我"，还有基于html5技术、无需下载便可拥有市面上大多数APP的大学生创业项目"云集轻应用"。

用对的思维方式去影响更多的人，是他做投资的理想之一。"通过投资的方式，我可以影响企业家、创业者，然后通过他们的产品和理念再来影响更多的人，这可能是一个比较有趣有效的方式。"

看得出来，蒋海炳是带着一种使命感的，但他一再强调，不要给自己赋予太多的历史使命，人没那么伟大，每一个人都很渺小。不难理解，这种感触大概是从进入淘宝到现在，期间十多年的历练带给他的敬畏之心。

但在敬畏之下，蒋海炳初心依旧。"做投资人很疲惫，但在听创业者热血沸腾地讲项目的时候，难免还是会被点燃，这挺好的。因为，有时候人的失败就在于好奇心没了、激情没了，最终被自己打败。"

对 话

Q：《杭州日报》

A：蒋海炳

Q：当下创业热潮下的年轻创业者，你认为他们有什么特点？跟较有经验的创业者相比，他们的优势是什么？

A：年轻人创业，无知无畏，而有经验的创业者，会想得更周全，对事情充满敬畏，各有各的优势。但是什么样的人生阶段，就应该做什么样的事。如果年轻人有诸多顾虑，而成熟的创业者却无知无畏，那我认为这是不合适的。"小鲜肉"和老男人的状态，肯定应该是不一样的嘛。

Q：你对创业者们有什么建议吗？

A：很多创业者商业计划书写好以后，就像撒花一样到处投，其实这种方法命中率是很低的。投资人投项目的时候，常常是基于关系链。人是社会性的动物，到处撒花肯定不如熟人推荐的更受重视。如果你对投资人的偏好、价值观和社会关系链足够了解，找到关系链再投递商业计划书，成功机会会高很多。

Q：对10年后的自己，有什么期许？

A：希望自己10年后，仍然对这个世界怀有好奇心。并且能身体健康，享受自己工作的成果。

Q：最近看过什么书？有什么可以推荐的？

A：《乌合之众》。我觉得这是一本特别经典的书，推荐大家都去看看，看过之后每个人得出的结论都不一样。大众心理跟大家想象的不一样，一本真正的好书其厉害之处在于，它会对你产生潜移默化的影响，改变你内心的体验，从而反映到你以后处事的态度上。

企业
名片

　　杭州多牛投资管理有限公司，简称多牛资本，成立于2014年11月，是由支付宝第2号员工蒋海炳和专业法律财务团队联合创立的科技创投管理公司。公司旨在以资金为纽带，集众智集众力，搭建连接投资者与创业者的专业投融资平台。多牛资本通过与创业者紧密结合，帮助种子期和初创期企业开展战略规划、管理咨询、资本运作、资源整合等多项工作，在为提高优秀创业企业核心价值与核心竞争力做出贡献的同时，回报投资人，回报社会。

夏惊涛：路虽远，行则至

□ 李长灿

惊风怒涛，人如其名。

每次和夏惊涛交流的时候，都会感到他浑身散发出使不完的激情和动力，不仅燃烧自己，也同样影响到身边的人。

这位来自改革开放总设计师邓小平故乡的男子，注定是不平凡的。

2005年到2015年，夏惊涛和他的陆特能源在创造绿色的征途上奋斗不息，岁月见证了陆特能源带给世界的绿色价值。作为浅层地热能开发利用的领头企业，陆特能源是迄今为止在新三板上市企业中业绩体量最大的企业，估值近20亿元，是投资界的新宠儿。

"你要问我去向何方，我指着大海的方向。"也许崔健的这句歌词，最能唱出他的心声。越过崇山峻岭，踏过碧浪千帆，他说是大自然教会了他热爱这个世界。

大自然是个商学院，企业家就是冒险家。而夏惊涛身处其中，一步一步用他自己的方式设计出了一条通往"陆特"的传奇之路。

从白手起家到身价20亿元的上市公司董事长，每当有人问起夏惊涛是如何坚持走到今天的，他总会笑着说："无论顺境或者逆境，我始终相信'路虽远，行则至'。"

上善若水

第一次听到夏惊涛这个名字，是从圈中好友邓飞的口中。

转战公益事业的邓飞于2011年发起免费午餐项目，夏惊涛是联合发起人之一。与一般的企业家做慈善不一样，夏惊涛不仅捐款捐物，还经常组织带领志愿者赶赴西部贫困山区做公益活动。2012年，也是这样一个酷热的夏天，夏惊涛带了十几个人组成的车队前往四川石渠县洛须镇探访，返程遭遇山洪，被困途中，无电无水，手机信号也不稳定，两天时间几乎与外界失联。彼时，焦急万分的邓飞发布微博求助，引起全国关注。好在最终有惊无险。

事实上，夏惊涛做慈善要远早于做企业。

1998年，长江百年一遇的洪水泛滥成灾。彼时，24岁的夏惊涛还是杭州一家设备安装公司的施工员，全国广播都号召抗洪救灾，他实在按捺不住，本能地觉得该做些什么，于是就跟几个同事一起，匆匆赶赴湖北红安大堤——当时长江大堤上最大的缺口。

这是他第一次做志愿者，这次经历让他见到了人生中永远难以忘怀的一幕。

天下着瓢泼大雨，冲刷得人睁不开眼睛。而在大堤上，无数个十八九岁的年轻战士躺在江堤上，有些穿着迷彩服，有些光着膀子，没有任何遮蔽，就这么躺在滂沱大雨中酣睡。在他们身后，洪水滔天。

时至今日，夏惊涛坦言这一幕令他震撼，他很难用语言描述自己当时的情绪。"在那样的条件下还能睡得那么沉，你永远无法想象他们在这条大堤上付出了多少艰辛。"

那一天的经历，足够影响他接下来的人生，夏惊涛说他第一次认识到人的精神力量有多么强大。

此后的汶川大地震，夏惊涛又是第一时间带领公司员工赶到绵阳。在试图进入映秀镇未果后，他们又前往北川中学，随后辗转赶往青川。一路上余震不断，山石滚落，房倒屋塌，震中现场真如人间地狱。由于没有专业的救援技术，又缺乏大型救灾设备，夏惊涛发现在现场帮不上忙，只好带领团队撤了回来。

"现在想来还是很愧疚，在现场没帮上什么忙。"夏惊涛说。事实上，他一直在用自己的方式做慈善，支持公益事业。

俄支高原，一个四川偏远的角落，海拔4000多米，那里信息、交通都很闭塞。夏惊涛第一次去的时候甚至还看到很多孩子连鞋都不穿，光着脚丫在草地上奔跑，当时的气温还不到10摄氏度。

夏惊涛说，看到这些和自己女儿同龄的孩子，"有泪不轻弹"的他流泪了。他坚定了一个目标，一定要让这些孩子上学，一定要让他们吃饱、穿暖。此后，通过"免费午餐"平台，他先资助解决孩子们的温饱问题，然后筹资盖校舍。

2014年，新学校建好了，崭新的学校就在村子里，还通上了电。站在窗外看孩子们朗诵课文，他很是欣慰。

在他即将返回杭州时，那些孩子都依依不舍地拽着他衣袖，还问他："你什么时候再来看我们啊？"当时他哽咽了一下，说："很快的，等忙完了就来看你们！"

这句话说过后到现在已经很长一段时间过去了，他说他令孩子们失望了。不过，他并没有忘记自己的承诺。虽然因忙碌的工作不能亲自到高原去看那些可爱的孩子，但他总会安排公司的优秀员工代表他去看望孩子。

如今，夏惊涛又多了一个身份，即中国贫困儿童大病免费医保联合发起人之一，为更多需要帮助的小朋友带去未来的希望！

"我们陆特人不仅仅是说到，而且真真正正做到了。"夏惊涛说，陆特能源价值观中最后一句是"回报社会"。

砥砺前行

谈及创业史，夏惊涛常以"痛并快乐着"带过。

2002年，女儿出生，夏惊涛荣升"好爸爸"。那两年，他每天都陪着女儿，晚上女儿最离不开的就是他的怀抱，小脑袋总搭在他肩窝处。他边哄边唱直到女儿入睡，非常幸福。

当时，杭州一家企业以年薪35万元聘请夏惊涛担任工程总监，从月薪几百到年薪35万，他28岁时就做到了大多数人无法做到的事情。本应该知足的他，却在2005年做了一个让家庭非常不理解的决定：辞去高薪，自己成立公司，进军地源热泵行业。

面对家人反对的巨大压力，夏惊涛不为所动。在接受采访时，他解释说，"在世界能源短缺的大环境下，地源热泵作为替代传统制冷采暖的方式势在必行，有非常大的潜力和开发价值，也必将成为空调界的主流"。正是抱着这样的信念，他开始了创业旅程。

2005年12月12日，筹划已久的夏惊涛成立了自己的第一家公司——杭州陆特能源科技有限公司，专门从事地（水）源热泵中央空调系统、地板辐射采暖系统、顶棚辐射系统的设计、施工。

创业之旅，何其艰辛。"一开始，公司加我一起只有两个人，我们连作坊都算不上，我最多算个小包工头。"夏惊涛说。

2006年，他借钱再加上银行贷款，买了一辆帕萨特。之所以要买辆"高级轿车"，是因为他要去跑一单200万元的业务，开着面包车似有不妥。一年下来，居然跑了11万公里，比一辆出租车的里程数还要多。当时，他让客服配了三把车钥匙，不是怕丢，另外几把钥匙长期在供应商手上。

"我一个外地人，当时又没有名气，直接找供应商赊账拿货，怕他们没信心，而这辆车值20万元，如果到期还不了货款，他们可以把车直接开走。"说起这些往事，夏惊涛只是微微一笑。

没日没夜，以车为房，陆特能源随着夏惊涛的奔波而不断壮大。业务越来越多，单子越接越大。2008年的陆特能源，在业内已经小有名气，就在夏惊涛雄心勃勃地准备大干一番之时，金融危机来了，陆特能源遭遇了前所未有的困境。

正在施工的项目全部暂停，员工工资都发不出来。夏惊涛做了最坏的打算：实在不行就变卖家产解散公司。然而，他的员工就像自己的亲兄妹一样，在连续四个月无工资的情况下和他共进退。第五个月，情况突然有了好转，项目陆陆续续开始启动，例如千岛湖天宇国际度假村。这是当时浙江定位最高端的别墅群，夏惊涛凭借自身的技术和建设性意见，承揽了此项工程，该项目运行后，业主将这套地源热泵系统视为"最大的惊喜"，和传统空调相比，除了更为舒适外，经测试节能70%

左右。

"我们不制造产品，国内的地源热泵产品，生产相对已经很成熟，从数量增长上可见一斑。然而很多厂家的安装设计、施工力量不够，我们要做这个行业的领头羊，要做就做第一。"创立之初，夏惊涛就立下豪言壮志。

在不到五年的时间里，陆特能源就稳坐行业龙头宝座，并获得了诸多殊荣，不但是国家高新技术企业，还是国家发改委备案通过的节能服务企业和建筑能效管理综合系统服务商。中国空调界元老吴元炜曾用"暖通界的奇迹"来形容陆特。

这些成功给了夏惊涛源源不断的动力，使他向着更远的目标前行。

长空无涯

古巴的心理学家卡尔维尼奥说过，幸福不是目的地，而是一种航行方式。而对于夏惊涛而言，幸福就是不断创造价值的航行。

2012年，未有任何征兆和提醒，《福布斯》突然致电夏惊涛，要为陆特能源颁发"2012福布斯中国最佳潜力企业"称号，他在觉得不可思议的同时也欣喜不已：这一切，代表着社会对陆特能源的一种肯定。

在此之前，风投给陆特能源估值2个亿，他没想到仅用不到7年的时间，公司从2个人变成2个亿，那时的他兴奋地直呼"太刺激了"。不过，很快他就平静了下来，他想的是，才2个亿，而我们企业要做得更大，要做到20亿、200亿，成为百年企业。

当下，发展绿色经济已成为世界能源发展的重要趋势和全球共识，而节能环保产业也已成为我国目前重点培育的战略性新兴产业，受到国家政策的重点扶持。

陆特能源十年扎根于浅层地热能的开发利用领域，它的成长也是国家政府部门重点关注的。

2015年，国家正式提出"十三五"节能环保产业发展规划，陆特能源将应邀参与制定。对于这份殊荣，夏惊涛说："我们立志于让更多的中国人享受更为舒适、节能、环保的健康生活。我坚信在我们的共同努力下，天空依旧蔚蓝、江海依旧清澈。这是陆特能源对自然，更是对生命的一份承诺。"

在陆特能源会议室的墙上挂有一幅"特殊"的版画，内容是陆特能源大事记。

它的表现形式是一条不断向上走的成长线，其中的每个节点都代表陆特能源达到的一个新高度。

时间走到2015年，陆特能源走向了又一个新的高度——在新三板挂牌上市（股权代码832184）。

公司上市了，这对夏惊涛来说是一大步，但在他自己看来，陆特能源的路不应止于此，它的路还有很远……

因此，夏惊涛和他的团队并没有停下前进脚步。他们甚至比之前更加快速地运转起来——未来，陆特能源将以打造最优室内空气品质产业生态链为目标，整合能源领域上下游产业链资源，涵盖地热能、太阳能、风能、生物质能等众多清洁能源形式，结合分布式能源技术、储能技术及智能控制技术，解决城市采暖、制冷、储能、发电等一系列生产、生活需求。陆特能源将这一系列的能源开发利用称为能源侧系列。

为了使能源侧系列在即将到来的工业4.0时代更好地发挥效力，陆特能源将利用互联网、物联网等技术，通过建立智慧能源管理系统平台，实现能源数据监控采集、分析和处理，制定最优能源配置运行策略，提高能源利用效率，更快速发现和解决设备运行中出现的问题。

在建筑体内的终端设备方面，公司提供了一系列模块化的舒适性末端，采用先进的辐射传热技术、光触媒高效过滤技术、半导体冷热除湿技术，以及物联网传感技术，实现了室内温度、湿度、鲜度、净度、气流速度五度自适应生活空间。

夏惊涛粗略计算了一下，在国家推出的各类型试点示范城市指标中，可再生能源利用都占了很重要的位置，如绿色能源示范城市中明确规定，可再生能源占总能耗不低于6%，若采用地热能形式，则不少于300万平方米。这将为陆特能源带来巨大的订单，而陆特能源的业务也将为城市节省大量能源。

"当世界在忙于拯救绿色，我们正一路创造绿色。"夏惊涛说，未来五年，地源热能产业将拥有超过千亿元的市场容量，而陆特能源希望可以用十年时间，为一亿国人提供服务。

生命不止，奋斗不息。夏惊涛内心有这样一个期许：陆特能源有责任为全人类的绿色未来殚精竭虑，有责任肩负起中国节能减排的重任，为此他希望陆特能源成为百年企业，将这一份绿色世世代代延续下去……

　　夏惊涛说他记忆最深的是小时候家乡的河流。那时河水清澈见底，人们在河边生活嬉戏。他希望，随着陆特能源更多参与到低碳城市的建设中，越来越多的城市能恢复往日清河绿树的景象。

> **企业
> 名片**

　　浙江陆特能源科技股份有限公司（股票代码：832184）是一家致力于为中国人打造最优室内空气品质产业生态链的科技公司。

　　陆特能源在浅层地热能开发利用领域（地水源热泵、中央空调系统集成）居于行业领先地位，在可再生能源技术、储能技术、智慧能源系统等领域已获50余项科技专利，多维度地为政府、商业和民用客户提供一系列的空间温度、湿度、鲜度、净度、气流速度解决方案。

　　目前，陆特能源已实施投产运行的项目超过300个，完成国家级重点项目建设3个，利用PPP、EPC、EMC等多种商业模式参与投资建设的区域能源及分布式能源示范的城市多个。

张焱：梦想属于敢闯的人

□ 李超　于洁婧

仓前街道良睦路1288号，梦想小镇8号楼。这个开启杭州创客造梦新时代的地方，凝聚了众多敢想敢拼的青年企业家。

张焱，就是其中一位。

这个"80后"高壮小伙，不仅是互联网金融平台铜掌柜的掌门人，更是胡润浙江财富新势力50强榜单中的新贵。他精力充沛，敢想敢做，创业路上从不按常理出牌，一手打造出由跨境电商金融业务为先导的消费金融综合性业务模式，通过全方位的尽调及风险数据分析模型，实现完整的风险控制闭环。同时，张焱始终致力于生活消费金融化，为投资者提供低风险高收益的投资渠道。

从年轻时的"玩家"到如今的金融"专家"，张焱用了十年时间。在他的努力下，铜掌柜成为2015年最具投资价值的互联网金融机构之一，并通过为跨境电商提供个性化定制的金融服务，为杭州跨境电商综试区发展贡献了自己的力量，受到了省委领导的高度赞扬。

试水：从"玩家"到"专家"，成功从来不会一蹴而就

铜掌柜的门口，是一只憨态可掬的大型"铜猫"。张焱说，它是"铜掌柜"的代言人。

走进公司，办公环境的每一处都彰显着互联网基因。用"蛇精病""程序猿""产品狗""运营猫"等动物头像来区分的各部门工作空间，以"铜猫游世界"为主题、用不同城市来标明的会议室，还有那些传说中只有世界级互联网公司里才有的零食补给站和娱乐休闲区域。

"我的座右铭是，梦想是给敢闯的人的。"张焱笑道。而他自己，也在身体力行。性格中与生俱来的不安分因子，让张焱的创业之路开始得比别人都早一些。

2003年，刚读大二的张焱就拿着家人给的30万元购房款，在杭州买下了两家酒吧。用他的话说是"头脑一热"，就开始了第一次创业。"那时候杭州的房价只要6000元/平方米。如果用那笔钱买房的话，也许是一次不错的投资。"然而，由于经验不足，首次创业并没有给张焱带来成功的满足。但这一次勇敢的创业"试水"，注定了张焱之后一系列并不总是一帆风顺但从不曾停歇的自我超越。

毕业后，张焱来到了温州，跟朋友一起做起了皮鞋代销，一做就是两年。大学学习计算机专业，第一次创业开酒吧，毕业后卖皮鞋，这些看似毫无联系的经历，你可以解释为"玩票式"的尝试，也可以理解为迷茫期的混沌，张焱觉得倒像是一种"冒险"。这些经历在帮助张焱赚取第一桶金的同时，也让他渐渐学会了洞察商机。

2007年，张焱选择回杭发展，进入了一家商业银行。那时候初入银行都要先从推销信用卡做起，但在别人推销出几十、上百张的时候，张焱就已经以上千张的业绩稳坐销售榜首位。在银行的经历，让张焱渐渐对金融和投资有了更多了解，也让他迅速学会了很多金融知识，他开始炒股、投资房产、开投资公司，逐渐成长为金融领域的专家。这期间的张焱努力积累资产，为后来的转型蓄力。

2013年，随着挖财、铜板街等杭州本土互联网金融企业开始萌芽，张焱感受到新一轮的机遇来临了，于是将其经营的资产管理投资公司，转型到了互联网金融领域，成立了"聚车贷"。由于张焱单枪匹马，没有足够成熟的团队一起运营，加之自己对互联网不够了解，项目的金融属性也不清晰，所以项目的最终结果并不尽如

人意。

虽然"聚车贷"没有成功，但它坚定了张焱投身互联网金融行业的决心。2014年4月，张焱那一股积蓄已久的闯劲终于随着铜掌柜的筹备而开始爆发。

转型：懂金融的人还要懂技术，寻求差异化定位才能吸引贵人

2014年7月，浙江铜米网络科技有限公司（后改名杭州铜米互联网金融服务有限公司）成立；同年12月，铜掌柜PC端正式上线。"很多人问我，为何在成立了半年后，铜掌柜才开始'发力'，我的回答是，我在准备和等待机遇。"张焱说。

那时候，很多P2P平台的问题是"虽无金融之名，却行金融之实"，也导致了从业者"懂金融的人不懂技术，懂技术的人不懂金融"。对懂金融不懂技术的张焱来说，这也是最大的挑战。

"现在的铜掌柜已经是2.0版本的了。"张焱说，"在此之前，从早期的1.0到现在，铜掌柜这个平台完全是由我们自己开发的，期间历时一年，好几个版本都是推翻重来，一次次尝试，那个过程现在想起来真的很艰辛。"

其实，当时P2P迅猛发展，花钱买源代码并不是一件新鲜事。"当时，花个几万块，我们就可以买到一套现成的平台，完全不用我们那么痛苦地研发。"但张焱认为，好的技术和平台，是做好这件事的关键所在，核心技术掌握在自己手里，对风险控制、客户体验等方面的设计也会更加有针对性。同时，自行开发也是对团队的试练。

开发平台的那段日子，到现在张焱仍历历在目。"当时走了不少弯路，也花了不少时间。我记得1.0版本上线测试的时候，因为体验感太差，马上推翻，重新做了一版，新版与之合作的第三方支付平台资金托管体验不佳，就又做了一版。"2014年12月，平台终于上线，陪伴着程序员熬过无数个日夜的张焱，此时俨然已经成了半个"技术专家"。

解决了平台技术问题，张焱又在考虑如何在业务同质化严重的P2P行业找到自己的独特定位。当时，P2P平台业务大都集中在配资、转贷、车贷业务上，但有过"聚车贷"经历的张焱这次固执地选择要在供应链金融方面做点尝试，"要做一个还款来源明确、风险可控度高、与产业紧密结合的扎实平台"。

而铜掌柜的迅猛发展和精确定位，确实为它带来了机遇。

2015年3月，一次偶然的机会，张焱认识了上市公司中来股份的董事长林建伟。4月21日，中来股份决定增资浙江铜米网络科技有限公司，持有铜米科技30%的股权，成为铜掌柜的重要战略股东。"从第一次见面到谈判、走公告，直至最后签约，我们只花了一个多月的时间。"张焱说。如果说当时的铜掌柜已找准方向预备加速起跑，那么这次一拍即合的合作，无疑是铜掌柜腾飞的助力。

就像铜掌柜的核心企业文化——共好，中来股份与铜掌柜的选择亦是共赢。林建伟曾表示，打动他的是张焱对铜掌柜的差异化定位。而之所以选择中来股份，张焱看重的是光伏分布式电站开发背后的巨大融资规模。

"从光伏分布式电站到家庭，这背后是十几亿人的巨大市场。"张焱分析道，"光伏电站的建设周期长、资金投入大，背后融资和金融服务需求也更迫切。尽管它周期漫长，风险却是可控的。"

扎根于实业的金融创新，使铜米科技在互联网金融领域的发展前景日益明朗。同时，敢闯敢想的张焱通过自己的探索发现，消费金融领域、跨境电商金融服务也是一个具有想象力的市场。

博弈：挖掘更有想象力的市场，探索金融领域"新蓝海"

谈到铜掌柜现在在跨境电商金融业务上的布局和成绩，张焱表示这在意料之中，也在意料之外。

早在铜掌柜成立之初，张焱就嗅到了代购热潮下跨境电商可能带来的巨大商机。"跨境电商是一个全新的领域，别说杭州，连国内目前都还没有成熟的模式，所以它的发展空间是无限的。"实际上，那时跨境电商已经成为电商们的下一个"战场"，各家电商大佬都在举兵杀入这一新领域。而张焱等待的，只是一个时机。

2015年6月29日，浙江省人民政府发布了中国（杭州）跨境电子商务综合试验区（以下简称综试区）实施方案。对于张焱，这无疑是一个重要契机。几乎同步，铜掌柜高调宣布进军跨境电商金融业务。而在此之前，他们已悄然布局，与杭州近百家跨境电商商家签订了合作协议，并和海外十多家知名品牌商和贸易商达成了战略合作协议，为其独家提供跨境电商金融业务。

　　"我认为，跨境电商金融服务是这一轮互联网金融热潮的最后一波机会，而我正抓住了这个时机。"张焱说。

　　根据专业机构的预测，到2017年，跨境电商的金融服务需求将达到4万亿元左右。巨大的市场空间，激发了张焱的征服欲。从供应链金融到跨境电商金融服务，每一次尝试和转变都是挑战。"长期来看，资产端向垂直细分领域进一步下沉将成为趋势，要想在P2P行业的未来竞争中脱颖而出，就要做到与众不同。"

　　现在，"铜掌柜"平台已经和唯品会、聚美优品、考拉海购等近百家跨境电商平台商家进行了合作，累积融资额突破了8亿元。而这种以跨境电商金融服务模式为先导的消费金融模式，在风控管理上近乎零风险。

　　"在进口贸易中，海外供应商往往要求见提单付清尾款，但因为航运周期及资金量的限制，下游销售客户不能在短时间内备好充足货源，传统金融又无法满足这种个性化的融资需求。但是，这种尴尬可以通过P2P平台的物权抵押融资得以解决。"张焱介绍道，"我们的核心竞争力就在于闭环式的交易结构设计。"

　　值得一提的是，在每一单业务中，铜掌柜都会要求商家缴纳一定比例的保证金，这笔保证金，足够覆盖投资者收益，保证投资者本息安全。另外，每一单业务还有回购方设置，等于是给这单业务提供了一个回购方，因为铜掌柜在选取商品时都是硬通货，这类商品在市场上属于供不应求的状态，因此基本不存在风险。

　　目前，铜掌柜已形成了以跨境电商金融服务模式为先导的消费金融模式，意图实现理财和生活的融合贯通。"跨境电商金融业务是消费金融模式的第一步，以后我们还要围绕生活消费服务，构建闭环式业务模式。"张焱说。

财富：荣耀的背后，是团队相濡以沫的陪伴

　　2015年7月25日，浙江杭州未来科技城国际会议厅"2015胡润浙江地区财富报告暨财富新势力颁奖"活动现场，代表中国新锐派的财富新人是本次会议的主角。张焱也在其中。颁奖词是这样描述铜掌柜的："专注跨境电商金融服务，助力杭州首个国家战略，服务中国跨境电商综试区建设，是互联网金融+跨境电商的完美探索。"

而类似的荣耀，在铜掌柜上线后迅速向张焱袭来。"浙商最信赖第三方金融机构"、与PICC达成战略合作、国内首创互联网消费金融业务模式、省内首批互联网金融服务公司、"2015最具投资价值互联网金融机构"，等等。

2015年9月7日，中央财经领导小组办公室主任、国家发展和改革委员会副主任刘鹤和浙江省委副书记、省长李强一行人来到了铜掌柜并肯定了铜掌柜在业务模式上的创新之举。张焱自豪地告诉记者，铜掌柜是中财办刘鹤主任和李强省长在梦想小镇考察的唯一一家公司。

在铜掌柜PC端网页的醒目位置，有个实时统计的数据条记载着平台累计投资金额、近七天累计投资金额和活跃用户数。截至目前，在过去的6个多月的时间里，铜掌柜取得了14.3亿元的累积交易额，活跃用户有42万余人。

爱拼敢闯、思维活跃，却行事稳重的张焱，一次次地自我挑战和突破，造就了互联网金融发展中颠覆式的改变和创新，也对行业发展做出了新的探索与诠释。然而，谈起铜掌柜的成绩，张焱却将功劳都归于他的团队。"现在你能看到的铜掌柜的所有东西，都不是我一个人的。我只是帮铜掌柜撑场面，背后的工作团队才是最辛苦的。"

"我很感谢我的团队，从我们上线到现在，办公地迁址到这么远的梦想小镇，都没有人离开，我们的人才流失率一直很低。他们的辛苦和付出，也让我觉得亏欠。"张焱感慨道。

在铜掌柜办公楼通向二楼的转角处，墙上是一个大大的铜猫和"共好win-win"的字样。"共好"是企业文化，也是张焱带领团队的宗旨，"简单讲，就是年轻人一起赚钱嘛"。

对 话

Q：《杭州日报》

A：张焱

Q：你提到铜掌柜的人才流失率很低，那么你是怎样做好团队的员工管理的呢？

A：我们有期权计划，每年都会释放一次期权。另外，我们也会从细节处进行员工关怀。

Q：在对下一代的教育上有没有什么特别的观念？

A：因为工作的原因，我没有什么时间照顾女儿，她上的是全托幼儿园，我一周见她的时间就只有周末了。我对她的要求不多，健康、快乐就好。另外，就像我父母对我的教育一样，要"敢闯"。

Q：创业给你带来的最大的影响是什么？

A：创业带给我的最大的影响，也许是价值观、财富观上的转变。我曾经也是喜欢玩跑车、关注物质财富的人，但现在我觉得那些外在的其实不重要了，认真做事、和团队一起成长更重要。

Q：铜掌柜发展速度这么快，有没有设定今年的目标？

A：现在我们的累积交易额是14个亿，目标是年底达到50个亿，然后带大家出去玩一趟。

企业名片

铜掌柜是全国首家构建消费信用生态圈的互联网金融服务平台，现已形成由跨境电商、供应链金融、消费分期等为载体的金融业务主体，通过全方位的风控尽调及风险数据分析模型，实现完整的风险控制闭环。铜掌柜持续致力于生活消费金融化，为投资者提供低风险、高收益的标准化投资理财产品。铜掌柜平台运营主体为杭州铜米互联网金融服务有限公司，是浙江首批获得"互联网金融服务"资质的公司之一，目前已获上市公司"中来股份"战略入股。

宋宏伟：智"汇"照明

□ 齐航

娓娓道来的讲述，思路清晰的市场研判，温润谦逊的企业家气质，与宋宏伟聊天，是一种享受。

他在浙大完成本科学业，只身赴美求学深造；获得博士学位后加入顶尖芯片研发公司，迅速成为公司中一颗急速蹿升的新星，直至成为核心高管。如果只是停留于此，那么这就像我们惯常所听到的成功学故事。但事实并非如此，宋宏伟有一个关于智慧照明的创业梦。

硅谷艺成，西湖创业。如今，宋宏伟可以坐在位于杭州数字娱乐产业园的办公室里，通过他一手创立的浙江方大智控科技有限公司，让他的智慧照明的创业梦想一步步照进现实。从学习到科研，再到创业，他说回国办企业不只是为了赚钱，更希望能从不同的维度实现自己的梦想，并通过产品与模式创新给社会带来改变。

这其实是一个智"汇"照明的故事。

工科"学霸"的儒商气质

与宋宏伟交流，你不难从他的话语表达方式中感受到曾经受到过的严谨的学术训练：思路清晰、层次分明、条分缕析、抽丝剥茧。即使一个听起来艰深晦涩的行业概念，他也能用不那么难懂的方式表达清楚。

这或许源于他扎实的专业功底和技术背景。没错，他确实曾是一个"学霸"。20多年前，他被保送进入浙江大学，从老家兰溪来到杭州。彼时高校扩招尚未启动，大学生仍然多少还带有"天之骄子"的光环，而宋宏伟的成绩足以保证他不用经由千军万马过独木桥的高考，就踏进名校之门。

有人说，优秀是一种习惯。对于宋宏伟而言，似乎的确如此。在混合班（现浙大竺可桢学院的前身），他仍然是出色的，无论是学业，还是社会活动能力。他曾经是浙江大学竺可桢奖学金的获得者。而一以贯之的优秀表现，也让宋宏伟顺利拿到了美国卡耐基-梅隆大学的录取通知书，使他得以赴美深造，接受国际名校高水平的学术和科研训练。

联系到这位工科"学霸"的学习和科研背景，你也许并不会为宋宏伟逻辑缜密的思考和话语方式感到讶异。但这并非全部，你同样不能将对典型"工科男"的刻板印象加诸他的身上，从宋宏伟的谈吐中，你更能感受到一种温润谦逊的儒商气质，除了理性的分析和思辨外，他也不乏人文的积累和素养。

"在浙大时也算得上半个'文青'。"宋宏伟笑言。他至今仍然清楚记得刚进浙大的初秋，当大多数同学都在仍显炙热的阳光下接受军训时，自己是不用身处于队列之中的，原因是，他太能写了。

"记得当时每个班要写宣传稿投给广播站，我试着写了四五篇，结果都被广播站选用，班主任索性就让我专职写稿挣分了。"忆及此，宋宏伟的脸上写满了兴奋。即使身处工科平台，他也没有荒废对自己文字能力的锤炼：本科时加入了浙大校报，并一度成为校报的主力记者。

外企高管的"金领"光环

名校毕业，出国深造，学成后加入顶级外企，然后迎娶白富美（或者嫁给高富帅），登上人生巅峰……这样的一条路径，似乎正在成为不少青少年向往的职业乃至人生规划。不是戏谑，也不是调侃，不少知识精英和财富精英的励志故事似乎就是这样。

宋宏伟的职业和生活轨迹，在很多人看起来，也应该如此。尽管此后的他，选择走一条更富有风险和挑战性的路。

从卡耐基-梅隆大学电子和计算机工程专业博士毕业后，宋宏伟加入了硅谷一家顶尖的数据存储芯片公司，这家公司出自大名鼎鼎的贝尔实验室，在集成电路和光通信部件的研发方面处于全球领先地位。

而核心的竞争力，很大部分就蕴藏在一块小小的芯片中。作为公司的芯片架构师，凭借超强的研发才能和技术能力，宋宏伟迅速崭露头角，蹿升为芯片设计领域一颗冉冉升起的新星。

"我所专注研发的芯片是使用在每台电脑硬盘中的核心芯片，负责电脑的数据存储和读取，硬盘的容量不断上升就是由于核心芯片数据处理能力的不断创新。全球仅两家公司有实力研发这样的芯片，而由于每台电脑都需要芯片，因此你可以想象我们每一代产品的价值。"宋宏伟说。

而这样的市场格局也意味着，如果一家公司的芯片发明了一种新算法，而另一家公司必须及时跟上，不然就有被淘汰出局的风险。"当时，我们一个好的算法在芯片中实现，能给公司带来6亿到8亿美元的价值。"

因为宋宏伟掌握了核心的芯片架构，发明并实现了数据存储行业第一个迭代解码算法，博士毕业不到三年的工夫，他就成为竞争对手Marvell公司高薪挖角的对象。回忆起那段成为两家顶尖公司争抢对象的岁月，宋宏伟的眼中泛着光。

在Marvell，CEO和CTO直接面试，并开出高薪加大额期权这样令人难以拒绝的优厚待遇后，宋宏伟加入Marvell成为研发经理，追求职业生涯的更大发展空间。但或许是由于自己太过"抢手"，在兜兜转转后，宋宏伟又回到了职业生涯起步的地方。

"两年后，在原公司副总裁的一再盛情邀请下，我又回到了老公司。"在听似平淡的讲述中，"回归"的宋宏伟已是公司的高级研发总监。伴随着职位的快速晋升，宋宏伟俨然拥有了顶级外企高管的"金领"光环，令人艳羡。

但他在谋划另一次"回归"。

西子湖畔的海归创业者

如今，宋宏伟不再是那个身在大洋彼岸的外企高管，转而成为一名西子湖畔的创业者。在此之前，他已经在学业、研发领域相继证明了自己，而这样的身份转换，意味着一次自我清零：放弃高薪体面的稳定工作，投身于一个全新领域开疆拓土。虽然不得不有所放弃，但宋宏伟渴望听从自己内心的声音。

而契机，也适时来临。"2009年时，智能电网及无线通信技术的发展引起了我的兴趣，我从事芯片研发，而智能电网的基础也是传感和通信技术，这个'智慧'本身就是要靠芯片的控制。这促使我思考将它们结合起来做一些事情的可能性。"宋宏伟说。

创业的想法在悄然萌动。事实上，在宋宏伟当时所领导的团队中，不乏他原先浙大和卡内基-梅隆大学的校友，相似的学习背景和工作经历也让他们的想法更容易找到契合点，他们希望寻找一个合适的创业切入点，并捕捉国内的市场机遇。

在此背景下，宋宏伟主导研发设计的第一款产品在2009年问世，那是一款智能抄表系统，可以把电表的数据通过无线传感器进行读取。但此后的市场试水却并不顺畅。"在做好这款产品的方案后，我们发现国家电网的招标主要面向几家大公司，我们团队身在海外，而且是新进入者，短期内难有机会。"

这也迫使宋宏伟调整方向，寻找新的切入点。在经过前期细致的市场调研后，宋宏伟发现，将智能控制的技术应用在照明领域，可能有更大的市场空间。做出这样的选择，主要基于两个原因：将智能控制的模式放到路灯上，从技术上完全可行；当时LED路灯应用开始加速，物联网概念则微澜初兴，路灯智能化是物联网一个很好的应用场景。

"因此我们希望开发基于物联网和云平台技术的城市路灯智能控制系统。前端每个路灯都安装一个芯片，把路灯通过电力线连成一个网，后端是一个基于云计算的信息化管理平台，把所有采集的数据都集中到这个平台上。"在宋宏伟看来，智慧照明领域当时还没有明确标准和进入壁垒，初创型企业更容易切入。

方向既定，现在缺少的就是一个让创业梦想生根发芽的地方。"在2010年的海外人才交流会上，杭州向我发出邀请，我感觉自己找到了立足之地。"一年后，浙江方大智控科技有限公司在杭州注册成立。

宋宏伟回归了，怀抱着一个智慧照明梦。

智慧照明的市场开拓者

从美国到中国，从企业研发管理人员到一名完全的创业者，宋宏伟坦言要完成这样的角色转换并不容易。但他乐于接受这样的挑战，并且希望通过自己的方式，在智慧照明领域开拓出一片新天地。

底气，源于领先的技术水平和过硬的产品品质。宋宏伟带领着他的团队，自主研发了电力载波通信主控芯片、基于物联网技术的城市照明智能监控管理系统。这套系统只要通过在每个路灯中安装一个控制芯片，就能实现整个城市路灯的远程监控信息化管理，通过手机或电脑，就能随时随地实时掌握城市路灯运行情况，包括亮灯率、路灯故障、路灯耗电量、路灯资产、电缆防盗、灯杆漏电、城市应急照明等情况，实现智慧城市要求的智慧照明管理。

"这套系统能实现高达40%的节能率：以一个250瓦的路灯为例，按照国家标准，一年耗电1200多度，需要电费1000元。采用节能智能控制系统，一个灯一年可以节省电费300到400元，按照一个城市10万盏灯计算，一年可以节省电费三四千万元。"宋宏伟说。

凭借过人的技术和产品，虽然成立仅仅三年，但方大智控已先后收获"中国创新创业大赛50强""最具成长潜力留学人员创业企业""国家高新技术企业"等称号，并且和国电南瑞、勤上光电、鸿雁电器等知名上市企业建立了战略合作关系。

不仅如此，面对国际市场的角逐和竞争，方大智控不仅不落下风，近两年来更是多次击败飞利浦、欧司朗等国际巨头，拿下沙特利雅得、德国斯图加特、印尼雅加达等城市的路灯智能控制和节能项目，并迅速建立了全球的经销商网络，这充分证明了企业的技术实力和产品性能。

在宋宏伟看来，伴随着智慧城市建设在国内多地的启动和推进，智慧照明的应用有着非常广阔的发展空间，虽然目前国内市场销售额的增长目前看来还是线性的，但市场需求有望在几年内迎来一个爆发性的增长。而伴随着更多智慧照明工程的实施，宋宏伟相信他们的商业模式具有更大的想象空间。

"我们希望从单一的卖产品和系统，逐步过渡到提供智慧平台和服务，将后端做成智慧城市的平台之一。从路灯控制切入，不断添加有附加值的功能模块，在平台管理上不断优化，向智慧城市的多功能平台升级。"面向未来，宋宏伟踌躇满志。

对 话

Q：《杭州日报》
A：宋宏伟

Q：你们公司的智慧照明产品与技术竞争力何在？

A：系统底层稳定可靠的通信技术处理和后台的信息化管理云平台，是我们系统的核心竞争力。北京、上海、利雅得、雅加达等城市有四五十万盏路灯，对路灯管理系统的单灯控制器产品质量、底层通信的稳定性、后台系统的可靠性要求极高，并且该系统要面对户外的风雨雷尘高温低温等因素。大规模应用的实践已经证明，我们的系统完全能驾驭一切。

Q：你们的产品融智能与节能于一体，有何优势？

A：我们的控制系统，不但实现了照明的智能化管理，产品本身也有很大的节能优势；不仅适用于传统的高压钠灯，更适用于方兴未艾的LED路灯。作为路灯智能控制提供商，希望能和国内各LED路灯厂家一起，实现智慧节能的LED路灯系统，扩大其节能优势，降低整个系统的运营维护成本，真正实现智慧照明管理。

Q：身处智慧照明领域，你所领导的也是一个智力团队，在团队管理上有何心得？

A：我希望给我的团队和员工绝对的信任、充分的放权，希望把内部相互沟通的成本降到最低，让信息毫无障碍地飞起来。我带领大家一起搭建了一个创业平台，希望每个部门、每个员工都在这个平台上搭建自己的创业小平台，实现各自的创业梦想。

企业 名片

　　浙江方大智控科技有限公司，由浙江省委组织部从海外引入的"千人计划"专家宋宏伟博士创办，是一家致力于物联网和云计算关键性技术创新研发及产业化推广的国家高新技术企业。公司自主研发的基于物联网技术的城市照明智能监控管理系统已经在全球三十多个国家和地区广泛使用，在国际上具有竞争力。公司致力于打造智慧照明的国际一流品牌。

徐刚：创投新征程

□ 朱青

对硅谷天堂产业投资董事长徐刚来讲，过去的四月尘埃落定。

这家成立一年的新公司，在寻寻觅觅后终于结束流浪生涯，落脚在柳浪闻莺5号办公，白墙青瓦徽派建筑的四周大约是这个城市最美的绿意——徐刚从来都是个对品质有要求的人。

在商业成功被迅速宣扬的年代，徐刚的从业经历为人乐道：23年政府经济管理工作经历，39岁出任浙江省财政厅党组成员；2002年辞官下海任吉利控股集团CEO，帮助这家家族制民营汽车企业顺利完成股份制改造；而后屡任苏宁环球总裁、百大集团董事长，被誉为成绩卓越的明星经理人。2013年，徐刚再一次转换跑道，在政府机关到实业再到投资领域后，领衔企业并购与产业整合，他称之为"第三次创业"。

人们为他在不同体制和行业间游刃有余的转换所叹服。和大部分创业者一样，徐刚习惯于保持高速运转，经历和底蕴却赋予他沉稳的姿态，他习惯于按照自己的节奏回应每一个问题。尽管他一再笑称自己是一个非常温和的人，但你仍然可以感受到他对事物的把握能力，这种表达在他的商业抉择上尤为明显。

在他的身上活跃着激情和勇于尝试的特性。在19世纪末20世纪初，启蒙思想家梁启超认为，中国人性格中安静的成分过多，喜静不喜动的国民精神，让这个国家趋于保守和厌恶变革。而徐刚始终信奉"人生在于经历"的信条，他内心里这种罕见的活跃，让他一早拒绝"可以预见的序列人生"，无论是完成体制内外的转换，还是如今的全新创业，他都显得极为自如。

五十知天命。对于自称金融投资孺子牛的徐刚来说，一切刚刚开始。

一

"理想"是徐刚喜欢谈及的一个词语。

如同十年前为李书福"造老百姓买得起的好车"的理想所感召而投身吉利一样，这家新成立的产业投资公司同样积聚了徐刚对事业的理想定位：自由，能发挥个人与精英团队的智慧与创造力，并且富有激情。

在会面的前一天，徐刚赶赴嘉兴考察新项目，一谈就是一整天。"我考察和商谈的结果会决定我们接下来是做还是不做。责任和压力并存，这很有意思。"徐刚说。

他将投资称为"越老越值钱的工作"，与之前经历的实业领域相较，这份工作更能体现"个人经验和专业能力对企业发展的影响"，显然这种从管理领域到投资领域的转型让徐刚颇为着迷。

徐刚坦承，创业还有一些更细微的事情需要他来适应，"比如之前我在大企业任职，有很多团队协助，现在很多事情都要我自己来处理。还有，之前一直使用司机和秘书，而现在，我不仅要自己开车出行，更多的是要重新适应周末在高铁上来来往往"。

徐刚不畏惧任何改变。这从他过往经历中就可以看出。

在2001年年底前的一天，他接到了吉利汽车董事长李书福的电话。李是他的同乡，很早便熟识。李书福邀请徐刚到吉利去，这个电话让徐刚内心激荡：吉利刚获得国内第一张汽车生产许可证，这意味着国人造自己的轿车将成为现实。

徐刚时任浙江省财政厅党组成员、浙江省地税局总会计师，他领导的工作业绩包括浙江省地方税收征管改革，以及浙江地税信息系统的研发，后者在长达十年间让浙江跻身全国地方税务信息系统应用的前列。即使徐刚选择留在原有系统中，他也会沿着既定的道路向上升迁。

意外的是，他选择下海。成为一名民营企业的管理者后，他仍然取得了成功。在他出任CEO首年，吉利汽车收入与收益同比增199.4%和224.3%；其后，在徐刚的主导下，吉利汽车完成从家族企业到股份制企业集团的顺利转型；2004年2月，吉利汽车在香港上市。

在这十数年间，徐刚屡次经历赛道转换，从汽车到地产再到投资。每一次变化对徐刚而言，是压力，是挑战，也是经历。"我觉得做企业不能束缚自己，谁跟你说能做不能做，只要不是拿到自己口袋里的，改革怕什么。"徐刚在回忆几段工作经历的心态时说，"管理的共性是相通的，不管民营还是国有，我都将自己摆在一个职业经理人的位置上，去寻求最适合企业发展的战略。"

这些经历帮助徐刚构建了对经济和产业的理解模型，让他在进入投资领域后对拟投资公司的业务定位把握得详细而精准。

2012年前后，市场行情低迷，IPO市场停滞，这使得许多投资公司的业务受到严重影响。按集团公司的要求，徐刚决定将主要精力投注于企业并购与产业整合，即为上市公司中价值低估且极具发展前景的龙头民营企业提供产业链上下游的并购以及整合系统解决方案，"首先进行企业发展战略梳理，然后选择并购方向，寻找全球优秀标的企业进行合作谈判，并配套基金完成并购整合全流程"。

"当这部分企业内部管理运营不足以匹配发展速度，就需要我们为其在整个产业链之间选择合适的企业，用并购整合的方式争取更多的话语权"，徐刚说，"相较于传统的PE、VC，产业并购这种投资方式与企业发展的脉络结合得更为紧密，在国际投资领域，75%采用的是并购退出方式，IPO仅占25%。在国内社会经济高速发展、企业成熟运营时期，这种方式也将成为主流。"近两年的资本市场发展脉络完全证明了徐刚的远见。

沃伦·巴菲特那句后来流传甚广的名言这样说："只有潮水退去时，你才会知道谁在裸泳。我们会坚持自己的判断和投资理论。"那么，潮水退去之后，没有裸泳的人又会怎样？

二

硅谷天堂产业投资最初选择投资项目时显得颇为审慎。

"在初创期很难有鲜明的战略，什么活都要干，因为必须要保证盈利，要为后续作战囤积弹药；同时，也要慢慢磨合团队，形成独有的投资理念和做法，保证大家的前进目标一致。"徐刚这样解释去年一年的无奈与辛劳。

2013年4月，徐刚开始接触魔漫相机的主创团队，五一长假就泡在动漫节现场进行摸底。这个项目一开始并不为大家所看好，公司同仁和投资者中不乏反对的声音。"因为移动互联APP层出不穷，盈利模式尚不明朗；这家小型公司不符合我们PE的投资方向，当时估值也很高，没有抵押担保，风险太高。"

徐刚在四个月后慎重决定出手，800万元投资，占股6.25%。当时魔漫相机下载用户数不到1000万，而估值高达1.2亿元。截至目前，魔漫相机已在全球一百多个国家和地区免费APP下载中排名第一，拥有1.5亿下载用户，日活量上千万，远超预期。

魔漫相机的可预期盈利来自于个性化表情的付费下载、植入式广告、表情定制三大类，按照当前使用量换算，理想状况下日营业收入可达数十万乃至上百万元。

徐刚出手的原因，在于对移动互联网的深刻理解。在他看来，魔漫相机这款APP符合微用户的个性化需求，同时基于移动互联网低成本特性（抛开研发成本，营收即利润），"这必然是一桩划算的买卖"，市场果然给予了丰厚的回报。徐刚笑称，这笔买卖主要是为了赚取生活费，而并非公司主要业务方向。在第二个单元年初始，公司完成了与万马电缆、合众思壮、泰尔重工几家优秀上市公司的战略咨询及并购整合服务合作协议，而且很快就会有更多的储备项目上马。

"投资要讲究天时、地利、人和。'天时'就是我们资金进入的时间点，'地利'是我们瞄准的行业，'人和'就是我们看好的团队。"在"押赛道"和"押人"的选择中，徐刚坚持两者并重。"产业并购怎么做？首先要看人，团队的实际控制者要有理想、讲诚信，其次是双方能力要互补，并且合作之后要能共赢，实现1+1大2。"

徐刚总结说，过去30年我国的投资重点主要集中于"衣食住行"，比如食品、服装、房产、汽车等行业，满足的是人们基本的物质生活需求。而当前及未来十年的投资重点将转移到"人的精神愉悦，即与生活品质提升的相关领域"，他看好运动、休闲、文化、旅游、理财、健康、移动互联等新兴行业的投资机会。另外在公司投资行业选择中，他会重点关注城镇化带来的主题地产发展机会，以及他较为熟悉的汽车行业。

当然，投资时，时机的选择无疑是最重要的。徐刚说："在产业并购过程中，要判断一个企业有没有价值，如何帮助它成长，如何分享成长价值，包括最重要的如何选择合适的时机退出。"在同团队交流的过程中，徐刚被问到最多的问题是如何去把握投资规模和投资时机，"尤其是在移动互联这样的新兴领域，热点迭出，因此你应该知道什么时候去投资最合适"。

徐刚更愿意在自己广泛接触的项目中选出几项重点进行关注，然后他和他的团队会跟踪所选中的项目，持续去判断这些项目是否值得投资，以及何时去投资。在这个过程中，会不断有项目出局。

这种风格用《孙子兵法》来描述，就是"守正出奇"，这是很多中国人理解公司策略的方式。

徐刚并不讳言对公司盈利目标的野心，只不过在通往这个美好数字的过程中，他希望将公司业务发展的脉络整理得清晰一些，让初创团队完成整合，形成核心竞争力。

他比大多数人有耐心和计划。

三

徐刚的耐心来源于生活。

1977年，徐刚高中毕业，作为长子，他把招工机会留给弟弟，自己上山下乡。在农村劳动的大半年间，徐刚坚持学习，以黄岩中学前三名的成绩入选恢复高考后的首次招生。事与愿违，因为政治审查未通过，他迟迟没有等来录取通知书。1978年5月，徐刚在师范学校的一次中学教师扩招中把握住了机会，为了户口能回城，他选择去台州师范专科学校就读数学专业。

1980年徐刚大专毕业，成了郊区中学的一名中学老师。1984年全国响应小平同志号召进行干部四化改革时，工作三年多的徐刚得到了机会：履职黄岩县财政税务局副局长，开始了在政府机构管理工作的历程。

当很多同学还在就读大学时，23岁的徐刚已经出任财税管理部门的领导职位，这使得他比同学们更快地体验了社会，也积累了经验和资源。务农经历和工作经验让这个20多岁的小伙子在改革开放的大潮中快速成长。

接下去的生活顺利得超乎想象：30岁出头出任正职，而后作为年轻的有丰富基层工作经验的干部调任至省财政厅省地税局工作，一路升迁，39岁出任省财政厅党组成员、省地税局总会计师。

"上山下乡，当时看来是一个无奈的选择；以能念本科的成绩去读师专，也觉得略有屈就。但生活给了你另一些意想不到的机会。"徐刚用"塞翁失马，焉知非福"来解读这一段经历。

后来的故事已经广为人知。徐刚用了五年时间帮助吉利汽车完成股份制改造，出任华普汽车独立品牌掌门人，继而投身苏宁环球、西子联合控股等大型企业任职业经理人。

与蓬勃的创业激情和渴望体验的好奇心形成对比的，是他内敛低调的姿态。

尽管在政府部门工作多年又几番出任大型企业CEO，徐刚仍然不热衷于饭局应酬，与香烟绝缘，推杯换盏常让他觉得生硬；尽管在政商两界切换游刃有余，他直言自己"并不擅长与上级拉拢关系"，甚至很多时候，他竭力维护一个职业经理人的职责，勇于表达与老板相左的意见。

在他密切来往的社交群里，大多仍是早期工作的同事、朋友，他仍然关注多年前就职的吉利和汽车界动态，和旧友们不时小聚，在微信圈也不乏与李书福等旧友进行互动——他似乎并不急于拓展与投资界大佬和新贵们的人际关系。

他对第一代创业企业家和职业经理人的关系颇有心得，也对自我职业发展的选择越加清晰肯定，这或许是他选择合伙创办硅谷天堂产业投资的一个重要原因——在一定程度上，它的发展方向是由自己把控的。

以徐刚为代表的创投人有着得天独厚的优势：对于个人而言，他们熟悉政府工作流程和体系；另一方面，在企业的从业经历，让他们更能理解中国本土的传统民营企业家，理解他们的欲望、骄傲以及孤独，包括在资本对接领域上的急切和匮乏。

现在，徐刚终于找到了最适合他的事业，并开始大展拳脚。

企业
名片

　　浙江硅谷天堂产业投资管理有限公司于2013年4月在浙江省工商行政管理局登记注册，注册资本1000万元人民币，为硅谷天堂资产管理集团股份有限公司控股子公司，专注于并购重组、产业整合、资产管理、投资管理咨询等相关业务。

吴坚：从"草莽英雄"到"知本家"

□ 王浩

王浩 摄

"千万别当老板，当老板苦死你！"

说这番话时，吴坚的表情里，三分甜蜜，七分坚毅，没有苦涩。他的苦涩，早已散落在经商之路的各个角落里。

办公室里挂着军装，那是吴坚当预备役军人时的制服。军用水壶、飞机模型被他放置在书架上，墙上显眼处书写着"黄埔军魂"。

他喜欢武术，从小练螳螂拳、使九节鞭。爱好上附加了他所崇尚的人生哲学：扫雪，烹茶，读武侠。他说自己的行事风格像宋太祖赵匡胤，但纵观整个创业经历，他更像是被自己逼上梁山的宋江。

称他作"草莽英雄"是恰当的，就本人来说，他也并不排斥。初中毕业开始摆摊，在杭州开办20多个特色市场，风头正健时去上海投资失去所有，回杭州继续办市场，做培训机构，做商业地产……

这是很多人怕走也不会走的路。他说，杭商求稳，太多人守着一番事业不敢迈步了。他在做的不仅是迈步，还是颠覆。

颠覆从来就需要勇气，这是哪本教科书里都不会教的。吴坚在初中毕业后就开始经商，别人都在念大学的时候，他已经摸爬滚打地开起了特色市场。对于学业，他庆幸自己在最有活力的时候在外打拼，好赖并收，换来现在的人生。

无论学不学，该经历的都会被生活给予。20多年商海浮沉，切肤之痛教给他的不会比学校更少，也不会比学校温柔。

走过了"动物凶猛"和"野蛮生长"的年纪，27年的进化，"草莽英雄"完成了到"知本家"的转变。

"人生没有失败，只是暂时停止成功。"

吴坚说自己刚开始经商属于"三无人士"——不靠家人，不靠同学，没有社交。所谓的经商，就是去明珠、工联进点货，有空就在街头摆摊，那时同学们都在念初中。家里都是工人，三代下来，做官从军，尚未有从商的记录。

从商源于贫穷。出身贫苦，很小的时候，他就明白自己没得选，改变命运只能靠自己。

1988年初中毕业，他正式开始工作，当时"投机倒把罪"已被废除，他开了家皮包公司，跑资源和渠道，在异地买卖中吃点差价。觉得不够，他转行做了煤炭生意，半年后收入十多万元，有资格让心思活络了。

"我没学过经济学，也没系统学过经商，但我也知道，库存就意味着失败。"摆摊时总有点东西剩下，令他苦恼。

也许是那会让人窒息的贫穷让他有了抓住一切机遇的能力，或者说创造机遇。念书时他担任学生会长，手边有全校学生家长的资料。他研究了很久，罗列出可以合作的叔叔阿姨，一个个去跑，他可以采购别人所需的物料——其实那时他毫无概念，只要人家说什么，他就骑着三轮车去找。

别无选择，在同龄人都是安逸的初中生时，他只能把目光放在更高的地方。

他用十多万元的收入和令人咋舌的大胆承包了杭州望江市场。17岁那年整整亏损30多万元，他发现了那些亏损就是巨大的库存，令人沮丧的是，无论胆子有多大、经验有多足、社会关系有多硬，不会现代管理就做得很累，原先觉得花都花不完的十多万元资金流水般消失了。

他马上从损失中站起来，聘请副总做管理。和做决定一样，他恢复得也很快。"没什么可留恋的，无论成功还是失败。"

"人生没有失败，"吴坚说，"只是暂时停止成功。"

这是他后来说的话，从他的履历表上看，他栽跟头的次数太多了，多到让很多人都会问：他怎么还有心情走下去？

好起来的经济让他心急，杭州的茶叶市场火了，他立马与朋友去南京开茶庄，半年亏损十多万元。人都会水土不服，世间其实少有稳赚的事。

又是库存。这十多万元的损失换算成了一仓库茶叶。

这让坚持自己创业的吴坚第一次走进公司，开始为别人打工。1992年，月收入达到两万元并配有一辆桑塔纳的他辞职了。

他不愿意就此放弃，经商的血液把他重新拽了回来。

"杭州男人总有点瞻前顾后的，不过我没有。"

吴坚把老板归类为一种职业。一种别人在放假，他在加班，员工犯错由他承担，常常为了公司发展委曲求全、变卖家产的职业。他爱这个职业。

真正当上老板，是从辞职后办起杭州凯旋物资供应站，经营模具、水砂开始。有之前攒下的人脉和资源，半年内，这家供应站打下了七成浙江份额。

吃过库存的亏，吴坚开始懂得信息的重要性。他从各种渠道了解到自己的产品将要提价，马上决定囤货，到第二年3月再调价，收入翻了一倍。

"这年邓小平到南方讲话，说的那句'胆子更大一点，脚步更大一点'被我听进去了。"光做供应站不够，他把步子迈到了上海，成立了沪杭物资贸易公司，下设杭州凯旋塑轮自行车厂、杭州沪杭石膏装饰材料厂和杭州军旅汽车修理厂。

他不是科班出身的管理者，没那么多商业管理的概念，只知道旗下的这么多厂子都需要他。"我就像救火兵，哪家企业有问题，我就奔向哪家。"一年来经营得很累。

1994年，四季青服装市场红火异常。之前做过望江市场失败的苦头没有让吴坚放弃心里的念想，他马上去景芳租地，投入300万元造了300多间经营用房。那时的景芳对市中心来说很偏僻，做市场讲地段，他的库存又多了出来。

这回他没有干发愁，那100多间空置房，他用来做了个杭州便宜货市场。即便如此，整整一年，他和他的市场都处于挣扎状态，收入惨淡。

让人意外的是，他没有从市场里抽身，反而关闭了三家工厂。

这段经营过程很磨人，吴坚苦苦守着他的市场。下属出走，亲友不看好，但他还是守着。没有人会对失败和不安甘之如饴，他只是讨厌屈服。

吴坚说他的从商经历里有几次绝处逢生，这就算一次。1995年6月，省商业厅筹备主办了一个五交化展览，还没找场地，他立马毛遂自荐，接下了承办权。他咬牙投入1400多万元装修，弄出600多个展区。

最后这个会展成交额达33个亿，他净赚600多万元。

不仅赚了钱，展厅还被他改造成了自行车市场。这种雷厉风行是他的一贯作风："杭州男人总有点瞻前顾后的，不过我没有。"又投入、改造、招商……几个月后，中国的第一家自行车专业市场就此开张。

好景只持续了一个月，进入1996年，凤起路整修，凤起路与凯旋路的十字路口几乎被封死，最开始的那个地段问题又冒了出来。两家市场的生意淡下去，吴坚这回决定在娱乐业方面突破。他在空置场地上办起了当时红火一时的卡丁车场，玩的人多了，其他两大市场的生意也总算好过一点了。

有太多可以让他"认了"的节点，他都没有。

后来他说起"老板"这个职业，依然充满自嘲和无奈，但在每一个"可以选"的时候，他都选择了自己打拼。原因还是那个，除了要养活自己的父母、姐姐，现在还有妻子、孩子、忠心耿耿的一帮下属，信赖他的朋友。

他觉得自己没得选。"没有人的成功不是被迫而来。"他这么理解。曾国藩说得对，世间事一半是"有所激有所逼"而成的。

"逃避？怎么逃避！继续？当然继续！"

早些年去南京的碰壁没有给他带来心理阴影，专业市场经营得有声有色也没有让他自此消停。杭州男人再一次离开杭州，这次的目的地是上海。

他把带给他幸运的自行车市场开到上海，但他又犯了那个莽莽撞撞的错：没了解清楚市场。当时上海方面有规定，自行车市场只能销售永久、三斯、飞鸽和凤凰这四个牌子的自行车。他只好硬着头皮到处找人想办法，最后稍微有些好转，但依然填不完原先的大窟窿。

到1997年年底，他又亏得似曾相识。

"逃避？怎么逃避？"有朋友问他有没有想过自杀，他说从来没有，"总有解决的办法。"

这种自信来源于几次好运。事实上从没有什么好运，这位商人总在不知不觉中给自己积累绝地反击的机会。

上海的自行车市场地段好，大润发超市看中了这个位置。这样，他不仅把整块地转让了出去，自行车也获得了大润发的独家代理权，算是塞翁失马，焉知非福。

他马上把这笔收入用来在上海开了22家自行车连锁店，还聘请了店长，总算看上去有条不紊了。但当时上海的销售业态正由商场向超市转型，到了2000年，门店又萎缩到只剩下3家了。

之后他投资生产电动车，因为电池不成熟返修率很高，这项事业停滞了下来。

但他还没放弃，继续寻找新的突破口。他还开过饭店，最后发现自己根本管不过来。

就像玩那种积累奖品的冲关游戏，无论他身后的金额已经垒得多高，当被提问"继续，还是带走所有奖金"时，他永远选择前者。

从上海回杭州，他继续开市场。从2001年到2003年，除了原先的浙江五金城和浙江自行车市场，又相继开了大隆汽配市场、新塘路装饰材料市场、艮山灯具市场、华东电动车市场等一系列市场。2005年又开设了杭州二手房交易市场、杭州礼品市场。

这些市场让他看到自己的一个局限：只有量，没有质。和那时开饭店一样，他陷入了一元和多元的选择。

2004年，他的装饰市场和五金市场搬到了石桥永丰村。没摸准政策，三年间他等于把市场开在了工地上，加上同行竞争，70%的商户集体撤离。村民和资金的双重压力，使得他关停转卖12万平方米的地产，亏损达到数千万元。

"互联网经济时代，在电商冲击下，我摸出了一套做市场的原则。"大大小小20几家市场，有盈有亏，"第一，要做受电商冲击不大的，比如电动车行业；第二，要做体验型的，比如餐馆；第三，把市场开到快递也不发达的地区"。

没有一劳永逸的答案，也没有完美的人生计划。他认为，一个人、一次盈利、一个教训就可以彻底解决现实问题，这种说法如果不是无知，就是智力上的懒惰。

"不把鸡蛋都放在一个篮子里，给自己留条退路没坏处。"

他说自己出身草莽，发展方式野蛮无章，所以起起伏伏、好坏盈亏，都算是过眼云烟。

他也有累的时候，那种疲劳和体内的责任感一同向他袭来，但同时也强硬地要求他坚持，不许放弃和倒下。像少年派和他的那只孟加拉虎，一些磨人的境遇也常叫过来人心怀感激。

2008年，吴坚在石桥的专业市场遭受巨大亏损，向朋友借了钱堵上，真正变成了一穷二白的落魄英雄。没过多久，那股打不死的劲儿又上来了。如果自己不开市场，为什么不用经验教别人？吴坚成立了杭州海威专业市场管理咨询公司，承接项目选址、产业研究、商务策划、营销推广、招商代理等工作，帮别人开办了多家市场。比如中国北海珍珠城、杭州中融安防城、杭州纸张市场、杭州城西商贸城等等。

他热爱教育事业，加上爷爷黄埔遗风的影响，黄埔中国教育开了起来。他平时跑客户做业务，双休日到学校授课，把讲课当成了放松，把课堂当作资源分享和整合的平台。

前半段的浮浮沉沉，让他终于在疼痛里学会一个道理：无论如何，不要把鸡蛋都放在一个篮子里，给自己留条退路没坏处。

无论如何，有条后路都是明智而妥当的选择。

对商人来说，所谓后路并不是存钱买房养老，而是在当下的事业外，开拓新的事业。

这一回吴坚做的是商业地产。

"我不想把市场一卖了之，养商比卖房子更重要。"

27年的进化，"草莽英雄"完成了到"知本家"的转变。

随着专业市场逐渐退出城市主战场的趋势越来越明显，中国进入商业综合体时代。吴坚一直没有停止找寻中国专业市场转型商业零售的新出路。

"做商业地产的人都不是科班出身，"吴坚说，"有做商业的，有做地产的，还有做建筑的。我做市场多年，知道商户需要什么。"

经营过20多家市场，他知道头三年很难赚钱，招商重要，养商一样要紧。他注册了"香港城"，打算开拓出一种有别于万达、华润等的商业地产新模式。

"以往的开发模式，是重销售、轻招商、轻运营；前期规划忽视商业规划，甚至以建筑规划代替商业规划。无视商业地产内在的运营规律，把养商的责任一卸了之，最终都不会是可持续的发展之路。"吴坚说，现在大多数商业地产的发展速度，远落后于住宅的发展速度以及城市化的整体进程。

整合入自身对于商业地产的理解，他想做一个专业商业地产资源整合商和服务商。

"我不想把市场一卖了之，养商比卖房子更重要。"吴坚总结多年的经验和教训，开发认为可行的商业地产模式。"比如'811模式'，就是项目销售总额八成为开发商所有，一成用于未来商业项目开业后给业主在前三年消费卡充值使用，确保业主成为首批忠诚消费者带动商业前期兴旺，另一成为销售费用和商业准备金。"这种模式，既能确保商家在前三年养商培育期的基本利益，有效地引入积极的招商机制，同时让业主变成消费者，既有实惠收入的增加，又有养商的责任感，使消费者对项目的未来有信心，而开发商解决了招商运营的关键问题。

目前，吴坚的"聚通投资"，在全国开发运营了23个香港城项目，按照他的思路，这些商业地产项目，从策划开发到招商销售，以及后期的营运管理，都在其商业地产全程服务体系之内。

"我有一个理想，在三年内，想把我所运营的商业综合体数量扩充到100个。我想做杭州的'万达'。"吴坚说。

> 企业
> 名片

　　杭州聚通投资管理有限公司（原海威集团）创建于1992年10月，经过21年的发展，聚通投资已成为一家集商场、百货、酒店、专业市场、城市综合体等商业地产项目策划研究、开发、招商、销售及营运管理为一体的商业地产投资商和全程服务机构。为了区别于别的服务商，聚通投资采取轻资产发展模式，欲成为主题商业综合体的资源整合商。

图书在版编目（CIP）数据

领导者：揭秘创业成功基因 / 万光政主编. —杭州：
浙江大学出版社，2016.1
　ISBN 978-7-308-15488-8

　Ⅰ.①领… Ⅱ.①万… Ⅲ.①企业家-生平事迹-中
国-现代 Ⅳ.①K825.38

　中国版本图书馆 CIP 数据核字（2016）第 002392号

领导者：揭秘创业成功基因

万光政　主编

责任编辑　　徐　婵
责任校对　　罗人智
出版发行　　浙江大学出版社
　　　　　　（杭州市天目山路 148 号　邮政编码 310007）
　　　　　　（网址：http://www.zjupress.com）
排　　版　　浙江时代出版服务有限公司
印　　刷　　杭州杭新印务有限公司
开　　本　　710mm×1000mm　1/16
印　　张　　25
字　　数　　418千
版 印 次　　2016年1月第1版　2016年1月第1次印刷
书　　号　　ISBN 978-7-308-15488-8
定　　价　　68.00元